deutsch.kombi plus 3

Sprach- und Lesebuch für die 7. Klasse

Herausgegeben von:
Sabine Utheß

Erarbeitet von:
Hans-Werner Huneke
Gerd Schemel
Horst Schierhorn
Sabine Utheß
Burkhard Vollmers

Ernst Klett Verlag
Stuttgart · Leipzig

Unter Verwendung von Materialien von:
Tanja Haß, Heike Hummitzsch, Helga Paljan, Regina Wieland, Jutta Ziehm-Weigel

1. Auflage 1 8 7 6 5 4 | 16 15 14 13 12

Herausgeberin: Sabine Utheß
Autorinnen und Autoren: Hans-Werner Huneke, Gerd Schemel, Horst Schierhorn, Sabine Utheß, Burkhard Vollmers

Redaktion: Sabine Liskow
Herstellung: Sandra Schneider

Gestaltung: normal design, Schwäbisch Gmünd
Umschlaggestaltung: normal design, Schwäbisch Gmünd
Illustrationen: Antje Kahl, Berlin; Cleo-Petra Kurze, Berlin; Inge Voets, Berlin; Katja Wehner, Leipzig
Satz: SOFAROBOTNIK, München
Reproduktion: Meyle+Müller, Pforzheim
Druck: Offizin Andersen Nexö, Leipzig

Printed in Germany
ISBN 978-3-12-313173-8

9 783123 131738

Lernbereich

Y. Lauffer

Lesen und Literatur – Umgang mit Texten und Medien

Er warf ein Netz aus Tönen aus, um Insekten zu orten. Eigentlich war er schon fast satt, aber er wusste, er sollte noch mehr essen. Seine Mutter hatte ihm in den vergangenen zehn Nächten immer wieder gesagt, er müsse Fett ansetzen, es werde bald Winter. Schatten zog eine Grimasse, während er einen Mehlwurm von einem Blatt schnappte und hinunterschluckte. Als ob er jemals fett werden könnte! Aber er wusste, dass ihm eine lange Reise in den Süden zu ihrem Überwinterungsplatz Hibernaculum bevorstand, wo die ganze Kolonie die kalte Jahreszeit verbringen würde.

1 Notiere in Stichworten, worum es in dem Buch geht.

→ Seite 249, Arbeitstechnik „Einen Text genau lesen und verstehen"

2 Schatten geht nachts auf Insektenjagd. Erkläre, wie Fledermäuse dabei ihre Beute finden. Lies dazu im Text auf Seite 158/159 nach.

3 Fledermäuse sind besondere Tiere. Schreibe in Stichworten auf, was man in dem Textausschnitt über ihre Lebensweise erfährt.

4 Stelle das Buch einem Mitschüler aus der anderen Gruppe vor.

→ Seite 250, Arbeitstechnik „Ein Buch vorstellen"

5 EXTRA Kenneth Oppel, der Autor von „Silberflügel", hat sich vor dem Schreiben sehr ausführlich über Fledermäuse informiert. Was hat er dabei alles gelernt? Lies den Text und mache dir dazu Notizen.

Aus dem Nachwort des Autors

Einer meiner Freunde ist ein richtiger Fledermausfan. Er weiß eine ganze Menge über diese Tiere und er baut sogar Fledermauskästen für sie, kleine hölzerne Häuschen, die man hoch oben an Bäumen anbringt. Ich nehme an, ein wenig von seiner Begeisterung hat auf mich abgefärbt, denn ich begann, einiges über Fledermäuse zu lesen. […]
Ich war tief beeindruckt davon, was für bemerkenswerte Eigenschaften Fledermäuse haben: Sie sehen nur in Schwarz und Weiß (können aber ganz gut sehen – trotz der verbreiteten Ansicht, sie seien blind) und benutzen Töne genauso wie das Sehen, um sich in der Welt zurechtzufinden. Sie wandern wie Zugvögel und niemand weiß wirklich, wie sie auf Strecken von tausend Meilen* ihren Weg finden können. […]
All dies schien mir überaus reichhaltiges Material zu sein, um daraus eine neue Fantasiewelt zu schaffen. […]

→ Seite 250, Arbeitstechnik „Das Vorlesen eines Textes vorbereiten"

* Meile, die: ein Längenmaß; eine Meile entspricht 1,609344 Kilometern

TIPP!
Lies dazu noch einmal die beiden Texte auf Seite 158/159.
Du kannst auch in einem Wörterbuch nachschlagen.

6 EXTRA Was bedeuten die folgenden Wörter: Klang-Sehen, Hibernaculum, Fledermauskasten, Zugvögel? Schreibe die Erklärungen auf.

Jugendbücher lesen und vorstellen 159

Auf einigen Seiten im Buch findest du **Online-Links**. Damit gelangst du direkt zu Informationen im Internet, zu Hörbeispielen und zu Arbeitsblättern. Gehe einfach auf **www.klett.de/online** und gib in das Suchfeld den passenden Link ein.

Online-Link
313173-0042

Online-Link zum Hörverstehen

Über diesen Link gelangst du zu Hörbeispielen und zu Seiten mit Aufgaben zum Hörverstehen.

Online-Link
Hörverstehen
313173-0007

Tipps und Verweispfeile

In den Tipps am Rand findest du Hinweise zu Texten und Aufgaben. Pfeile verweisen auf andere Seiten im Buch, die für dich interessant sein könnten.

TIPP!
Denkt auch an eine Briefmarke.

→ Seite 38, Präteritum

Extra-Aufgaben

Auf vielen Seiten findest du Extra-Aufgaben. Wenn du schon etwas schneller und selbstständiger arbeitest, probiere aus, ob du auch diese Aufgaben lösen kannst.

5 EXTRA

In diesen Kästen findest du **Arbeitstechniken** und **Merkwissen**.

Arbeitstechnik
Interessant und spannend
1. Denkt daran, dass die Le…

Merke
Das **Perfekt** verwendet ma…
Beim Bilden des Perfekts h…

ARKE SEITEN
…ken
…erufs oder
…nnst.

…ie du
…en

Für Lehrer:

Testen und Fördern

Über diesen Link gelangen Sie zu unserem **kostenlosen** Online-Service **Testen und Fördern** mit individuellen Diagnose- und Fördermaterialien.

Online-Link
313173-0000

Inhalt

Schlaue Seiten

Basis

Sprechen, Zuhören, Spielen ; Schreiben ;
Lesen und Literatur – Umgang mit Texten und Medien
R, G, S Rechtschreibung, Grammatik, Sprachbetrachtung

Plus

EXTRA zum Weiterarbeiten und Ausbauen
TRAINING zum Wiederholen und Festigen

1 Immer diese Vorwürfe!

Mithilfe von Aufwärmübungen kann man sich auf Rollenspiele vorbereiten. Probiere einige Übungen gemeinsam mit deinen Mitschülerinnen und Mitschülern in der Klasse aus.

1 Eine „Wutübung/Trostübung“ Jemand übernimmt die Opferrolle. Alle anderen gehen nacheinander mit einem aggressiven* „Du“ und einer Hand- oder Fußbewegung auf das „Opfer“ zu. Dann stellen sich alle um das „Opfer“ und wiederholen ständig ihre Geräusche und Bewegungen – wie eine Maschine.
Jetzt noch einmal, nur mit einem tröstenden „Du“ und versöhnlichen Gesten. Anschließend sprecht ihr über eure Gefühle: Wie habt ihr euch gegenüber dem „Opfer“ gefühlt? Wie hat sich das „Opfer“ gefühlt?

* aggressiv: angriffslustig, streitlustig, kämpferisch

2 Eine Vertrauensübung Alle finden sich zu zweit zusammen (A und B). A klopft B von hinten auf die Schulter und sagt: „Lass dich fallen.“ B lässt sich jetzt ganz steif rückwärts in die Arme von A fallen. Anschließend tauschen sie die Rollen. Danach sucht sich jeder einen neuen Partner.

3 Eine Anpassungsübung Ein Partner liegt auf dem Bauch, der andere kniet daneben und legt seine Hände auf den Rücken des Liegenden. Jetzt versucht er, den Atemrhythmus des Liegenden anzunehmen.

In diesem Kapitel übst du, wie man Konflikte in Rollenspielen lösen kann.

Online-Link
Hörverstehen
313173-0007

Josef Guggenmos

Du Satansröhrling!

Du Satansröhrling! – Du Bauchwehkoralle!
Du Wurzel-Lorchel! – Du Runzel-Verpel!
Du Lästiger Ritterling! – Du Graugezonter Faserkopf!
Du Buckel-Tramete! – Du Umrollender Mist-Tintling!
Du Papageigrüner Saftling! – Du Tropfender Rostporling!
Du Judasohr! – Du Gefächerter Flatterwirrling!
Du Walzensporiger Wirrkopf! – Du Zwergbovist!
Du Gemeiner Wurzelschnitzling! – Du Frostrasling!
Du Alkalischer Helmling! – Du Mürbling!
Du Schwarzanlaufender – Du Klapperschwamm!
Schwarzporling!
Du Falscher Zunderporling! – Du Wechselfarbiger Speitäubling!
Du Geweihförmiger Holzstiel! – Du Angebrannter Saftporling!
Du Blasser Zottenreizker! – Du Verbogener Milchling!
Du Körnig-Rinniger Röhrling! – Du Runzliggeriefter Schleimfuß!
Du Empfindlicher Krempling! – Du Zitterzahn!
Du Kuhfladen-Düngerling! – Du Starkriechender Schwindling!
Du Grünspan-Träuschling! – Du Mäusegrauer Erdritterling!
Du Rauchgraublättriger – Du Stinkmorchel!
Schwefelkopf!
Du Gesätes Glimmerköpfchen! – Du Tiegel-Teuerling!
Du Schleimigberingter Schneckling! – Du Tränentäubling!
Du Spitzes Stempelkeulchen! – Du Halbkugeliger Borstling!

1 Sprecht über den Text. Worum geht es darin? Woher nimmt der Autor die verwendeten Wörter? Welche kennt ihr?

2 Bereite dich gemeinsam mit einem Partner darauf vor, einige Zeilen vorzutragen, einmal aggressiv, einmal als Kompliment, einmal flüsternd, einmal neutral und einmal laut.

Immer, ständig, jedes Mal ...

1 Beschreibe die Situationen, die auf den Bildern dargestellt werden. Was könnten die Personen sagen?

2 Sammelt an der Tafel typische Vorwürfe, z. B.:

- Nie räumst du von allein auf ...
- Jedes Mal redest du von ...
- Immer meckerst du mit mir rum ...

3 Wie wirken Worte wie „nie" und „immer" deiner Meinung nach auf die Beschuldigten?
Besprecht: Welche Vorwürfe aus den Sprechblasen und aus Aufgabe 2 passen zu den folgenden Aussagen?

- etwas verallgemeinern
- von etwas ablenken
- etwas verstärken
- etwas verharmlosen
- jemanden ablehnen

4 Wenn jemand Vorwürfe äußert, steckt dahinter oft ein Konflikt*. Wie laufen solche Konflikte häufig ab, wie versucht ihr, sie zu lösen? Diskutiert in der Klasse.

5 Wählt einen dieser Vorwürfe aus.

Dauernd muss ich fegen! Nina nie, dabei ist sie das Krümelmonster!

Immer bestimmen die Mädchen, wohin wir zum Wandertag gehen! Und jedes Mal wandern, wie öde!

Die Jungen geben uns Mädchen beim Spielen nie den Ball ab!

Ich wieder, na typisch! Ich war das nicht! Fatima kriegt nie einen Eintrag!

6 Überlegt nun gemeinsam, welcher Konflikt sich hinter dem Vorwurf verbergen könnte, z. B.:
Die Jungen denken, dass die Mädchen nicht Fußball spielen können. Die Mädchen sind aber der Meinung, dass sie genauso gut Fußball spielen können.

7 Bildet Gruppen und bereitet euch darauf vor, eine Situation vorzuspielen, in der dieser Konflikt vorkommt. Einigt euch, wer welche Rolle übernimmt. Spielt, ohne vorher zu proben.

8 Die Zuschauer beobachten das Rollenspiel und machen sich Notizen:
- Was sagen die einzelnen Personen?
- Wie sagen sie etwas?
- Wie handeln sie?
- Wie schauen sie sich an?

9 Wertet das Rollenspiel aus.
- Wie habt ihr euch in euren Rollen gefühlt? Welche Gefühle waren euch schon bekannt, welche waren neu?
- Wie habt ihr euch als Beobachter gefühlt?
- Zu welcher Lösung ist die Gruppe gekommen?
- Notiert an der Tafel, welche Verhaltensweisen euch besonders aufgefallen sind, z. B.:
  Marcus hat oft etwas verallgemeinert. Er behauptet, dass immer die Mädchen bestimmen würden, …

* Konflikt, der: schwierige Situation, die dadurch entsteht, dass zwei oder mehrere Personen unterschiedliche Wünsche, Forderungen, Meinungen haben

Alltagskonflikte

Andrea Sag mal, Anna, warst du gestern Abend zufällig bei Rebecca auf der Geburtstagsfete?

Anna Ja, schade, dass du nicht kommen konntest, war 'ne tolle Party.

Andrea Kann es sein, dass du zufällig mit Sarah gesprochen hast?

Anna Andrea, was soll das, natürlich hab ich auch mit Sarah gesprochen, ich kann doch nichts dafür, dass ihr euch nicht versteht.

Andrea Darum geht es doch gar nicht. Du weißt doch wohl genau, was ich meine, du blöde, gemeine Ziege!

Anna Was willst du, blöde Kuh, mach mich nicht so an!

Andrea Und woher weiß heute morgen die ganze Schule, dass Patrick mit mir Schluss gemacht hat? Du hast doch wohl alles brühwarm Sarah erzählt!

Anna Oder vielleicht Patrick! Jetzt sei nicht so zickig, irgendwann weiß es doch jeder. Kann sein, dass wir darüber kurz gesprochen haben.

Andrea Kann sein, kann sein! So missbrauchst du mein Vertrauen, du Miststück!

Anna Du bist vielleicht empfindlich, lass mich doch in Ruhe! Miss Sensibel!

1 Äußere dich zu diesem Gespräch:
- Wer spricht?
- Wann, wo, worüber und wie wird gesprochen?
- Was ist geschehen? Was ist vorher passiert?

2 Erinnerst du dich an ähnliche Streitfälle, an denen du selbst beteiligt warst oder die du bei anderen beobachten konntest? Erzähle davon.

3 Stelle fest, warum das Gespräch von Andrea und Anna (Seite 10) im Streit endet. Notiere deine Gedanken.

4 Besprecht, was Andrea und Anna tun könnten, damit das Gespräch nicht im Streit endet. Lest dazu die folgenden Hinweise für gutes Gesprächsverhalten durch.

1. „Gesprächskiller" vermeiden
- den anderen nicht beleidigen oder beschuldigen
- ihn nicht lächerlich machen
- ihn nicht unterbrechen

2. Genaues und aktives Zuhören
- den anderen ansehen
- zeigen, dass man zustimmt
- nur bei Nachfragen unterbrechen

3. Sachlich bleiben
- klären, worüber Meinungsverschiedenheiten bestehen
- Missverständnisse ausschließen

4. Höflich und verständnisvoll sein
- die Auffassung des Gesprächspartners respektieren*
- den eigenen Standpunkt erklären
- versuchen, die Gefühle des Gesprächspartners zu verstehen
- sich selbst kontrollieren

* respektieren: achten, gelten lassen

5. Ich-Botschaften sind besser als Du-Botschaften
Ich-Botschaften sind in der Regel weniger aggressiv** als Du-Botschaften. Sie weisen keine Schuld zu, z. B.:
- „Ich bin wütend, wenn jemand so über mich spricht, weil es mich in der Öffentlichkeit lächerlich macht."
- „Ich fühle mich bloßgestellt, wenn heute alle Mitschüler Bescheid wissen und ich mich nicht wehren kann."
- „Ich möchte, dass du mir in Ruhe erzählst …"

** aggressiv: angriffslustig, streitsüchtig (Ich-Botschaften werden nicht als Angriff oder Vorwurf empfunden)

5 Spielt ein ähnliches Streitgespräch wie das zwischen Andrea und Anna. Beachtet dabei die Hinweise für gutes Gesprächsverhalten in Aufgabe 4.

6 Besprecht, welche Konflikte es gab und wie sie gelöst wurden.

Mit dir rede ich nicht!

1 Lies den Text. Notiere in Stichworten, wie die Geschichte weitergehen könnte.

Online-Link
Hörverstehen
313173-0012

Renate Welsh

Drachenflügel

Das Buch handelt von der Freundschaft zweier Mädchen. Anne hat einen geistig behinderten Bruder. Er heißt Jakob. Für ihn tut Anne sehr viel. Lea ist ihre beste Freundin. Zufällig wird Anne Zeugin eines kurzen Gesprächs:
„Welche Anne meinst du?", fragte der Leiter der Musikschule eben und Lea antwortete: „Die mit dem behinderten Bruder."
Diese Antwort verletzt Anne so tief, dass sie mit Lea nicht mehr reden möchte. Lea, der viel an Anne liegt, sorgt dafür, dass es „zufällig" zu einer Begegnung kommt:
Der verspätete Schnee war weggeschmolzen. Die Forsythien blühten knallig. Plötzlich sah Anne, dass sich die Märzenbecher in dem kleinen Vorgarten bewegten. Aber es ging doch kein Wind. Anne blieb stehen. Jetzt wieder. Aber Blumen bewegen sich doch nicht, die stehen still. Zappelblumen gibt es nicht. „Vielleicht ist's ein Maulwurf", sagte eine Stimme neben Anne, genau in dem Moment, in dem sie dasselbe dachte. […]
Anne starrte die Blätter an, die sich bewegten. Sie wäre gern weggelaufen, aber das ging nicht, und es war leichter, den Rasen anzustarren als Lea anzusehen. […]
„Was hast du eigentlich?", fragte sie auch noch. Anne wollte mit den Schultern zucken, wollte weitergehen, Lea einfach stehen lassen, aber sie drehte sich zu ihr. „Die mit dem behinderten Bruder hast du gesagt."
„Aber du hast doch einen behinderten Bruder."
Genau wie Anne es sich vorgestellt hatte. Sogar im selben Tonfall.
„Ich geh jetzt", sagte Anne. Lea packte sie am Arm. „So kommst du nicht weg. Die ganze Zeit zerbreche ich mir den Kopf."
„Ich brauch dich nicht."
„Ich brauch dich auch nicht!", schrie Lea. […]
Sie standen einander gegenüber. Anne spürte den Druck von Leas Hand auf ihrem Arm.
„Was zum Teufel ist dabei, wenn ich sage, dass du einen behinderten Bruder hast? Es stimmt doch." […]
Lea stampfte mit dem Fuß auf. Ihre Augen glitzerten. Anne spürte einen starken Druck hinter ihren eigenen Augen. Sie blinzelte. Leas Gesicht verschwamm. „Wenn dir sonst nichts einfällt zu mir", begann Anne und wusste nicht weiter. Leute wichen ihnen aus. Lea sagte etwas, das im Verkehrslärm unterging. Anne schluckte, blinzelte, schluckte. Jetzt sah sie

wenigstens wieder klar. Sie versuchte herausfordernd zu starren. Lea brüllte: „Ich hab gesagt, dass ich gedacht habe, du magst ihn.“ „Natürlich mag ich ihn!“ „Warum ist es dann so furchtbar?“ „Er ist nicht nur behindert, verdammt noch einmal. Er ist Jakob!“ Lea trat zur Seite, weil sie einer Frau mit Kinderwagen im Weg war. Sie ließ Annes Arm los. „Von dir kriegt man auch keine Antwort. Wenn man nichts über deinen Bruder sagen darf, wie soll man dann mit dir reden?“ „Mit mir muss keiner reden.“ „Du bist eine blöde Ziege!“, schrie Lea. „Du auch!“

2 In den folgenden drei Textabschnitten erfährst du, wie die Mädchen versuchen, den Konflikt zu lösen. Lies die Abschnitte und notiere dann, in welcher Reihenfolge sie stehen müssen.

a) Sie drehten eine Runde in dem kleinen Park, dann eine zweite.
„Einfach normal sollten sie sich benehmen.“ Lea nickte.
„Aber normal ist auch, dass man schaut und fragt. Normal ist nicht, dass man so tut, als ob alles in Ordnung wäre. Oder?“
Anne blieb stehen. „Ich weiß überhaupt nicht, was normal ist. Du?“ Lea schüttelte den Kopf. Dann packte sie Anne an der Hand. „Komm mit!“

b) „Du tust so, als ob Jakob nur dich etwas angeht. Woher soll man wissen, wie er ist, wenn man nicht über ihn reden darf? Warum darf ich nicht mit dir und ihm gemeinsam spazieren gehen, zum Beispiel?“
„Weil das sowieso keiner will“, sagte Anne.
„Und das weißt du genau?“
„Natürlich.“
„Es stimmt aber nicht.“
„Wir brauchen keine guten Taten! Und Mitleid brauchen wir erst recht nicht.“
„Du spinnst wirklich“, sagte Lea, …

c) „Wieso bist du eigentlich hier?“
„Wir hatten früher aus und da hab ich gedacht … weil ich dich sehen wollte, du blöde Ziege! Aber dir ist es ja egal.“
„Gar nicht“, sagte Anne.
„So oft habe ich dich angerufen. Obwohl du gesagt hast …“ Sie schwiegen beide. […]

3 Stelle fest, wie es zur Lösung des Konfliktes gekommen ist. Notiere deine Gedanken.

Beim Schreiben mitsprechen

→ **Seite 239,** Arbeitstechnik „Beim Schreiben mitsprechen“

1 Übernimm die Tabelle in dein Heft und trage die folgenden Aussagen in die richtige Spalte ein. Sprich beim Schreiben deutlich mit.

Solche Aussagen fördern Streit	**Solche Aussagen helfen, Konflikte zu vermeiden oder Konflikte zu lösen**
Du bist gemein!	*Ich habe das nicht so gemeint.*
…	…

Aussagen

1. Ich habe das nicht so gemeint.
2. Du bist gemein!
3. Ich habe das schon immer gesagt, du blöde Ziege!
4. Du begreifst aber auch gar nichts!
5. Wir wollen uns doch nicht streiten.
6. Wir müssen uns ja nicht gleich streiten, aber das ist wirklich nicht schön.
7. Immer sollen die Mädchen nachgeben!
8. Jedes Mal wirfst du deine Butterbrottüte unter den Tisch, du Ferkel!
9. Das Papier einfach zusammenknüllen und fortwerfen – das finde ich nicht gut.
10. Nie bist du zufrieden, du blöder Nörgler!

2 Partnerdiktat Diktiere einem Partner die folgenden Sätze in der „Ro-bo-ter-spra-che“. Sprich dabei die Wörter so aus, dass er möglichst keine Fehler macht. Sage die Kommas an.

1. Durchdenke bitte die Fragestellung gewissenhaft.
2. Überlege, was dafür und was dagegen spricht.
3. Tausche die Argumente mit deinem Partner oder deiner Partnerin aus.
4. Beobachte das Rollenspiel genau.
5. Sage, was daran gut und was nicht so gut ist.
6. Diskutiere alle offenen Fragen mit deinem Nachbarn oder deiner Nachbarin.
7. Beantworte die aufgeworfene Frage sofort.
8. Trage deine Ideen zusammen.
9. Bewerte, wie die handelnden Personen auftreten.

3 **Wörter gesucht** Bilde mit den Silben Wörter. Schreibe sie auf. Sprich beim Schreiben deutlich mit.

Streit – ti – Spiel – No – bo – ter – ham – Kon – Rol – me – flikt – spiel – sung – len – lö – lei – Ro – mel – Be – Ein – spra – ti – mei – ob – Ar – nung – Zen – ach – men – che – zel – gu – te – zen – ter – ter – ter

TIPP!
Die Farben helfen dir, die Wörter zu finden.

4 Schreibe diese Regeln für eine gute Diskussion ab.
Zeichne Silbenbögen unter alle Wörter, z. B.:
Dafür oder dagegen?

TIPP!
Beachte die Arbeitstechnik zum Abschreiben.

Dafür oder dagegen?
- Gemeinsam eine Lösung suchen.
- Jeden ausreden lassen.
- Alle zu Wort kommen lassen.
- Bei der aufgeworfenen Frage bleiben.
- Keine Schimpfwörter und Beleidigungen zulassen.
- Den anderen nicht angreifen.
- Seine Meinungen begründen.
- Andere Meinungen achten.
- Beschlossene Regeln einhalten.
- Sich auf eine Lösung einigen.
- Die Ergebnisse zusammenfassen.

5 In der Schule oder zu Hause muss man manchmal etwas abschreiben. Wie kommt es, dass man dabei zuweilen Fehler macht? Tausche dich mit deinen Mitschülern darüber aus, wie man Fehler vermeiden kann.

6 EXTRA Erkläre den folgenden Satz: „Abschreiben ist wie ein Diktat, bei dem ich Lehrer und Schüler zugleich bin."
Was ist beim Abschreiben die „Lehrerarbeit" und was die „Schülerarbeit"?

Arbeitstechnik

Fehlerfrei abschreiben
1. Lies zuerst den ganzen Text, damit du den Inhalt verstehst.
2. Lies jetzt den ersten Satz, präge dir die erste Wortgruppe ein, decke sie ab und schreibe sie auswendig auf.
3. So schreibst du Wortgruppe für Wortgruppe auf. Achte auf besondere und schwierige Wörter sowie auf die Satzzeichen.
4. Vergleiche jeden Satz genau und prüfe, ob du Fehler gemacht hast.
5. Berichtige den Text.

Mit-sprech-wör-ter

→ **Seite 230,** Woraus bestehen Wörter? (Wortbildung)

1 Welche Silbe musst du in die Kästchen einfügen? Schreibe jeweils die vier Wörter ab und sprich sie deutlich mit, z. B.: Hundeschnauze.

– chen – **– ten –** **– schul –** **– de –** **– hen –** **– spiel –**

Hun	de	schnauze	Skat		karten	Haupt		buch
Pfer		kutsche	Tennis		regeln	Real		klasse
Getrei		felder	Kinder		ecke	Fach		reife
Ba		wanne	Nach		zeit	Berufs		prüfung
Fich		zapfen	Kno		bruch	Rei		haus
Blü		knospe	Mär		buch	Schle		wein
Hus		pillen	Stor		schnabel	Ze		nagel
Elefan		herde	Würst		bude	Hö		luft

2 Suche die Reimwörter.

Strümpfe	Klasse	Stelle	Brille
Tr…	K…	W…	St…
R…	R…	K…	Gr…
S…	G…	F…	W…
Schl…	M…	Z…	P…

Zeichne Silbenbögen unter die Wörter, z. B.: Strümpfe.

3 Suche zu jedem Verb ein Substantiv/Nomen. Schreibe die Wortpaare so auf: pfeifen – die Pfeife.

pflanzen – pflegen – rechnen – schlagen – schmelzen – schreiben – sprechen – springen – stürmen – kleben – krachen – wandern – turnen – stolpern – regnen – donnern – essen – malen – kaufen – berichten

4 Welche Wörter stecken in diesen Wörtern? Schreibe sie auf und zeichne Silbenbögen darunter, z. B.: Giraffe → Affe.

Giraffe – Lotto – Wanne – Halle – Wetter

Flocke – Karussell – Schenkel

5 Silbenrätsel Wer oder was wird gesucht? Schreibe die Wörter untereinander auf.

1. Märchenfigur (König …)
2. das Gelbe vom Ei
3. alter Begriff für Wildkräuter (wächst wie …)
4. Tier, das blaue Flüssigkeit verspritzt
5. ein Kartenspiel
6. Schulfach, in dem viel experimentiert wird
7. Säugetier mit braunem Fell und langen Ohren
8. Einzahl
9. Sportspiel mit kleinem Ball
10. Behälter für Stimmzettel (bei Wahlen)
11. zusätzlicher Unterricht, den ein Schüler (gegen Geld) erhält, damit er sich verbessert
12. kurzer Finger, an dem Babys lutschen
13. daraus sind die Stoßzähne des Elefanten

Dros …
… dot …

Schafs …

bart	bein	Dau	dot	~~Dros~~	Ei	El	fen	men	fisch	gu
Che	hil	kopf	kraut	lar	Nach	mie	ne	nis	~~Schafs~~	
fe	se	sel	Ha	Sin	ten	ter	Tin	Tisch	Un	Ur	ten

Die Anfangsbuchstaben der Wörter ergeben ein Wort aus dem Schulalltag.

6 Welche Wörter musst du einfügen? Schreibe jeweils die vier zusammengesetzten Wörter ab. Sprich sie dabei deutlich mit, z. B.: Schulbuchmesse.

Buch **Salat** **Tisch**

Schul	buch	messe
Koch		besitzer
Lese		geschichte
Sach		besprechung

Garten		decke
Eichen		platte
Küchen		kante
Schul		bein

Kopf		pflanze
Gurken		dressing
Kartoffel		rezept
Tomaten		schüssel

2 Dafür oder dagegen?

In diesem Kapitel lernst du, wie man sich auf eine Diskussion vorbereiten kann und wie man die eigene Meinung überzeugend vorträgt.

Einheitliche Schulkleidung in deiner Schule?

Verkauf von Süßigkeiten an Schulen?

Für oder gegen einheitliche Schulkleidung?

In vielen Ländern tragen die Schüler eine einheitliche Schulkleidung. Auch an manchen Schulen in Deutschland ist das üblich. Über die Vor- und Nachteile wird deshalb an vielen Schulen diskutiert.

1 Entscheide, ohne lange nachzudenken:
Bist du *für* oder *gegen* die Idee, dass alle Schülerinnen und Schüler eurer Schule einheitliche Schulkleidung tragen sollen?

Zählt in der Klasse die Pro- und die Kontra-Stimmen.

2 Denke jeweils zwei Minuten nur „in eine Richtung“:

2 min: P (PLUS)	– Was ist gut an der Idee? Was spricht dafür?
2 min: M (MINUS)	– Was ist schlecht an der Idee? Was spricht dagegen?
2 min: I (INTERESSANT)	– Was ist interessant an der Idee? Was wäre interessant zu wissen? Was würde passieren, wenn sich die Idee durchsetzte?

3 Lege eine Tabelle mit drei Spalten an und trage ein, z. B.:

P (PLUS)	M (MINUS)	I (INTERESSANT)
– Man kann erkennen, von welcher Schule jemand kommt. – kein Stress am Morgen bei der Auswahl der Kleider …	– Man könnte seine Freunde von anderen nicht mehr unterscheiden. – zusätzliche finanzielle Belastung …	– Wer bestimmt, wie die Schulkleidung aussieht? – Was ist, wenn jemand ohne Schulkleidung in die Schule kommt? …

4 Trage deine Ergebnisse in der Klasse vor.

5 Du hast „in drei Richtungen“ nachgedacht. Entscheide dich jetzt noch einmal: Bist du *für* oder *gegen* die Idee?

Zählt wie in Aufgabe 1 die Pro- und Kontra-Stimmen. Stellt fest, ob das Ergebnis anders ausgefallen ist als bei der ersten Auszählung.

* Argument, das: Begründung für eine Aussage

Meinungen und Argumente* formulieren

Hier findest du Formulierungen, die du in einer Diskussion nutzen kannst. Sie helfen dir, überzeugender zu argumentieren.

1 Übernimm folgende Tabelle in dein Heft. Trage die Satzanfänge in die richtige Spalte ein.

Gut ist, dass … / Ich bin dafür, dass … / Schlecht ist, dass … / Ich finde es interessant, dass … / Ich bin dagegen, dass … / Meiner Meinung nach ist es unnötig, dass … / Es wäre wichtiger, dass … / Mir gefällt, dass … / Ich finde es unmöglich, dass … / In meinen Augen ist es irrsinnig, dass … / Es ist richtig, dass … / Toll, dass …

dafür	dagegen
Gut ist, dass …	*Schlecht ist, dass …*

TIPP!
Wenn du bei einigen Beispielen anderer Meinung bist, kannst du die Wörter *für* und *gegen* austauschen.

2 Forme die Sätze wie im Beispiel um.

1. Ich bin gegen die Einführung einheitlicher Schulkleidung.
   Ich bin dagegen, dass einheitliche Schulkleidung eingeführt wird.
2. Ich bin gegen ein Verbot von Handys in unserer Schule.
3. Ich bin für den Verkauf von Süßigkeiten an unserer Schule.
4. Ich bin gegen die Einrichtung von Verkaufsautomaten in der Schule.
5. Ich bin für eine Videoüberwachung unserer Schule.
6. Ich bin für eine Erhöhung der Sportstundenzahl.
7. Ich bin für die Aufstellung von Tischtennisplatten auf dem Schulhof.
8. Ich bin gegen die Bestrafung von Schülern, die zu spät kommen.

TIPP!
Du kannst die Wörter da*für* und da*gegen* austauschen, wenn du anderer Meinung bist.

3 Forme auch diese Sätze wie im Beispiel um.

1. Ich bin dagegen, dass eigene Laptops im Unterricht benutzt werden.
   Ich bin gegen die Benutzung eigener Laptops im Unterricht.
2. Ich bin dafür, dass die Schulbibliothek erweitert wird.
3. Ich bin dagegen, dass ein Kraftraum eingerichtet wird.
4. Ich bin dafür, dass die Unterrichtsstunden verkürzt werden.
5. Ich bin dagegen, dass unsere Klasse geteilt wird.
6. Ich bin dafür, dass die Pausenzeiten verlängert werden.
7. Ich bin dagegen, dass Getränke in der Schule verkauft werden.
8. Ich bin dafür, dass bestimmte Computerspiele verboten werden.

4 Formuliere Begründungen. Vollende die Sätze wie im Beispiel:

1. *Ich bin gegen ein Verbot von Handys in unserer Schule, weil ich meine Freunde in den Pausen anrufen möchte.*

1. Ich bin gegen ein Verbot von Handys in unserer Schule, weil (ich möchte meine Freunde in den Pausen anrufen)
2. Ich bin gegen die Einführung einheitlicher Schulkleidung, weil (ich möchte meine Kleidung selbst aussuchen)
3. Ich bin gegen den Verkauf von Süßigkeiten in den Pausen, weil (wir sollten uns lieber gesund ernähren)
4. Ich bin gegen die Bestrafung von Schülern, die zu spät kommen, weil (man ist oft gar nicht an der Verspätung schuld)
5. Ich bin gegen die Einrichtung von Verkaufsautomaten in der Schule, weil (man gibt dann oft unnötig Geld aus)
6. Ich bin für eine Videoüberwachung unserer Schule, weil (wir würden uns viel sicherer fühlen)

5 EXTRA Beurteile folgende Ideen mit der PMI-Methode, z. B.:

1. Sollte die Schule morgens später beginnen?
– Dafür spricht, dass wir morgens länger schlafen könnten. (P)
– Dagegen spricht, dass wir länger in der Schule sein müssten. (M)
– Man müsste wissen, wann genau der Unterricht anfangen soll. (I)

1. Sollten die Schüler bei den Noten mitbestimmen können?
2. Sollten bestimmte Computerspiele verboten werden?
3. Sollten Noten in der Schule abgeschafft werden?
4. Sollten Mädchen und Jungen getrennt unterrichtet werden?
5. Sollte ein Benimm-Unterricht für alle Schüler eingeführt werden?

TIPP!
1. P (PLUS): Was spricht dafür?
2. M (MINUS): Was spricht dagegen?
3. I (INTERESSANT): Was müsste man noch wissen?

Handys in der Schule verbieten?

> **TIPP!**
> Oft ist man spontan für oder gegen eine Idee, ohne zunächst darüber nachzudenken. Die **PMI-Methode** zwingt zum Nachdenken in drei Richtungen und schließt nicht sofort eine Meinung aus. Daher sollte man sie immer vor einer Diskussion anwenden.

Wende die PMI-Methode auch bei anderen Themen an. Stell dir zum Beispiel vor, an deiner Schule würde darüber abgestimmt, ob Handys erlaubt oder verboten werden sollten.

1 Entscheide dich zunächst wieder spontan *für* oder *gegen* die Idee. Halte genau die Zeit ein: Für jede Denkrichtung hast du zwei Minuten Zeit. Notiere deine Gedanken in Stichworten.

2 Tauscht eure Argumente* in der Klasse aus, z. B.:

- Ich finde, ein Handy muss in der heutigen Zeit einfach sein. Ich fühle mich mit Handy viel sicherer. Außerdem freue ich mich, wenn ich in der Pause meine Freundin anrufen kann. Ich bin gegen ein Handyverbot.
- Ich bin dafür, dass Handys in der Schule für alle verboten werden. Ich habe keins und würde mich besser fühlen, wenn andere auch keins haben dürften.
- Wer sollte das kontrollieren und wie? Interessant auch: Dürften die Lehrer dann in der Schule auch kein Handy haben?

* Argument, das: Begründung für eine Aussage

> **TIPP!**
> Ihr könnt dazu eine Umfrage durchführen.

3 Untersucht, wie sich die Meinungen in der Klasse verändert haben, nachdem ihr die PMI-Methode angewendet habt.

4 Welche Meinung vertrittst du, nachdem du die unterschiedlichen Argumente bedacht hast? Schreibe sie auf und begründe sie.

Arbeitstechnik

Sich auf eine Diskussion vorbereiten

1. Durchdenke das Problem oder die Fragestellung genau.
2. Lege dich nicht spontan auf einen Standpunkt fest, sondern überlege, was dafürspricht (PLUS), was dagegenspricht (MINUS) und was man noch wissen müsste (INTERESSANT).
3. Unterscheide Wichtiges von Unwichtigem.
4. Beschaffe dir gegebenenfalls weitere Informationen.
5. Entscheide dich für einen Standpunkt und lege dir die Argumente zurecht.
6. Bedenke auch, welche Gegenargumente andere in der Diskussion vorbringen könnten.

Verkauf von Süßigkeiten in der Schule?

Stell dir vor, es würde vorgeschlagen, an deiner Schule in den Pausen Süßigkeiten zu verkaufen. Alle Schüler sollen ihre Meinung dazu sagen.

1 Lies die Schülermeinungen aufmerksam durch. Ordne die Namen der Schüler dann wie im Beispiel in die Tabelle ein.

Frieda Das find ich prima. Manchmal braucht man einfach was Süßes, damit man sich im Unterricht konzentrieren kann.

Arkan Wozu das denn? Ich esse keine Süßigkeiten.

Josi Es wäre interessant zu wissen, welche Süßigkeiten da verkauft werden sollen. Gehören auch Getränke dazu?

Tonja Man sollte auch gleich einen Vertrag mit dem Zahnarzt abschließen.

Daniel Wann und wo soll denn verkauft werden?

Lena Das würde mir schon gefallen, wenn auch gesunde Süßigkeiten dabei wären.

Klara Bitte nicht. Ich muss auf meine Figur achten.

Leo Damit lässt sich bestimmt eine Menge Geld verdienen. Wer ist denn eigentlich der Anbieter?

PLUS	MINUS	INTERESSANT
Frieda	...	...

2 Was hättest du in der Diskussion gesagt? Schreibe deine Meinung auf und begründe sie.

3 Bildet zwei Gruppen. **Wählt A oder B:**
A: Diejenigen, die die Idee gut finden.
B: Diejenigen, die die Idee nicht gut finden.

Ihr sollt die anderen von eurem Standpunkt überzeugen.
Geht so vor:
- Notiert stichwortartig, welche Argumente besonders überzeugend sind.
- Stellt eine Reihenfolge auf: Die überzeugendsten Argumente kommen an den Schluss.
- Überlegt auch, welche Argumente die andere Gruppe gegen eure Idee vorbringen wird, und sucht passende Entgegnungen.
- Nun trägt eine Gruppe ihre Argumente vor. Die anderen hören zu.
- Dann folgt die andere Gruppe.

Viele Meinungen sind noch keine Diskussion

Eine Diskussion ist nur dann für alle Beteiligten interessant und nützlich, wenn sich jeder auf die Diskussionspartner einstellt. Deshalb:
- **Knüpfe an bereits Gesagtes an, ohne es zu wiederholen!**
- **Sage nicht nur deine Meinung, sondern begründe sie auch!**
- **Verletze, beleidige, provoziere niemanden!**

1 Einheitliche Schulkleidung bei uns? Darüber wurde in der 7b diskutiert. Lies dazu den Diskussionsbeitrag von Clemens und schreibe auf, ob er dafür oder dagegen ist.

Clemens Wie ihr wisst, verursachen die Klamotten bei uns eine ganze Menge Stress. Wer die richtigen Marken trägt, gehört zu den coolen Typen. Ich brauche euch hier keine Namen zu nennen. Wer sich keine Markenkleidung leisten oder den neuesten Trend nicht mitmachen kann, wird gemobbt. Einheitliche Schulkleidung könnte nach meiner Meinung das Klima in unserer Klasse erheblich verbessern.

2 Besprecht die folgenden Diskussionsbeiträge:
- Wie reagieren die Diskussionsteilnehmer auf die vorangegangenen Meinungsäußerungen?
- Wie tragen sie zu einer anregenden und sachlichen Diskussion bei?

Jana Markenklamotten zu tragen, ist bei uns einfach cool. Wer sich die nicht leisten kann, wird gemobbt. Das ist leider so. Denkt mal an Romy! Einheitliche Schulkleidung könnte schon helfen. Denke ich jedenfalls. Da hat Clemens völlig Recht, das Klima in unserer Klasse könnte verbessert werden. Eins ist aber klar: Es müssten natürlich supermoderne Sachen sein.
Elias Na, so ein Quatsch! Wenn ich das schon höre, supermodern! Das geht doch überhaupt nicht. Heute noch megamodern und morgen veraltet wie aus dem Altkleidercontainer!
Friederike Und stellt euch mal Romy in einer knallengen Bluse vor! Vielleicht noch pink! Außerdem: Wer soll denn diese Kleidung eigentlich bezahlen? Also wir haben dafür kein Geld. Ich reiche schon jetzt nicht mit meinem Taschengeld!
Arkan Ach nee, da könntest du dir vielleicht mal nicht die teuersten Jeans kaufen! Ich weiß überhaupt nicht, warum wir hier so lange diskutieren. Dieses blöde Gerede geht mir so was von auf den Geist! Ich finde, wir sollten es einfach mal ausprobieren. Einen Monat kommen wir alle in gleichen T-Shirts. Vielleicht wäre das auch echt cool, wenn alle auf uns schauen und denken: Aha, das sind die von der 7b. Die lassen sich ja echt was einfallen!
Josi Also ich bin dafür, denn dann würde der Konkurrenzkampf mit den Markenklamotten endlich aufhören. Nein, eigentlich bin ich doch

dagegen – wenn ich mir vorstelle, wie öde das wäre! Alle im Einheitslook, wie die Soldaten! Und wer sollte die Kleidung denn überhaupt auswählen? Vielleicht Frau Rottmann oder Herr Wrobel?

Benno Die Diskussion ist ja bis jetzt völlig daneben! Wir müssen doch überlegen, wie wir uns als Fans, sagen wir von den Bayern, von Hertha, Werder Bremen oder, ihr wisst schon, was ich meine, kleiden können. Das wär's! Da gibt's wohl keinen, der da nicht mitmachen würde. Alles andere ist doch Kinderkram!

Eva Spinner, du! Du hast den IQ eines losgetretenen Fußballs …

3 Manche Diskussionsteilnehmer haben so genannte „Gesprächskiller" verwendet. Suche diese Stellen aus dem Text heraus.

→ **Seite 11, Aufgabe 4,** „Gesprächskiller" vermeiden

4 Trage Formulierungen zusammen, mit denen du an Gesagtes anknüpfen kannst, z. B.:

X hat bereits darauf hingewiesen, dass … Dieser Meinung möchte ich mich anschließen …

Bisher haben alle gesagt, … Ich finde aber, man müsste auch darüber diskutieren, dass …

X hat gesagt, dass … Ich bin auch dieser Meinung, aber ich weiß nicht, …

Ich glaube, X hat nur zum Teil Recht, denn …

Ich finde richtig, was X gesagt hat, aber ich möchte noch ergänzen, …

Meiner Meinung nach sind die Argumente von X nicht überzeugend. Sie hat nicht bedacht, dass …

5 Stell dir vor, du wärst in der Diskussion nach Eva an der Reihe gewesen (Zeile 35 auf dieser Seite).
Formuliere deinen eigenen Diskussionsbeitrag.

6 EXTRA Führt ein Rollenspiel durch. Diskutiert das Thema „Einheitliche Schulkleidung – ja oder nein?".

Ein Morgen wie jeder andere?

1 Warum trägt der Text die Überschrift „Schule verkehrt"? Notiere deine Gedanken.

Schule verkehrt

Ein Morgen wie jeder andere. Sybille steht mit ihren Freundinnen an der Bushaltestelle. Als der Bus hält, erstürmen die Mädchen die letzte Bank und halten sie besetzt. Während der gesamten Fahrt werden die Jungen von ihren Mitschülerinnen geärgert. Sie ziehen sie an den Haaren und kneifen sie. Als Dirk zu weinen anfängt, freuen sich die Mädchen.
Der Unterrichtstag beginnt mit Englisch. Thorsten und Jan lesen ihre sauber geschriebenen Hausaufgaben vor. Michael, ein besonders sprachbegabter Junge, wird bei der Grammatikübung drangenommen. Doch als er einen Fehler macht, fangen die Mädchen lauthals an zu lachen, und der Bub wird feuerrot.
Mathe in der zweiten Stunde, für die Jungen eine Tortur. Frau Müllerin fängt deren Unwissen damit ab, dass sie sie Textaufgaben vorlesen lässt. Durch fleißiges Üben, so rät sie ihnen, könnten die Jungen durchaus ihre Begabung ausgleichen. Um die Lösung einer Aufgabe an der Tafel vorzuführen, meldet sich Olaf schon zum fünften Mal, vergebens. Wieder darf ein Mädchen, diesmal Heike, ihre Mathe-Eins beweisen.
Endlich schellt es zur großen Pause. Die Mädchen stürmen aus dem Klassenraum, um als erste das Fußballfeld zu erreichen. Sie lassen dort ihrer Urkraft freien Lauf. Die Knaben spielen in einer ungestörten Ecke Gummitwist.
Dritte Stunde: Geschichte. Die Erzählung über die römischen Heldinnen lässt die Mädchen endlich einmal aufmerksam werden.
Im Sportunterricht trainieren die Schülerinnen Leichtathletik auf dem Sportplatz, während die Jungen rhythmische Gymnastik betreiben. Beim Duschen stürmen die Mädchen die Umkleideräume der Jungen, die laut kreischend ihre nackten Teile zu verstecken suchen.
Der Schultag endet mit Physik. Herr Jansen-Koberg versucht seine unruhigen Zöglinge mit einem Experiment bei Laune zu halten. Als sich der Stromkreis nicht schließen lässt, sieht der Lehrer hilfesuchend in die Mädchenreihe, die sofort die Fehlerquelle findet. Ein Schultag wie jeder andere?
Nicole Dahms/Larissa Seifert (Schülerinnen einer Hannoveraner Schule)

2 Gibt es in deiner Klasse auch Verhaltensweisen, die typisch für die Mädchen oder typisch für die Jungen sind? Notiere einige Beispiele.

3 Stelle fest, welche Entwicklungsunterschiede bei Mädchen und Jungen in dem Text genannt werden. Welche Schlussfolgerungen werden daraus gezogen? Tausche dich mit einem Partner über den Text aus.

Mädchen lernen anders als Jungen

In wissenschaftlichen Studien zum Unterricht wird zum Beispiel von folgenden Unterschieden zwischen Jungen und Mädchen berichtet:
- In der sprachlichen Entwicklung sind die Mädchen den Jungen voraus: Mädchen lernen früher sprechen als Jungen, mehr Mädchen als Jungen konnten bereits bei Schulbeginn lesen. Das Leseinteresse von Mädchen ist oft größer als das von Jungen und bleibt oft auch größer. Auch die Lesehäufigkeit der Mädchen ist größer. Jungen weisen häufiger Schwierigkeiten in den Sprachfächern auf.
- In der Entwicklung mathematisch-naturwissenschaftlichen Denkens sowie technischer Fähigkeiten haben die Jungen einen Vorsprung.
- Mädchen sind in der Schule stärker an Zusammenarbeit, Jungen stärker an Wettstreit orientiert.

Schlussfolgerungen: Jungen brauchen mehr Förderung bei der Entwicklung ihrer Lese- und Schreibinteressen; Mädchen benötigen stärkere Hilfe bei der Verarbeitung mathematisch-naturwissenschaftlicher Lernstoffe.

4 Getrennter Unterricht von Mädchen und Jungen? Stelle fest, welche Meinungen Schülerinnen und Schüler zu dieser Frage äußern.

Leon Das wäre gut. Dann könnten sich die Mädchen in Englisch nicht immer vordrängeln. Die Jungen kämen endlich auch mal zu Wort.
Nadja Ich finde getrennten Unterricht gut, wir Mädchen könnten viel ungestörter lernen. Außerdem sind wir besser als die Jungen und könnten schneller vorankommen.
Paul In welchen Fächern würden wir denn getrennt, in welchen nicht?
Kristin Wozu sollte denn ein getrennter Unterricht gut sein? Das wäre ja echt langweilig!
Dennis Eigentlich finde ich getrennten Unterricht nicht so gut. Später müssen Frauen und Männer ja auch zusammen arbeiten.
Dana Ich bin dafür, dass Mädchen und Jungen getrennt unterrichtet werden, dann könnten die Jungen wenigstens nicht andauernd über uns lachen.

5 Schreibe deine Meinung zum Thema „Getrennter Unterricht von Mädchen und Jungen?“ auf. Stelle dabei die Vorteile und Nachteile dieser Unterrichtsweise dar. Begründe deine Meinung. Führe auch Beispiele an.

Wer erreicht die meisten Punkte?

→ **Seite 230 ff.,** Wortarten

TIPP!
Insgesamt lassen sich mehr als hundert Wörter bilden, wenn man (waagerecht, senkrecht und diagonal) direkt benachbarte Buchstaben zusammenfügt.

1 Wörtersuchwettbewerb Bilde mit den Buchstaben aus dem Buchstabenfeld so viele Wörter wie möglich. Ordne sie der passenden Wortart zu und schreibe sie auf. Die blau gedruckten Buchstaben ergeben z. B. die Wörter *bunt, bunte, bunter.* Auch wenn Wörter verwandt sind, wird jede Wortform als ein einzelnes Wort gezählt. Für die Wortarten gibt es unterschiedlich viele Punkte:

H	U	D	A
B	I	N	T
L	E	R	E
S	M	G	N

Substantiv/Nomen:	2 Punkte
Verb:	3 Punkte
Artikel:	1 Punkt
Adjektiv:	4 Punkte
Adverb:	8 Punkte
Personalpronomen:	6 Punkte
Possessivpronomen:	6 Punkte
Präposition:	5 Punkte
andere Wörter:	7 Punkte

→ **Seite 230 ff.,** Wortarten

2 Versteckte Wörter Suche Wörter, die in den folgenden Wörtern versteckt sind. Schreibe sie heraus und ordne sie nach Wortarten, z. B.:
Kinder → Inder (Substantiv), ...

Für jedes gefundene Wort gibt es einen Punkt, für die richtige Wortartbestimmung noch einen.

Kinder – dafür – dagegen – Klassen – Lehrerinnen – Schulkleidung – Gedanken – Begründung – Nachmittag – Gesicht – Diskussion – einkaufen

TIPP!
Du kannst auch Adjektive verwenden, die hier nicht vorgegeben sind.

3 Eigenschaften gesucht! Schreibe die fünf Substantive/Nomen mit passenden Adjektiven auf, z. B.:
ein langes, freundliches, gutes, offenes, ernstes, deutliches, richtiges, letztes Wort.

Wort | Wetter | Mensch | Vorschlag | Vortrag

Für jedes passende Adjektiv erhältst du zwei Punkte.

neu – lang – falsch – ehrlich – konkret – freundlich – konstruktiv – genial – schwierig – gut – offen – ernst – persönlich – meisterhaft – knapp – deutlich – interessant – richtig – schlecht – öffentlich – letzt – annehmbar – spannend – klar – stockend – flüssig – kalt – gutmütig – wechselhaft – langweilig – ernsthaft – toll – angenehm – furchtbar

4 Bilde Substantive/Nomen, z. B.: verbieten → das Verbot .

verbieten – verkaufen – träumen – laufen – bauen – dauern – anfangen – beginnen – fragen – antworten – befehlen – spielen – reden – vortragen – vorschlagen – lieben – erklären – überlegen – verkürzen – verlängern – begründen – formulieren – bilden – meinen – beleidigen – begeistern – befragen – beantworten – planen – einführen – erleben – geschehen – ereignen – wagen – hindern – versäumen – vorkommen

5 Bilde Wörter mit den Endbausteinen. Schreibe sie in eine Tabelle, z. B.:

→ **Seite 230 ff.,** Wortarten

Substantive/Nomen	Adjektive
Krankheit, …	lesbar, …

-heit -bar -ung -tum -lich -keit -ig

-sam -nis -schaft -haft

6 EXTRA Welches Wort passt nicht in die Reihe? Begründe so:
1. In der ersten Reihe stehen Pronomen. Das Wort „an" gehört nicht in diese Reihe, weil es eine Präposition ist.

TIPP!
Achte auf die Wortart.

1. ich – ihr – er – mein – euer – an – du – sein – uns – euch – unser – dein – sie – es
2. hier – heute – gern – rechts – bald – dann – überall – morgens – früh – vorwärts
3. lesen – hören – sprechen – draußen – singen – malen – zeichnen – turnen – rennen
4. hat – ist – haben – sind – seit – seid – habe – werde – wird – hast – wirst – bist – hat

7 EXTRA Und welches Wort passt hier nicht in die Reihe? Begründe, z. B.:
1. In der ersten Reihe stehen Wörter mit dem Endbaustein „-lich". Das Wort „wichtig" gehört nicht in die Reihe. Es hat den Endbaustein „-ig".

TIPP!
Achte auf die Wortbildung.

1. schrecklich – gefährlich – erfreulich – wichtig – leserlich – fortschrittlich – friedlich
2. Entstehung – Entführung – Entlohnung – Endung – Entdeckung – Entfernung
3. verstehen – entstehen – bestehen – erstehen – gestehen – besehen
4. wiederholen – widersprechen – wiederkommen – wiedergeben – wiederbringen

Wörter, Wörter, Wörter!

→ Seite 231, Wortarten: Substantive/Nomen

1 Bilde Substantive/Nomen, z. B.:

1. *erleben → das Erlebnis – die Erlebnisse, …*
2. *flüssig → die Flüssigkeit – die Flüssigkeiten, …*
3. *arbeiten → der Arbeiter, die Arbeiterin – die Arbeiterinnen, …*

1. erleben – geschehen – ereignen – wagen – hindern – versäumen – vorkommen – hemmen
2. flüssig – krank – schön – dumm – feierlich – schwierig – wahr – selten – fein – fähig – gemein – gemeinsam
3. arbeiten – lehren – fahren – verkaufen – lesen – schreiben – werfen – begleiten – betreuen – hören

→ Seite 231, Wortarten: Adjektive

2 Nenne das Gegenteil — tausche jeweils das Adjektiv aus, z. B.:

1. *eine interessante Diskussion – eine langweilige Diskussion*

1. eine interessante Diskussion
2. ein dickes Buch
3. ein hohes Haus
4. eine lustige Geschichte
5. ein erfolgreiches Projekt
6. ein bescheidener Mensch
7. eine neue Schule
8. ein kluger Mensch
9. eine gute Idee
10. ein voller Schrank
11. ein geschlossenes Fenster
12. eine reiche Frau
13. ein krankes Kind
14. ein geduldiger Lehrer

Austauschwörter:
~~langweilig~~ – alt – ungeduldig – dumm – leer – niedrig – geöffnet – traurig – arm – unbescheiden – schlecht – gesund – erfolglos – dünn

→ Seite 231, Wortarten: Adverbien

3 Wie heißt hier das Gegenteil? Tausche jeweils das Adverb aus, z. B.:

1. *Ich stehe oben – ich stehe unten*

1. ich stehe oben
2. er geht hinunter
3. sie liest morgens
4. sie singen oft
5. wir laufen hinüber
6. ihr schreibt rechts
7. ich komme gerne
8. er weint immer
9. wir telefonieren vorher
10. du sitzt hier
11. er kletterte dahinter
12. heute lernt er
13. irgendwo regnet es
14. ich arbeite dann

Austauschwörter:
~~unten~~ – herüber – abends – selten – davor – hinauf – morgen – nirgendwo – ungern – nachher – dort – links – jetzt – nie

4 Ergänze die fehlenden Präpositionen, z. B.:
1. in der Diskussion seine Meinung sagen

von – über – für – zu – bei – in – mit – an – vor

1. ☐ der Diskussion seine Meinung sagen
2. ☐ der Diskussion teilnehmen
3. ☐ die Idee sprechen
4. ☐ den Klassenkameraden diskutieren
5. ☐ eine Sache kämpfen
6. ☐ einem Ergebnis gelangen
7. ☐ seiner Idee überzeugen
8. ☐ den Vorschlag sein
9. ☐ anderen eine Rede halten
10. ☐ der Sache bleiben

TIPP!
Manchmal gibt es mehrere Lösungen.

→ **Seite 232, 242** Wortarten: Präpositionen

5 Ersetze die unterstrichenen Wörter durch Personalpronomen, z. B.:
1. sich mit <u>dem Partner</u> unterhalten → sich mit <u>ihm</u> unterhalten

1. sich mit <u>dem Partner</u> unterhalten
2. über <u>die Mädchen</u> sprechen
3. von <u>den Jungen</u> erzählen
4. für <u>die Kinder</u> eintreten
5. auf <u>den Freund</u> warten
6. mit <u>der Freundin</u> streiten
7. bei <u>dem Lehrer</u> bleiben
8. vor <u>den Schülern</u> auftreten

Austauschwörter:
~~ihm~~ – ihn – ihnen – ihr – sie – ihm – sie

→ **Seite 231,** Wortarten: Personalpronomen

6 Ersetze die unterstrichenen Wörter wie im Beispiel:
1. <u>über das Thema</u> sprechen → <u>darüber</u> sprechen

1. <u>über das Thema</u> sprechen
2. <u>von dem Gespräch</u> berichten
3. sich <u>mit dem Projekt</u> befassen
4. <u>gegen das Vorgehen</u> sein
5. <u>aus dem Buch</u> vorlesen
6. <u>für das Verbot</u> sein
7. sich <u>auf das Sportfest</u> freuen
8. <u>unter dem Heft</u> verstecken
9. <u>in dem Buch</u> suchen
10. sich <u>vor der Klassenarbeit</u> fürchten

Austauschwörter:
~~darüber~~ – dagegen – davon – darunter – dafür – darin – damit – darauf – daraus – davor

3 Moderne Sagen – Geschichten mit Pfiff

Die Geschichten in diesem Kapitel haben alle eines gemeinsam: Es sind moderne Sagen. Diese werden meist so erzählt, dass der Zuhörer/Leser denkt, die Geschichte könnte sich wirklich zugetragen haben.

1 Arbeitet zu zweit. Jeder von euch wählt eine Geschichte aus und liest sie genau durch. Erzählt euch die Geschichten danach gegenseitig. Gebt dabei wieder
- wem etwas passiert ist, wer dabei war oder davon gehört hat,
- was geschehen ist, wann es geschehen ist,
- was zum Schluss geschah.

Gurt- und Helmpflicht

* ADAC, der: Allgemeiner Deutscher Automobilclub

Eine Familie war mit dem Auto unterwegs in die Schweiz. Da sie noch nie in der Schweiz gewesen waren, beschloss sie, in einem Informationsheft vom ADAC* nachzulesen, welche Verkehrsregeln in der Schweiz gelten. Unter anderem fand sie dabei den Hinweis, dass in der Schweiz Gurt- und Helmpflicht besteht.

Die Familie war sehr verzweifelt, weil sie keine Helme besaß. So kaufte sie kurz vor dem Grenzübergang an einer Tankstelle schnell noch für alle Familienmitglieder Helme. Danach fuhr die ganze Familie angegurtet und mit Helmen auf dem Kopf in ihrem Volvo durch die Schweiz.

Monopoly

** Banker, der: Bezeichnung für einen Bankangestellten [sprich: bänker]

Online-Link
Hörverstehen
313173-0032

Ein Banker**, der in Süddeutschland wohnte und durch erfolgreiche Börsenspekulation zu schnellem Reichtum gelangt war, wollte seiner Mutter, die in einer kleinen Stadt bei Braunschweig wohnte, zu Weihnachten etwas von seinem Geldsegen zukommen lassen und kam auf folgende Idee: Er kaufte ein Monopoly-Spiel, ersetzte das Spielgeld durch richtiges Geld, insgesamt 20.000 Euro, und packte alles wieder in Plastikfolie ein. Durch Bekannte ließ er das Präsent seiner Mutter pünktlich zum Heiligen Abend zukommen. Sie machte sich aber nichts aus Spielen, ging nach den Feiertagen in ein Spielwarengeschäft und tauschte das Geschenk um.

Professor Rolf W. Brednich hat eine Sammlung mit modernen Sagen (Wandersagen) herausgegeben. Das Buch heißt „Die Spinne in der Yucca-Palme". In einem Interview sagte er über diese Sagen Folgendes:

Online-Link
Hörverstehen
313173-0033

deutsch.kombi plus Herr Professor Brednich, Sie sind Wissenschaftler an der Universität Göttingen und beschäftigen sich mit modernen Sagen. Ist das nicht ein Widerspruch: modern und Sage?

Professor Brednich Nein, Sagen hat es nicht nur in der Vergangenheit gegeben. Sie entstehen auch heute immer wieder neu und werden eifrig weitererzählt. Sie funktionieren immer noch nach den gleichen beiden Prinzipien wie früher: Es werden Ereignisse erzählt, die eigentlich ziemlich unwahrscheinlich oder ungewöhnlich sind, aber man erzählt sie dann so, dass sie ganz realistisch klingen.

deutsch.kombi plus Wie machen die Erzähler das denn?

Professor Brednich Nun, sie berichten zum Beispiel ganz genau, wann und wo das Ereignis stattgefunden hat und wer daran beteiligt war. Also nicht einfach „Ein Mann kam nach Hause und fand ...", sondern „Ein Schlosser aus Karlsruhe-Dammerstock kam aus den Sommerferien zurück und fand in seinem Briefkasten ..." Manchmal wird auch ein Zeuge genannt: „Das hat ein Arbeitskollege von meinem Cousin selbst erlebt."

deutsch.kombi plus Und wer setzt solche modernen Sagen in die Welt?

Professor Brednich Das kann man oft nicht mehr genau feststellen. Einer erzählt sie dem anderen weiter, in der Kantine, beim Einkaufen oder auf dem Schulhof, und so breiten sie sich aus und wandern. Oft bauen die Erzähler dabei aber auch kleine Veränderungen ein.

deutsch.kombi plus Könnten Sie uns dafür ein Beispiel geben?

Professor Brednich Ein schönes Beispiel ist die Wandersage vom Nierenklau. Man konnte nachweisen, dass sie zuerst 1990 in Rinteln an der Weser erzählt wurde. Das Opfer war angeblich in Istanbul überfallen worden. Wenig später tauchte die Geschichte im Ruhrgebiet auf – das Opfer war jetzt nach Venlo in Holland gefahren. Und schließlich wurde dieselbe Wandersage in Freiburg im Breisgau erzählt. Hier war allerdings Straßburg auf der französischen Rheinseite zum Ort des Verbrechens geworden.

2 Tausche dich mit deinen Mitschülern über das Interview aus. Warum nennt man diese Geschichten auch Wandersagen? Nenne ihre Merkmale.

3 Beim Weitererzählen verändern sich die Geschichten oft. Versuche zu erklären, wie das kommt.

4 EXTRA Hast du auch schon einmal solche Geschichten gehört? Erzähle sie in der Klasse.

Online-Link
Hörverstehen
313173-0034

Gut erzählt ist halb geglaubt

1 Hier findest du eine Zeitungsmeldung über eine Begebenheit, die wirklich passiert ist. Gib den Inhalt mit eigenen Worten wieder.

„Einbrecher" waren eine Schulklasse

Mainz. (AP) Ein Leseabend in einer Schule hat in Mainz einen größeren Polizeieinsatz ausgelöst. Wie das Polizeipräsidium mitteilte, wurden in der Nacht zum Freitag nach einem Anruf besorgter Anwohner insgesamt sechs Streifenwagen zur Theodor-Heuss-Schule geschickt. Die Beamten sperrten zunächst das Schulgebäude ab. Nachdem erneut Taschenlampen im Erdgeschoss der Schule gesichtet worden waren, drangen drei Polizisten mit Diensthunden in das Gebäude ein. „Es stellte sich dann aber heraus, dass es sich um eine gesamte Schulklasse samt Lehrkräften handelte, die einen Leseabend durchführten", erklärte Polizeisprecher Lothar Neumann.

2 Bildet Gruppen. Macht aus der Zeitungsmeldung eine Wandersage. Ihr könnt dabei

- den Ort ändern, z. B.: *Ludwigsburg. Im Vereinsheim des FC Eglosheim …*
- etwas weglassen, z. B.: *Nach einem telefonischen Hinweis drangen Polizeibeamte gestern …*
- etwas hinzufügen, z. B.: *Der zehnjährige Johannes las gerade aus „Emil und die Detektive" vor, als …*
- etwas verändern, z. B.: *Die Deutschlehrer der Stadt hatten sich zu einer gemeinsamen Korrekturnacht verabredet und …*
- die Erzählreihenfolge verändern, z. B.: *Mainz (AP) In der Nacht zum Freitag riefen besorgte Anwohner …*

Jede Gruppe wählt eine Veränderungsmöglichkeit aus. Schreibt dann eure Geschichte in Stichworten auf.

3 Erzählt eure Geschichten in der Klasse. Sprecht anschließend darüber, welche Geschichten am besten gewirkt haben.

4 Worum geht es in dieser Zeitungsmeldung? Notiere in Stichworten (Wer? Wann? Wo? Wie? Warum? Verlauf? Ergebnis?).

Ganz schön leichtsinnig

Neudorf. (AP) Bis zu einer Höhe von 20 Metern erkletterten gestern Nachmittag zwei Schüler im Alter von 13 und 15 Jahren das Baugerüst an der Dorfkirche. Aufmerksame Straßenpassanten alarmierten sofort Polizei und Feuerwehr, die sicherheitshalber Sprungtücher aufspannten. Glücklicherweise gelang es einigen beherzten Feuerwehrmännern, unter Einsatz der großen Drehleiter die beiden abenteuerlustigen Kletterer wieder sicher auf die Erde zurückzubringen. Sie wurden ihren besorgten Eltern unverletzt übergeben. Möglicherweise wird die Sache für die betroffenen Familien noch ein Nachspiel haben.

5 Erzähle diese Begebenheit einem Partner so, als wärst du dabei gewesen.

TIPP!
Nutze deine Notizen aus Aufgabe 4.

6 EXTRA Schreibe diese Zeitungsmeldung in eine Wandersage um. Schreibe auf, was geschehen ist. Verändere dabei die Angaben so, dass alles noch viel spannender wird.

Arbeitstechnik

Eine Begebenheit wirkungsvoll erzählen

1. Wähle eine Begebenheit aus – erfunden oder wahr –, die für die Zuhörer oder Leser interessant ist.
2. Füge wirklichkeitsnahe Angaben ein:
   - Wem ist das passiert?
   - Wer war dabei/hat davon gehört?
   - Wo ist das geschehen?
   - Wann war das?
   - Wie ist das verlaufen?
   - Wie ist alles ausgegangen?
3. Gestalte deine Geschichte spannend: Versuche, die Spannung allmählich zu steigern, und führe sie nach dem Höhepunkt zügig zum Ende.
4. Unterstütze deine Erzählung durch passende und auch ungewöhnliche Wörter, z. B. ein *atemberaubender* Anblick, *unglaublich* gefährlich, *schwindelerregende* Höhe.
5. Bilde kurze, verständliche Sätze.

→ **Seite 130 f., 245,** Arbeitstechnik „Eine Geschichte mit Pointe erzählen“

Nicht nur am 1. April ...

1 Entscheide: Groß- oder Kleinschreibung? Erkläre, was dir bei der Entscheidung geholfen hat, z.B.: <u>die</u> Lübecker Stadtwerke → „Stadtwerke" ist ein Substantiv und muss großgeschrieben werden.

Weihnachtsmänner fahren kostenlos

Die Lübecker (S/s)tadtwerke wollen auch dem Weihnachtsmann das (U/u)msteigen auf (Ö/ö)ffentliche (V/v)erkehrsmittel schmackhaft machen. Wer durch (R/r)oten (M/m)antel, rote (M/m)ütze und (W/w)eißen (B/b)art als Weihnachtsmann zu erkennen ist und beim (E/e)insteigen deutlich „Hohoho" ruft, fährt während der gesamten (A/a)dventszeit in Lübecker Bussen kostenlos. Das (A/a)ngebot gilt (A/a)usdrücklich auch für (W/w)eihnachtsfrauen.

2 Überlege: Muss ein großer oder ein kleiner Anfangsbuchstabe eingesetzt werden? Schreibe so:
<u>eine</u> seltsame <u>B</u>lüte, kurz nach <u>der</u> <u>E</u>inführung

30-Euro-Schein

Eine (S/s)eltsame (B/b)lüte tauchte kurz nach der (E/e)inführung des (E/e)uro in dem (K/k)leinen (O/o)rt Schwandorf auf. Dort hatte eine (J/j)unge (F/f)rau vergeblich versucht, einen (N/n)agelneuen 30-Euro-Schein auf ein (K/k)onto bei der (H/h)eimischen (B/b)ank einzuzahlen. Der (E/e)cht wirkende (G/g)eldschein mit dem (U/u)ngewöhnlichen (W/w)ert war vorher, offenbar ohne aufzufallen, schon über mehr als einen der (Ö/ö)rtlichen (L/l)adentische gegangen.

→ **Seite 237,** Rechtschreibstrategie „Großschreibung von Wörtern"

Merke

So kannst du testen, ob ein Wort großgeschrieben wird:
- Kann man es mit einem der Artikel kombinieren (*der, die, das, dem, den, ein, eine, ...*)?
- Endet das Wort auf *-heit, -keit, -ung, -schaft, -nis* oder *-tum?*
- Steht vor dem Wort eine Präposition (*auf* Biegen und Brechen)?
- Lässt sich direkt vor das Wort ein Adjektiv setzen, welches sich dabei verändert (*schöner* Baum, *langes* Leben)?
- Stehen vor dem Wort Wörter wie *alles, wenig, nichts, etwas, viel?*

3 Welche Anfangsbuchstaben werden hier großgeschrieben, welche klein? Schreibe großgeschriebene Wörter mit ihren Signalwörtern auf, z. B.:
– zum Riechen – zu dem Riechen, beim Betreten – bei dem ...,

> **TIPP!**
> Lies noch einmal im Merkkasten auf Seite 38 nach.

Kinofilm erstmals auch zum (R/r)iechen

Erstmals zeigt ein Münchner Kino einen Film zum (R/r)iechen. Beim (B/b)etreten des Kinos erhält jeder Besucher ein Gerät zum (U/u)mhängen, das (P/p)assend zu jeder Filmszene Düfte verbreitet. Insgesamt 16 verschiedene Gerüche, z. B. von Pizza, Kaffee oder Blumen, stehen für das (B/b)ereichern des Kinoerlebnisses bereit. Machbar sei fast jeder Duft, sagt der Münchner Unternehmer und Erfinder Stefan Ruetz. Auch etwas (U/u)nangenehmes sollte dabei sein. Die Gerüche seien aber wie alle anderen Düfte im (N/n)u verflogen, betonte der Erfinder. Das Gerät, der Sniffman, wiegt 127 Gramm und ist laut Ruetz über ein unsichtbares Signal mit der Filmprojektion verbunden. Dies ermöglicht das exakte (S/s)teuern des Apparats, die Düfte kommen genau (R/r)echtzeitig. In Zukunft solle der Sniffman auf die (G/g)röße einer Zigarettenschachtel (V/v)erkleinert werden.

4 EXTRA Entscheidet auch hier, welche Wörter mit großem Anfangsbuchstaben geschrieben werden. Schreibt in zwei Spalten, z. B.:

> **TIPP!**
> Zu diesen Wörtern gehört oft ein Adjektiv. Wenn keins vorhanden ist, könnte man fast immer eins einfügen.

Bei dem Wort steht ein Adjektiv	Man könnte ein Adjektiv einfügen
nach einer scherzhaften Sendung	des Fernsehmagazins → des bekannten Fernsehmagazins

Urlaubssteuer

Nach einer scherzhaften (S/s)endung des (F/f)ernsehmagazins ‚Monitor' über eine angebliche (A/a)usreisesteuer fürchten die (D/d)eutschen (R/r)eisebüros einen (M/m)illionenschaden. Zahllose (U/u)rlauber wollen (G/g)ebuchte (R/r)eisen stornieren. Chaos herrschte auch an den (D/d)eutschen (F/f)lughäfen, dort riefen Tausende (V/v)erunsicherter (B/b)ürger an. ‚Monitor' hatte in seiner Satire von „der (N/n)euesten (S/s)paridee des (F/f)inanzministers" berichtet. Danach sollen (T/t)ouristen eine Ausreisesteuer von 77 Euro pro (E/e)rwachsenen und 36 Euro pro (K/k)ind entrichten. Dazu gab es (B/b)ilder von (U/u)rlaubern, die diese teure (S/s)teuer angeblich zahlten.

Signalbausteine und Signalwörter

1 Bilde von den folgenden Adjektiven und Verben Substantive/Nomen mit den folgenden Wortbausteinen:

-heit -keit -ung -schaft -tum -nis

reich	....	....	erleben
geheim	....	....	erlauben
gesund	....	....	geschehen
beliebt	....	....	verabreden
bereit	....	....	vorbereiten
schwierig	....	....	veranstalten

Schreibe die Substantive/Nomen mit Artikel auf und umkreise jeweils den Endbaustein, z. B.: *der Reich(tum)*

2 Bilde Wortgruppen mit Großschreibung. Schreibe sie auf, lies sie dann vor und schreibe dabei den Großbuchstaben mit dem Finger in die Luft, z. B.:
laut lachen → das laute Lachen, ein lautes Lachen

laut lachen – deutlich sprechen – süß träumen – schnell laufen – langsam gehen – gemeinsam erfinden – gut essen und trinken

3 Schreibe Wortgruppen mit Großschreibung. Lies sie vor und schreibe dabei den Großbuchstaben mit dem Finger in die Luft, z. B.:
gesprochen → etwas Gesprochenes, gelesen → alles Gelesene, …

gesprochen – geschrieben – gehört – gelesen – abgebildet – erfunden – erzählt – gelogen – gekauft – gesammelt – geträumt – erraten – geschehen – gemeint – versucht – erledigt – erfahren – gekocht – geprüft

etwas alles viel nichts

4 Meldungen vom 1. 4. Übe mit diesen Texten die Großschreibung.
Gehe so vor:
- Schreibe den Text ab.
- Lies den Text aufmerksam durch. Überlege, welche Wörter man großschreibt. Lass dir den Text von einem Partner diktieren.
- Diktiere den Text einem Partner und korrigiere ihn dann.
- Schreibe aus dem Text Wortgruppen mit Großschreibung heraus.

→ **Seite 15, 238,** Arbeitstechnik „Fehlerfrei abschreiben“

Das Rad neu erfunden
Ein Automobilclub meldet aus München, Autoreifen seien künftig nicht mehr rund, sondern vieleckig. Das „eher auffällige“ Ergebnis einer Studie*: Die neue Reifengeneration erziele deutlich kürzere Bremswege, weil „sich bei zunehmendem Bremsdruck die etwas hervorstehenden Reifenteile wie Keile in den Asphalt krallten“.

* Studie, die: wissenschaftliche Untersuchung

Morgengrauen
Ein privater Radiosender in Magdeburg schockte seine Hörer am Morgen mit der Meldung, die EU-Kommission habe in einer „Nacht-und-Nebelaktion“ die Abschaffung der Sommerzeit beschlossen. Alle Uhren müssten um eine Stunde zurückgestellt werden. Die Moderatoren sagten den ganzen Morgen die falsche Zeit an.

Knast-Mobil
Neue Strafe für Raser in Moskau: Die eiligen Fahrer sollen künftig bis zu sechs Stunden in der „Zelle“ direkt am Tatort absitzen. Das meldete die Nachrichtenagentur Interfax. In beweglichen Kabinen, die direkt an den gefürchteten Straßenverkehrsposten aufgerichtet werden, sollen die Sünder eine Video-Lektion zu den Gefahren der Raserei erhalten.

Abnehmen auf heißen Socken
Für freudige Erregung sorgte ein Bericht der britischen Daily Mail über neue amerikanische Abmagerungssocken, die „Fat Socks“. Diese Socken enthielten Moleküle, die bei erhöhter Körpertemperatur – Schweißfüßen – aktiviert würden und dem Blutkreislauf Fett entzögen. Socke einfach auswringen und das Fett läuft heraus: Kann es bequemeres Abnehmen geben?

4 Auf dem Weg zum Beruf

TIPP!
Informationen über diese Berufe findest du
- in dem Buch „Berufe aktuell"
- bei Arbeitsagenturen
Nutze auch den Online-Link.

Online-Link
313173-0042

1 Mitarbeiterinnen und Mitarbeiter aus vielen verschiedenen Berufen sind daran beteiligt, dass man in einem Restaurant speisen kann, z. B.:

Kellner/Kellnerin – Koch/Köchin – Konditor/Konditorin – Fleischer/Fleischerin – Landwirt/Landwirtin – Bürokaufmann/Bürokauffrau – Berufskraftfahrer/Berufskraftfahrerin – Gemüsehändler/Gemüsehändlerin – Bäcker/Bäckerin – Fachkraft für Lebensmitteltechnik – Barkeeper/Barkeeperin.

2 Was weißt du über Aufgaben und Tätigkeiten in diesen Berufen? Tausche dich mit deinen Mitschülern darüber aus.

3 Lies auf Seite 43, was eine Speisewagenkellnerin in einem Interview über ihren Beruf berichtet hat.

[...] Guten Tag. Ja, ich arbeite schon vier Jahre als Speisewagenkellnerin.

[...] Nun, ich begrüße unsere Gäste, ich informiere sie über unser Angebot und empfehle ihnen Speisen und Getränke, ich nehme die Bestellungen auf und serviere dann. Natürlich muss ich auch kassieren und am Ende meiner Schicht die Abrechnung machen. Wir müssen auch den Überblick über den aktuellen Lagerbestand behalten und rechtzeitig nachbestellen. Die Organisation gehört halt auch dazu.

[...] Ja, dann werben wir für unser Bordrestaurant. Da benutzen wir auch die Lautsprecheranlage. Da muss man sich vorher gut überlegen, was man sagen will.

[...] Nein, die Ausbildung habe ich nicht im Zug, sondern in einem großen Innenstadt-Restaurant gemacht.

[...] Drei Jahre. Man macht erst eine Zwischenprüfung, dann eine Abschlussprüfung.

[...] Man lernt, wie man Speisen zubereitet, die Gasträume und die Tische herrichtet, wie man Gäste betreut, wie die Arbeiten am Tisch zu verrichten sind. Man lernt allerhand über Speisenfolgen und Getränke, aber auch über die Abrechnung und die Organisation. Und man braucht auch eine ganze Menge an Theorie – Nahrungsmittelkunde, Ernährungskunde, Hygiene.

[...] Man ist ja den ganzen Tag auf den Beinen, auch abends und nachts, da braucht man schon eine gewisse körperliche Fitness und Geschicklichkeit. Außerdem braucht man Takt und gute Umgangsformen, ein gutes Personengedächtnis, Teamfähigkeit, Hygienebewusstsein. Man muss auch mit schwierigen Gästen zurechtkommen. Und bei uns braucht man Fremdsprachenkenntnisse. Na, und wer schwach im Rechnen ist, der erlebt spätestens bei der Abrechnung sein blaues Wunder.

[...] Na ja, im Restaurant tragen wir fünf Teller heiße Suppe auf einmal an den Tisch. Das ist im Zug schon etwas heikel.

[...] Gern geschehen. Was darf ich Ihnen denn bringen?

Katrin Faller, Speisewagenkellnerin, an ihrem Arbeitsplatz im ICE

4 Schreibe auf, was der Interviewer gefragt haben könnte.

5 Stelle in einer Übersicht Informationen über den Beruf der Restaurantfachkraft zusammen, z. B.:

Tätigkeiten	Anforderungen	Ausbildung	Betrieb
Gäste begrüßen	*körperliche Fitness*	...	...

TIPP!
Nutze dazu die Angaben aus dem Interview.

Betriebserkundung im Praktikum

1 Auf einem Erkundungsbogen kannst du festhalten, was du über einen Arbeitsplatz erfährst.
Hier findest du einen Vorschlag. Überlege, was für dich passt und was du umstellen oder ergänzen willst.

Erkundungsbogen

Datum der Erkundung: .... Uhrzeit: ...... bis ....

	Persönlicher Eindruck
1. Tätigkeiten:	...
2. Anforderungen:	...
3. Ausbildung:	...
4. Betrieb:	...
5. ...	...

2 Du kannst auch Informationen zu folgenden Stichworten sammeln:

- Werkzeug, Geräte
- Beschreibung des Arbeitsplatzes
- Verdienst
- mögliche Belastungen
- Arbeitszeit
- das Interessante und Reizvolle an der Arbeit
- wichtige Fachbegriffe und ihre Erklärung
- Besonderheiten, Bemerkungen
- Arten der Informationen (Gesprächspartner, Rundgang, Mitarbeit).

Wähle Stichworte aus und trage sie in deinen Erkundungsbogen ein.

3 Überlege, welche Fragen du stellen musst, um die gewünschten Informationen zu erhalten. Notiere die Fragen, z. B.:

- Welche Tätigkeiten muss man in diesem Beruf ausführen?
- Wie lange dauert die Ausbildung?
- Welche Berufe bildet der Betrieb aus?
- Wie viele Auszubildende hat das Unternehmen?

Einen Arbeitsplatz beschreiben

1 Verfasse für deine Mitschüler eine Beschreibung des Arbeitsplatzes, über den du Informationen gesammelt hast. Kläre dazu folgende Fragen:

- Auf dem Erkundungsbogen hast du viele Informationen festgehalten. Welche sind für Leser interessant und wichtig, welche nicht?
- Was musst du einleitend erklären, damit man einen ersten Überblick bekommt?
- Welche Fachbegriffe musst du verwenden und wie kann man sie erklären?
- Willst du zusätzlich zu den Sachinformationen deine persönlichen Eindrücke wiedergeben? An welcher Stelle passt das am besten?
- Kannst du deine Beschreibung mit Fotos, Zeichnungen oder anderen Materialien illustrieren?

2 Entscheide dich nun für eine der drei Möglichkeiten:

1. Ausführliche Arbeitsplatzbescheibung

Die Aufgaben einer Speisewagenkellnerin sind vor allem Beratung, Bestellannahme, das Servieren und das Kassieren. Wie in einem Restaurant …

2. Tabellarische Arbeitsplatzbescheibung

Arbeitsplatz: Restaurantfachkraft im Gasthof „Hubertus"
Aufgaben: Begrüßung und Betreuung, …

3. Persönliche Arbeitsplatzbescheibung (Ich-Form)

Ich wollte den Arbeitsplatz einer Restaurantfachkraft erkunden und habe mich dazu an Herrn Ebendorfer vom Burghotel „Hirschen" gewandt. Ich traf ihn vormittags gegen 11 Uhr bei der Vorbereitung …

3 Bitte Mitarbeiter des Betriebes, in dem du dein Praktikum hattest oder in dem du zur Erkundung warst, deine Beschreibung zu prüfen. Korrigiere und ergänze, wenn nötig. Schreibe deinen Text gut lesbar auf.

4 Besprich mit deinen Mitschülern, wie ihr die Beschreibungen der verschiedenen Arbeitsplätze anderen zugänglich machen könnt, z. B.:
- Aushang in der Klasse oder in der Schule,
- alle Beschreibungen für die Klasse vervielfältigen,
- eine Infomappe anlegen.

Berufswünsche – Wunschberuf

1 Lies den Text und beantworte die Fragen zum Inhalt.

Irina Korschunow

Ich werde Automechanikerin

Foto: www.girls-day.de

Ich heiße Ute und ich finde Autos toll. Bei uns in der Straße ist eine Werkstatt. Dort gehe ich nachmittags oft hin und gucke zu, wie die Mechaniker kaputte Wagen reparieren.
Zuerst haben die Mechaniker über mich gelacht.
„Na, kleines Mädchen“, haben sie gesagt, „willst du nicht lieber mit Puppen spielen?“
Aber jetzt kennen sie mich und lachen nicht mehr. Im Gegenteil, sie erklären mir alles: wie der Motor arbeitet und was Kolbenfraß ist und warum die Bremse bremst.
Ich weiß schon ziemlich genau, wie ein Auto funktioniert. Ich weiß auch, wie man einen Reifen wechselt und den Ölstand prüft. In der Werkstatt helfen, das macht mir Spaß.
Am liebsten möchte ich später Automechanikerin werden. Meine Mutter schüttelt den Kopf, wenn sie das hört. „Ein Mädchen und Automechaniker! So eine Schnapsidee!“
Dabei weiß sie ganz genau, dass ich etwas von Autos verstehe.
Einmal hatten wir nämlich unterwegs einen Platten. Wir waren beide allein, meine Mutter und ich, und sie war ganz verzweifelt.
„Was sollen wir bloß tun?“, hat sie gejammert. „Hoffentlich kommt ein Mann vorbei und hilft uns!“
Da bin ich ausgestiegen und habe das Warndreieck aufgestellt.
Und dann habe ich ihr gezeigt, wie das Rad gewechselt wird.
Allein konnte ich es nicht, weil ich noch nicht stark genug bin.
Aber zu zweit haben wir es geschafft. Wir mussten nur noch bei der nächsten Tankstelle die Schrauben nachziehen lassen.
„Ist ja toll, was du kannst! “, hat meine Mutter gestaunt. Sie hat mir ein großes Eis gekauft und ich musste ihr gleich noch den Motor erklären.

Aber Automechanikerin soll ich trotzdem nicht werden. „Das ist nichts für Frauen“, behauptet sie, und mein Vater und meine Oma sagen das auch. Komisch: So viele Männer arbeiten als Koch. Darüber wundert sich niemand. Aber wenn ein Mädchen Motoren reparieren will, dann sagen alle: Die spinnt.

Ehrlich, das verstehe ich nicht. Ich mag Autos. Und ich werde Automechanikerin. Ganz bestimmt!

Fragen zum Inhalt:

1. Wie ist Ute zu ihrem Berufswunsch gekommen?
2. Was tut sie, um sich schon jetzt über den Beruf zu informieren, den sie später erlernen will?
3. „Na, kleines Mädchen“, haben sie gesagt, „willst du nicht lieber mit Puppen spielen?“ In welchem Zusammenhang hört Ute diesen Satz?
4. Wen kann Ute von ihrem Berufswunsch überzeugen, wen nicht?
5. Was denkst du, weshalb die Mutter Utes Berufswunsch für eine „Schnapsidee“ hält?
6. Was findet Ute bei der Berufswahl komisch?

2 Meinst du, dass es Ute schafft, Automechanikerin zu werden? Begründe deine Meinung.

3 Würdest du Ute in ihrem Wunsch, Automechanikerin zu werden, eher bestärken oder ihr eher abraten? Warum?

4 Welcher Beruf würde dich interessieren?
Schreibe deine Überlegungen auf:

- Was kannst du besonders gut? Was könnte in deinem späteren Beruf von Vorteil sein?
- Was tust du besonders gern? Was interessiert dich besonders? Welche Tätigkeiten würdest du in deinem späteren Beruf gern ausüben, welche auf gar keinen Fall?
- Was weißt du schon über einen möglichen Beruf? Was wäre für dich wichtig? Worüber und wo würdest du dich gern informieren?
- Wie stellst du dir deine Zukunft vor?

5 EXTRA Stelle deine Überlegungen zur Berufswahl in einem etwa fünfminütigen Redebeitrag in der Klasse vor.

→ **Seite 183, 244,** Arbeitstechnik „Ein Kurzreferat vorbereiten“

6 EXTRA Diskutiert in der Klasse über Berufe, von denen man sagt, es seien „Männerberufe“ oder „Frauenberufe“. Was haltet ihr von solchen Urteilen?
Tragt Argumente *dafür* oder *dagegen* zusammen.

→ **Seite 22, 244,** Arbeitstechnik „Sich auf eine Diskussion vorbereiten“

Animateur – ein Traumberuf?

1 Lies den Text und trage die Informationen über den Beruf des Animateurs/der Animateurin in eine Tabelle ein, z. B.:

Tätigkeiten	Anforderungen	Ausbildung
Kinderanimation	…	…

Es darf nicht wie Arbeit aussehen

„Tralla! Trallalala!“ Jetzt soll Kasperle ganz leise, aber trotzdem deutlich sprechen. Das Krokodil darf nichts hören, die Kinder aber müssen alles verstehen. „Kinder“, flüstert Christian, „habt ihr das Krokodil gesehen?“ – Da bekommt er einen Lachanfall, der so nicht geplant war. Klara, die das Krokodil spielt, muss ebenfalls laut loslachen … Es ist Samstagmorgen – Kinderanimation/Unterrichtseinheit „Kasperletheater“ steht auf dem Stundenplan. 22 erwachsene Schüler sollen jetzt das kreative Spiel ihrer Mitschüler beurteilen. Sie alle bilden den siebten Ausbildungsjahrgang in der Animateurschule in Hechingen, die sich offiziell „Event- und Animation-Academy“ (EAA) nennt. „Es ist nicht einfach, sich in seine Kindheit zurückzuversetzen“, sagt Christian, der 1,95 m große Basketballfan. Erwachsenenanimation und Ball- und Geländespiele sowie Tauchen, Surfen, Walken, Skaten und Klettern fallen dem 19-Jährigen viel, viel leichter, als mit kleinen Kindern zu singen, zu tanzen und zu spielen. Kein Wunder, denn er war und ist ein Sportler durch und durch; vor drei Monaten hat er eine Ausbildung als Fitness- und Sportkaufmann abgeschlossen. „Aber warum dann eine zweite Ausbildung?“, fragen wir Christian. „Etwa 100 Bewerbungen habe ich geschrieben, an alle Fitnessstudios, Sportvereine, Sporteinrichtungen, aber keine Chance, einen Job zu bekommen. Am liebsten wollte ich alles hinschmeißen, so enttäuscht war ich! Da bin ich über das Internet auf die Schule in Hechingen aufmerksam geworden. So habe ich mich entschlossen, meine Qualifikation ‚aufzustocken.‘ Und jetzt bin ich überzeugt, dass sich diese 14 Monate Animateursausbildung lohnen werden.“ „Ja“, pflichtet eine der Dozentinnen bei, „die Chancen, als Freizeitanimateur einen Job zu finden, sind groß, schließlich werden Animateure und Animateurinnen überall in Hotels, Ferienanlagen, auf Campingplätzen des In- und Auslands und sogar auf Kreuzfahrtschiffen gebraucht. Man bedenke, dass allein der Reiseveranstalter TUI derzeit etwa 400 Animateure beschäftigt.“ „Aber“, ergänzt sie, „der Animateurberuf ist auch äußerst hart.“ Sie weiß, wovon sie spricht. Sie unterrichtet die Fächer Wirbelsäulentherapie, Acting, Freizeitwissenschaft, Comedy, Karaoke und Moderation. „Animateure beschäftigen die Urlauber und Urlauberinnen von der Morgengymnastik bis zum Karaokewettbewerb am Abend. Sie erteilen Tennis-, Ski- oder Tauchunterricht, veranstalten Bastel- oder Aquarellmalkurse genauso wie Boccia- oder Beachvolleyballturniere. Dementsprechend vielseitig ist auch die Ausbildung. Damit alles wie am Schnürchen klappt und die Urlauber sich rundum wohl fühlen, brauchen Animateure Organisationstalent und Einfallsreichtum. Sie müssen ihr Kurs- oder Freizeitprogramm organisieren und immer wieder an die Fähigkeiten und Wünsche der Gäste anpassen. Sie planen Aktivitäten wie den bunten Abend, Nachtwanderungen, Nachtabfahrten, Schlittenfahrten, Theatervorführungen und Ausflüge. Und dann die Kinderanimation! Nicht jeder versteht es, mit größeren und kleineren Kindern so gut umzugehen wie unsere Klara …“ Klara wollte eigentlich Erzieherin im Kindergarten werden. „Das hat leider nicht so geklappt“, so Klara selbst, „dazu war ich in der Schule nicht gut genug. Schwamm drüber! Jetzt freue ich mich schon auf meine Arbeit als Animateurin.“ Die meisten Ferieneinrichtungen haben auch kindgerechte Freizeitangebote. Animateure spielen mit den Kindern, studieren kleine Theaterstücke und Tänze mit ihnen ein, bieten Schwimmkurse an oder veranstalten Kinderdiskos. „Und körperlich verlangt die Arbeit natürlich auch einiges“, meldet sich die Dozentin noch einmal zu Wort. „Ein Arbeitstag dauert in der Regel von acht bis mindestens 24 Uhr, das ist anstrengend! Aber ein Animateur arbeitet dann besonders gut, wenn das, was er tut, eben nicht wie Arbeit aussieht.“

8:30 Uhr	Aufstehen
9:30 Uhr	Frühstück im Hotel
9:30 Uhr	Meeting mit dem Animationsteam – Besprechung des Tagesablaufs
9:45 Uhr	Aufbau der Musikanlage am Pool
9:50 Uhr	Vorbereitung für den ersten Programmpunkt, Bastelmaterial für die Kinder bereitlegen, Kindertische und -stühle im Miniclub aufstellen
10:00 Uhr	Morgenansage am Pool mit dem kompletten Animationsteam: Alle Aktivitäten des Tages werden dem Gast vorgestellt.
[…]	

2 So könnte der Tag eines Animateurs/einer Animateurin beginnen. Wie könnte er weitergehen? Schreibe eine Fortsetzung.

Da hilft nur ableiten!

→ **Seite 238,** Rechtschreibstrategie „Ableiten“

1 Erinnere dich und wiederhole.

Problem:	**Hilfe:**	**Lösung:**
Wie schreibt man das Wort am Ende?	Kann man das Wort verlängern?	Jetzt erkennt man, wie man das Wort schreibt.
Betrie? – mit **b** oder **p**?	Betriebe	Betrieb – mit **b**
Ta? – mit **g** oder **k**?	Tage	Tag – mit **g**
Wer? – mit **g** oder **k**?	Werke	Werk – mit **k**
Gehal? – mit **d** oder **t**?	Gehälter	Gehalt – mit **t**
Gel? – mit **d** oder **t**?	Gelder	Geld – mit **d**

2 Welche Buchstaben fehlen in diesen Wörtern? Sprich die Ableitungsschritte und schreibe jedes Wort in eine neue Zeile, z. B.:

Arbeit ← t → arbeiten

d oder **t**? Arbei? – Gel? – Grun? – Gehal? – Zei? – Hef?
g oder **k**? Wer? – We? – Ta? – Fabri? – Ber?
b oder **p**? Betrie? – Urlau? – Ty?

3 Erkläre, wie du hier vorgehen kannst.

Wer?zeu? – Berich?shef? – Betrie?steil – Arbei?sta? – Grun?gehal?

4 Erinnere dich und wiederhole.

Problem:	**Hilfe:**	**Lösung:**
Schreibt man ä oder e, äu oder eu?	Gibt es verwandte Wörter mit *a* oder *au*?	Jetzt wisst ihr, dass man ä bzw. äu schreibt.
t?glich – mit **ä** oder **e**?	Tag	täglich (Tag) mit **ä**
K?fer – mit **äu** oder **eu**?	kaufen	Käufer (kaufen) mit **äu**

5 Welche Buchstaben fehlen in diesen Wörtern? Schreibe die Wörter auf.

ä oder **e**? kr?ftig – Fabrikgel?nde – F?lder – W?lder – St?lle
äu oder **eu**? Kr?zung – Geb?de – R?me – N?heit – Verk?ferin

Achtung: t-Signal!

1 Erinnere dich und wiederhole.

Problem:	Hilfe:	Lösung:
Wie schreibt man die Verbform vor dem *t*?	Bildet die Grundform und sprecht in Silben.	Jetzt erkennt man, wie man das Wort schreibt.
schrei?t – mit b oder p?	schreiben	schreibt – mit b
zei?t – mit g oder k?	zeigen	zeigt – mit g
begi?t – mit n oder nn?	beginnen	beginnt – mit nn
ko?t – mit m oder mm?	kommen	kommt – mit mm
ge?t – mit oder ohne h?	gehen	geht – mit h

2 Suche zehn Verben aus der Liste aus:

fragen – zeigen – lügen – liegen – fegen – pflegen – steigen – tragen – tagen – fliegen – bleiben – schreiben – treiben – hupen – werben – erleben – streben – beben – glauben – stehen – gehen – drohen – blühen – flehen – nähen – ziehen – fliehen – glühen – mühen – kommen – nennen – lassen – rücken – herrschen – kippen – stellen – schaffen – nützen – schenken – drängen – danken – lenken – anfangen – klingen – sinken – singen – winken – brauchen – rauschen – tauschen – klatschen – löschen – schimpfen – kämpfen – gleichen

Schreibe kurze Sätze mit diesen Verben in der zweiten oder dritten Person, z. B.: Warum fragst du? Sie zeigt mir den Weg. Du zeigst mir den Weg. …

3 EXTRA **Wer macht was?** Ordne den Berufen die passenden Tätigkeiten zu. Ergänze die fehlenden Buchstaben, z. B.:
Die Gärtnerin pflanzt Blumen. …

G?rtnerin	unterbreitet Urlau?sangebote
Drucker	fli?t den Fahrra?reifen
Altenpflegerin	w?scht, f?rbt und le?t die Haare
Verk?ferin	betr?t ?ltere Menschen
Zweiradmechaniker	schrei?t Anzeigentexte
Frisör	ber?t Kunden
Reisekauffrau	pflan?t Blumen
Werbekaufmann	dru?t Bücher und Zeitschriften

→ **Seite 238,** Rechtschreibstrategie „Ableiten"

Hilf dir durch Ableiten!

1 Bilde die Mehrzahlformen der Substantive/Nomen und unterstreiche *b, d, g* oder *p, t, k,* z. B.: das Lied ← d → die Lieder

Lied	Paket	Geld	
Salat	Unterschied	Tat	Grab
Freund	Kind	Wind	
Wand	Erfolg	Werk	Dieb
Sarg	Tag	Betrag	
Zug	Park	Volk	Typ
Sieg	Anzug	Krieg	Sieb
Korb	Kalb	Stab	

2 Welche Buchstaben fehlen hier? Schreibe die Wörter richtig auf. Sprich die Ableitungsschritte mit, z. B.:
Werk ← k → Werke; Werkzeug ← g → Werkzeuge

Wer?zeu? – Berich?shef? – Betrie?steil – Arbei?sta? – Fabri?gelände – Frühstü?spause – Grun?gehal?– Urlau?serlau?nis – Ausbildungsbetrie? – Einstellungstes? – Han?wer? – Lan?wir?schaft – Hal?jahr – Flu?zeu?

3 Suche dir fünf Wörter von Aufgabe 1 aus und stelle mit ihnen Fragen, die man in einem Betrieb stellen könnte, z. B.:
Woher bekommt man das erforderliche Werkzeug?

4 Lies die Sätze.

Du stehst im Weg. Siehst du, so geht das. Zieh dich an! Drohst du mir? Überall grünt und blüht es. Sie näht sich alles selber. Der Frühling naht.

Schreibe die unterstrichenen Verbformen auf. Schreibe die Grundformen dazu, z. B.: stehst → stehen

Sprich in Silben mit.

5 ä oder e? äu oder eu? Schreibe den Text ab und ergänze die fehlenden Buchstaben.

H??te verl??ft mein Arbeitstag so: Zuerst h?lfe ich in der Hotelküche, das Frühstück für die G?ste vorzubereiten. Ich r??me das Buffet ab und bel?ge die Platten n?? mit Wurst, K?se und Kr??tern. Auch das Geb?ck muss ich auf den T?llern erg?nzen.
Nach dem Frühstück hole ich n??e Tischd?cken aus der W?scherei und h?nge saubere Handtücher auf. Gemeinsam mit Frau Kunze s??bere ich die R??me und den L??fer im Flur. Sp?ter sch?le ich dann noch Kartoffeln und schneide die gesch?lten Kartoffeln in Scheiben. Um 13.30 Uhr ?ndet mein Arbeitstag.

6 Wie viele Wörter mit *ä* und *äu* findest du zu folgenden Wörtern?
Schreibe so: Anfang → Anfänger, Anfängerin, anfänglich, …

Anfang, Garten, Land, Hand, kalt, Nacht, Satz, Farbe, Kraft, fahren, Angst, Kampf, Blatt, backen, wachsen, waschen, Arzt, Baum, Traum, kaufen, laufen, Kraut, bauen, rauben, saugen

Vergleicht eure Ergebnisse in der Klasse.

7 Achtung, t-Signal! *ng* oder *nk* vor dem t?
Ergänze die fehlenden Buchstaben und schreibe so:
verlangt ← ng → verlangen

Er verla??t das. – Sie ist erkra??t. – Es sti??t. – Fa??t an. –
Warum za??st du? – Sche??t mir das bitte. – Sie schmi??t sich. –
Ihr zwi??t mich. – Es hä??t auf der Leine. – Er da??t ihnen. –
Er versi??t im Wasser. – Es geli??t ihm. – Sie haben gerade geta??t. –
Er spri??t heraus. – Sie si??t hervorragend.

5 Gemeinsam unterwegs

Einige Schulen organisieren jedes Jahr im Winter eine Fahrt ins Gebirge. Dort wird dann vor allem Wintersport getrieben. Die Teilnehmer lernen aber auch, wie man sich richtig auf der Piste verhält, welche Aufgaben der Bergrettungsdienst hat und vieles andere mehr.

Hurra, endlich sind wir da!

Der Hüttenwirt und seine Familie empfingen uns sehr freundlich.

Die Schülerinnen und Schüler wurden in einzelne Skikurse eingeteilt.

Die Bergwacht ist jederzeit vor Ort und leistet im Notfall Erste Hilfe.

1 Hast du schon einmal an einer Skifreizeit teilgenommen? Berichte darüber.

2 Welche Informationen kannst du den Bildern und Bildunterschriften entnehmen?

Informationen für einen Bericht auswählen

1 Neben begeisterten Schülerinnen und Schülern gibt es aber auch kritische Stimmen zur Skifreizeit. Hier ein Brief eines Elternpaares an den Schulleiter. Welche Auffassung vertreten die Eltern? Was denkst du darüber?

Sehr geehrter Herr Wehnert,

…

Wir sind der Auffassung, dass unsere Kinder in Zukunft nicht mehr auf eine Skifreizeit fahren sollten. Zu solchen Unternehmungen gibt es später noch genügend Zeit. In der Schule aber müssen andere Dinge im Vordergrund stehen: Deutsch, Mathematik, Englisch usw. sind doch viel wichtiger. Immer wieder lesen und hören wir Berichte darüber, dass die Kinder in Deutschland weder richtig lesen noch rechnen können.

…

2 Die Schulleitung verlangt von den Teilnehmern der Skifreizeit einen Bericht über die letzte Fahrt. Überlege, was sie wissen muss, um die Fahrt auch im nächsten Jahr genehmigen zu können. Auf welche Fragen muss der Bericht Antwort geben?

- Wer nahm an der Fahrt teil?
- Wie viele …?
- Wohin …?
- Womit …?
- Wie lange …?
- Wie teuer …?
- Was wurde unternommen?
- Was wurde dabei gelernt?
- Welche besonderen Vorkommnisse …?
- …

3 Begründe, warum die folgenden Informationen nicht in diesen Bericht gehören:

Skilaufen ist eine irre Sache! …
So viel Schnee habe ich noch nie gesehen! …
Die Zeit verging für alle viel zu schnell …

4 Hier sind Ausschnitte aus Briefen, Telefongesprächen und Erzählungen der Teilnehmer. Entscheide bei jedem einzelnen Satz, ob er in dem Bericht stehen könnte oder nicht. Lies dir dazu die Fragen in Aufgabe 2, Seite 55, noch einmal genau durch.

1 Wir fuhren am 30.01.2004 um 20.00 Uhr mit dem Bus los. Wir hatten eine Mordsgaudi.

2 So lange bin ich noch nie unterwegs gewesen! Wir fuhren fast 12 Stunden mit dem Bus bis Steibis/Oberallgäu und dann noch 20 Minuten mit der Seilbahn.

3 Der Hüttenwirt erwartete uns an der Bergstation, um unser Gepäck zur Hütte zu transportieren. Er hatte seinen Hund mitgebracht, der wild um uns herumjagte.

4 Jetzt mussten wir durch den tiefen Schnee zum Berggasthof „Hochbühl" stapfen. Das war ganz schön mühsam. Aber der Blick über die Alpenkette und den Bergwald entschädigte für diese Mühe.

5 Am Samstag kamen die Skilehrer. Unsere Lehrer hatten uns bereits in Skikurse eingeteilt. Viele waren sehr nervös, ob sie sich auch nicht zu ungeschickt anstellen würden. Wir hatten an jedem Tag Skiunterricht; dadurch haben alle das Skilaufen gut erlernt.

6 Nach dem Mittagessen, was glaubst du, was ich für einen Hunger hatte, wurden uns Skischuhe und Skier angepasst. Jeder von uns bekam ein passendes Paar.

7 Endlich angekommen! Wir haben unsere Zimmer bezogen; jedes Zimmer hat zwischen vier und zehn Betten. Es ist überall unheimlich gemütlich. Mir ist jetzt schon klar, dass man viel Rücksicht aufeinander nehmen muss.

8 Neben dem Skiunterricht erzählten uns die Skilehrer viel über das Leben in den Bergen und die Besonderheiten der Bergwelt. Endlich mal Unterricht, der richtig Spaß macht!

9 Das hätte ich mir vorher so nicht vorgestellt: Nach einem tollen Hüttenabend nahmen wir am Freitag, dem 06.02., traurig Abschied von der Hütte in der Gewissheit, im nächsten Jahr natürlich wieder dabei zu sein. Vor allen Dingen bei dem Preis könnten sich meine Eltern das gar nicht leisten.

10 Hallo Oma, wir sind gut angekommen.

Einen Bericht schreiben

1 Besprecht, warum einige Sätze aus den Texten auf Seite 56 nicht in einen Bericht passen.

2 Schreibe die Informationen aus den Texten auf Seite 56 heraus, die für die Schulleitung wichtig sind. Sieh dir dazu noch einmal die Fragen aus Aufgabe 2, Seite 55, an. Lass weg, was nicht in einen Bericht gehört:
- persönliche Eindrücke und Gefühle,
- Meinungen und Vermutungen,
- überflüssige Kleinigkeiten,
- persönliche Ausschmückungen,
- wörtliche Rede.

→ **Seite 234 f.,** direkte/wörtliche Rede

3 Ein Bericht sollte übersichtlich gegliedert sein. Besprecht, was zu beachten ist:
- Überschrift
- Einleitung
- Reihenfolge der Geschehnisse
- …

4 Schreibe jetzt den Bericht an die Schulleitung. Beachte dabei die folgenden Hinweise:

Arbeitstechnik

Einen Bericht schreiben

1. Schreibe den Bericht kurz, genau, sachlich.
2. Gib Antworten auf folgende Fragen:
   - Was? – das Geschehen in der richtigen Reihenfolge
   - Wo? – Ort des Geschehens
   - Wer? – beteiligte Personen
   - Wann? – der genaue Zeitpunkt des Geschehens
   - Warum? – Grund und Folge des Geschehens.
3. Schreibe im Präteritum (Vergangenheit).

5 Besprecht eure Berichte in einer Schreibkonferenz:
- Ist der Bericht genau und sachlich?
- Ist der Bericht vollständig (Was? Wo? Wer? Wann? Warum?)?
- Ist der Bericht übersichtlich gegliedert?
- Ist das Geschehen in der richtigen Reihenfolge dargestellt?
- Ist der Bericht im Präteritum geschrieben?

→ **Seite 247,** Arbeitstechnik „Eine Schreibkonferenz durchführen“

Wintersport

Skilaufen ist eine der beliebtesten Wintersportarten. Leider kommt es dabei häufig zu Unfällen, weil die Vorschriften im Skigebiet nicht immer beachtet werden.

1 Lies die folgende Geschichte über einen Skiunfall.

Schussfahrt

Till ist Sportler durch und durch. Von klein auf spielt er Fußball, Basketball, geht im Sommer schwimmen und schnorcheln, und im Winter fährt er Ski oder Snowboard. Seit er in der Peter-Breuer-Schule ist, spielt er auch noch Unihockey. Ein Leben ohne Sport ist für ihn unvorstellbar. Als es dann darum ging, wer in der 7. Klasse mit ins Skilager nach St. Anton in Tirol fahren will, war das für ihn natürlich keine Frage. Alle interessierten Schüler trugen sich in die Liste ein; auch sein Freund Jonas und seine Freundin Anna.

Tag der Abfahrt war Freitag, der 5. Februar 2010. Punkt 5.30 Uhr sollten sich alle Schüler vor der Schule treffen. Das ist zwar sehr früh, aber von Zwickau bis St. Anton sind es gut sieben Stunden Fahrt mit dem Bus. Till kam auf den letzten Drücker, wie immer. Paula, seine Schwester, verbringt morgens immer eine Stunde im Bad. Und seine Eltern spielen nahezu jeden Tag das Spiel:

„Monika, hast du meine Autoschlüssel gesehen?"

„Nein, aber du musst noch meinen Haustürschlüssel haben, Bernd." Außerdem wohnen sie etwas außerhalb Zwickaus in der Fasanengasse in der neuen Siedlung. Aber egal. Till war da, und los ging es.

Drei Tage war alles wie in einem Wintermärchen: weißer Pulverschnee und Sonnenschein. Doch dann kam der schwarze Dienstag. Bis Mittag fuhr die gesamte Gruppe gemeinsam. Gegen 13.30 Uhr wollten Till und Jonas dann eine schwarze Piste ausprobieren. Bei der Abfahrt nach St. Christoph kam Till auf einem vereisten Teilstück ins Schlingern und stürzte.

Jonas, der hinter ihm fuhr, sah alles mit an. Er war es auch, der mit seinem Handy den Rettungsdienst alarmierte, als Till sein linkes Bein nicht mehr bewegen konnte und vor Schmerzen fast ohnmächtig wurde.

Die Bergrettung war nach nur zehn Minuten vor Ort, und nach weiteren fünfzehn Minuten war Till im Tal und wurde von dem ansässigen Unfallchirurgen Dr. Schmitz behandelt. Er stellte dann auch fest, dass Tills linkes Bein gebrochen war, und verpasste ihm einen Gips. In der Zwischenzeit hatten Jonas und Anna Herrn und Frau Müller telefonisch erreicht und ihnen vom Unfall ihres Sohnes erzählt. Frau Müller erklärte Anna, dass Till bei der ZWI-Krankenkasse versichert ist und wo sich sein Versicherungskärtchen befindet. Sie einigten sich auch darauf, dass Till die restlichen zwei Tage in St. Anton bleiben und dann mit der Gruppe nach Hause kommen sollte.Im Krankenhaus musste er nicht bleiben. Besonders ärgerlich an der ganzen Sache war, dass Till an diesem Unfalltag Geburtstag hatte.

2 Für die Versicherung muss eine Unfallanzeige verfasst werden. Schreibe auf, was du in Zeile 1 bis 12 eintragen würdest. Halte dich an die Fakten.

TIPP!
Du kannst das Arbeitsblatt herunterladen und bearbeiten. Nutze dazu den Online-Link.

Online-Link
Arbeitsblatt
Unfallanzeige
313173-0059

Unfallanzeige

für Kinder in Kindergärten, Schüler, Studierende

1	Name und Anschrift der Einrichtung (Kindergarten, Schule, Hochschule):	Klasse:	
2	Familienname und Vorname des Verletzten: geboren am:	Geschlecht ☐ männl. ☐ weibl.	Staatsangehörigkeit
3	Anschrift des Verletzten (Postleitzahl, Wohnort, Straße):	ledig ☐ Ja ☐ Nein	Kinder ☐ Ja ☐ Nein
4	Name und Anschrift des gesetzlichen Vertreters:		
5	Krankenkasse des Verletzten:		
6	Wochentag: Datum: Jahr: Uhrzeit des Unfalls:	Tätigkeit am Unfalltag: Beginn: Uhr Ende: Uhr	
7	Verletzte Körperteile:		
8	Art der Verletzungen:		
9	Zuerst behandelnder Arzt:	Jetzt behandelnder Arzt oder Zahnarzt:	
10	Krankenhaus, in das der Verletzte aufgenommen wurde:		
11	Unfallstelle (bei Wegunfällen genaue Ortsangabe):		
12	Zeugen des Unfalls:		
13	Unfallhergang: (wenn erforderlich, auf gesondertem Blatt fortfahren)		
14	Ort: Datum: Unterschrift:		

3 In Zeile 13 wird ein Bericht über den Unfallhergang verlangt. Verfasse dazu einen kurzen Text. Lies dazu noch einmal in der Geschichte nach und beachte, was du über das Berichten gelernt hast.

→ **Seite 57, 247**
Arbeitstechnik „Einen Bericht schreiben"

Zeitenausflug

1 Erinnere dich und wiederhole. Erkläre einem Partner, welche Zeitformen in den Beispielen 1 bis 5 verwendet werden.

1. Wir treffen uns am 18. Dezember zu unserer Winterwanderung.
2. Wir trafen uns am 18. Dezember zu unserer Winterwanderung.
3. Wir haben uns am 18. Dezember zu unserer Winterwanderung getroffen.
4. Wir hatten uns am 18. Dezember zu unserer Winterwanderung getroffen.
5. Wir werden uns am 18. Dezember zu unserer Winterwanderung treffen.

2 Übernimm die Tabelle in dein Heft. Lies den Text und trage die unterstrichenen Verbformen in die richtige Spalte ein.

→ **Seite 232 f., 240 f.,** Zeitformen des Verbs

Präsens	Präteritum	Perfekt	Plusquamperfekt	Futur
…	traf	…	…	…

Winterwandertag (1)

Am 18. Dezember traf sich unsere Klasse um 10.00 Uhr vor der Schule. Der Wetterbericht hatte den kältesten Tag des Jahres vorausgesagt. Ich hatte fünf Pullover angezogen. Alle anderen sahen auch recht warm eingepackt aus. Sie trugen Steppjacken, Fellstiefel, Rollkragenpullover, Thermohosen, Pudelmützen sowie große Fausthandschuhe.
Valentin kam – wie immer – zu spät, rannte deshalb eine ganze Strecke und fiel mitten auf dem Schulhof böse hin, weil er die Schlitterbahn nicht gesehen hatte. Kurz darauf stand unsere Lehrerin mit einer Wanderkarte der Umgebung vor uns. Sie erklärte: „Zuerst werden wir diesen Weg gehen. Sicher kennt ihr ihn. Bei unserer letzten Wanderung sind wir ihn auch gegangen. Er führt zum Aldorfer See. Damals sind wir aber hier abgebogen und haben den direkten Weg zur Hütte genommen. Dieses Mal werden wir den längeren, aber weniger steilen Weg nehmen."

Merke

Das **Präsens** verwendet man, wenn man etwas erzählt, das gerade geschieht (*wir gehen; wir sehen*) oder was immer gilt (*Der Weg führt zum See.*). Das Präsens kann man aber auch verwenden, wenn man Zukünftiges ausdrücken will (*Die Gruppe wandert morgen zur Skihütte.*).

3 Lies den Text und setze die Verbformen, die in Klammern stehen, im Präteritum ein, z. B.: Dann begaben wir uns alle in Richtung Wald.

Winterwandertag (2)

Dann ...(begeben) wir uns alle in Richtung Wald. Unser Ziel ... (sollen) die Große Jägerhütte sein. Jonas, Stefan und Frank ... (laufen) voraus, denn sie ... (kennen) den Weg sehr genau. Noch ... (können) man die Wanderwege gut sehen, aber nach wenigen Metern ... (sehen) wir nur noch Schnee. Er ... (liegen) meterhoch und ... (bedecken) sogar Büsche und kleine Bäume. An einer Lichtung ... (wollen) wir eine Schneeballschlacht veranstalten, da ... (erschrecken) wir plötzlich: Nicht weit entfernt ... (stehen) Rehe an einer Futterkrippe.
Wir ... (gehen) leise ein wenig näher heran und ... (beobachten) sie eine Weile. Die Schneeballschlacht ... (verschieben) wir auf später. Danach ... (gehen) es weiter und der Weg ... (werden) immer beschwerlicher. Tobias und Franziska ... (sinken) an einer Stelle fast bis zum Bauch in den Schnee ein. Nach etwa zwei Stunden ... (kommen) wir an unserem Zielort an. Dort ... (erwarten) uns heiße Getränke und ein warmes Essen.

4 Der Text soll im Perfekt erzählt werden. Setze die richtigen Verbformen ein, z. B.: Gestern haben wir uns um 10.00 Uhr vor der Schule getroffen.

Gestern haben wir uns um 10.00 Uhr vor der Schule ... (treffen). Zuerst hat uns Frau Kröber den Weg ... (erklären). Unser Ziel ist die Große Jägerhütte ... (sein). Der Schnee hat meterhoch ... (liegen). Man hat gar keinen Weg mehr ... (erkennen). Unterwegs haben wir dann plötzlich drei Rehe ... (sehen). Bis zur Hütte haben wir über zwei Stunden ... (brauchen). Auf der Hütte haben wir uns ... (aufwärmen). Der Rückweg ist nicht so anstrengend ...(sein).

5 EXTRA Schreibe einen kurzen Bericht über den Winterwandertag.

→ **Seite 57, 247,** Arbeitstechnik „Einen Bericht schreiben“

Merke

Das **Präteritum** und das **Perfekt** verwendet man, wenn man über etwas Vergangenes berichtet oder erzählt (*wir trafen uns; wir haben uns getroffen*).
Das **Plusquamperfekt** verwendet man, wenn man über etwas erzählt oder berichtet, das noch vor dem geschehen ist, was man im Präteritum ausdrückt (*Nachdem sie die Route besprochen hatten, gingen sie los.*).
Das **Futur** bezeichnet das, was in der Zukunft geschehen wird (*Zuerst werden wir diesen Weg gehen.*).

→ **Seite 233,** Zeitstufen

6 Gedanken und Gefühle

Gedanken zu einem Foto

1 Das ist der Anfang einer Geschichte, die ein Junge zu einem Foto aufgeschrieben hat:

Das ist ein Bild von Michael und mir. Michael ist schon seit einigen Jahren mein bester Freund. Es ist schwierig, meine Gefühle zu ihm genau zu beschreiben. Wie auch immer, es ist etwas ganz Besonderes mit ihm. Es ist jetzt genau zwei Jahre her, …

Bildet Gruppen und erfindet gemeinsam eine fantasievolle Geschichte. Macht euch dazu Notizen. So könnt ihr vorgehen:

- Denkt euch einen Namen für den Jungen aus.
- Beschreibt die beiden Jungen: Wie sehen sie aus? Wie sind sie (nachdenklich, rücksichtsvoll, still, lebhaft, leichtsinnig, faul, zielbewusst, ehrgeizig, fröhlich, lustig, witzig, traurig, …)?
- Wie und wo haben sich die beiden kennen gelernt?
- Was für Interessen haben sie? Was unternehmen sie gemeinsam?

2 Tragt eure Ergebnisse im Erzählkreis vor. Vergleicht und bewertet sie.

3 Schreibe die Geschichte so auf, wie sie dir am besten gefällt.
Überlege dabei, worüber sich die beiden unterhalten könnten.

4 Sicher hast du auch Fotos, zu denen du über dich etwas erzählen kannst. Denke an Bilder, die dich an bestimmte Situationen erinnern, die z. B. einen Freund oder eine Freundin zeigen, …
Bringe ein solches Foto in der nächsten Stunde mit.

TIPP!
Mit der wörtlichen (direkten) Rede kannst du deinen Text interessanter und abwechslungsreicher gestalten.

5 Bereite dich mithilfe eines Wörternetzes auf das Erzählen vor, z. B.:

→ **Seite 246,** Arbeitstechnik „Ein Wörternetz knüpfen“

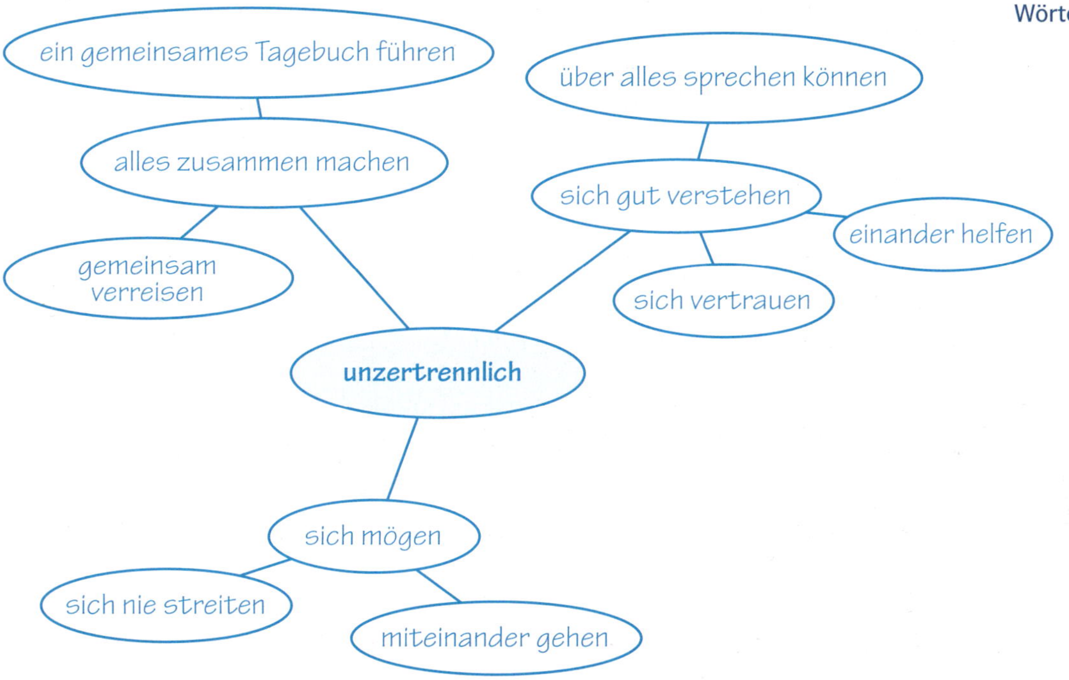

6 Setzt euch in einen Erzählkreis. Wer möchte, zeigt sein Foto und erzählt dazu seine Geschichte.

→ **Seite 247,** Arbeitstechnik „Eine Schreibkonferenz durchführen“

7 Schreibe deine Geschichte mit dem Computer. Drucke sie aus.
Besprecht die Geschichte anschließend in einer Schreibkonferenz.
Hängt die Geschichten in eurem Klassenzimmer aus.

8 Legt in der nächsten Stunde einen Zeitraum zum Lesen fest.
Lest leise so viele Geschichten durch, wie ihr in der vorgegebenen Zeit schafft. Tauscht anschließend eure Eindrücke aus.

TIPP!
Wenn du den Text mit dem Computer schreibst, kannst du das Foto als Datei einfügen. Du musst es dazu vorher einscannen.

Gedanken zu einem Buch

In dem Jugendbuch „Bitter-Schokolade" von Mirjam Pressler wird beschrieben, wie das Mädchen Eva, das etwas füllig und deshalb unglücklich ist, sich zunächst mit Essen tröstet und damit ihre Probleme nur vergrößert. Im Laufe der Zeit lernt sie aber mithilfe einer Freundin und eines Jungen, der sie dennoch sehr mag, ihre guten Seiten wahrzunehmen und zu sich selbst zu finden.

1 Bearbeite eine der folgenden Schreibaufgaben. **Wähle A, B, C oder D:**

A
Im 1. Kapitel unterhält sich Eva mit ihrer Freundin darüber, welche Stellen in Filmen oder Büchern sie traurig stimmen oder sie sogar zum Weinen bringen.

Schreibe auf, welche Situationen und Gefühle in Filmen oder Büchern dich traurig stimmen oder sogar zum Weinen bringen können. Du kannst dazu die folgenden Wörter nutzen.

unglücklich sein – allein sein – einsam sein – überflüssig sein – unbeliebt sein – beleidigt sein – gerührt sein – enttäuscht sein – verlassen sein – übergangen werden – bloßgestellt werden – geliebt werden – verlassen werden – getrennt werden – ungerecht behandelt werden – abgelehnt werden – ausgeschlossen werden – sitzengelassen werden – gehasst werden – betrogen werden

B
Im 2. Kapitel erinnert sich Eva an eine bestimmte Situation, die ihr äußerst peinlich war: „Es war eine peinliche Erinnerung. Auch jetzt noch, in der Erinnerung, fühlte Eva die Scham und ihre eigene Unbeholfenheit."

Beschreibe eine Situation, in der du dich einmal geschämt hast. Du kannst dazu die folgenden Wörter nutzen:

rot werden – sich schämen – im Boden versinken vor Scham – jemandem nicht in die Augen sehen können – sich Vorwürfe machen – bloßgestellt werden – sitzengelassen werden – unbeholfen sein

C

Im Kapitel 17 beobachtet Eva heimlich ihren Freund:
„Wieder war Eva erstaunt über die Innigkeit in den Bewegungen des Mädchens. Ein Gefühl von Eifersucht stieg in ihr hoch. Wie kommt die dazu, ihn so zu berühren, dachte sie. Nur ich sollte das dürfen."

Schreibe auf, was für dich Eifersucht bedeutet. Sammle deine Gedanken in einem Wörternetz, z. B.:

→ **Seite 246,** Arbeitstechnik „Ein Wörternetz knüpfen"

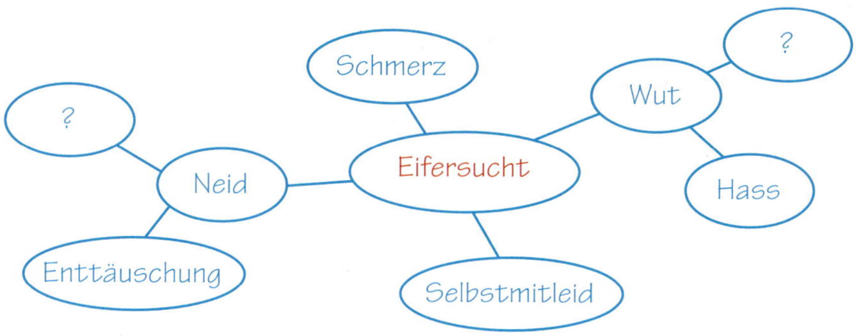

D

Im Kapitel 18 ist Eva glücklich, denn ihr Freund hat geschrieben:
„Eva lachte. Viel war das nicht, aber sie freute sich, dass der sofort an sie gedacht hatte. Laut singend machte sie ihr Zimmer fertig. ‚Mama, ich hole mir einen Blumenstrauß. Soll ich dir etwas mitbringen?'"

Wann hast du eine Situation erlebt, in der du dir einen Blumenstrauß gekauft hättest? Schreibe darüber.

2 EXTRA Schreibe zu einem Jugendbuch, das du in diesem Schuljahr liest, ein Lesetagebuch. Beachte dabei folgende Vorschläge:

Arbeitstechnik

Ein Lesetagebuch führen

In einem Lesetagebuch kannst du
- aufschreiben, was du bei einer Textstelle gedacht oder gefühlt hast,
- notieren, was du wann gelesen hast,
- eine Textstelle, die dir besonders gut gefällt, notieren,
- ein Bild zu einer Textstelle malen,
- Textstellen mit einem Foto oder einer Collage gestalten,
- aufschreiben, was dir an einer Textstelle gut oder nicht gut gefällt.

TIPP!
Wenn du wissen willst, was Eva erlebt, erkundige dich in der Schulbibliothek nach diesem Buch.

Was könnte hier passiert sein?

1 Was siehst du auf dem Bild? Beschreibe die Situation.

→ **Seite 217,** Erklärungen zu *Mimik* und *Gestik*

2 Beschreibe die beiden Personen genau: Mimik, Gestik, wie sie sich verhalten und welche Gefühle sie vermutlich haben.

→ **Seite 246,** Arbeitstechnik „Ein Wörternetz knüpfen"

3 Was könnte vorgefallen sein? Schreibe deine Ideen in Stichworten auf. Du kannst auch ein Wörternetz knüpfen.

4 Erfinde ein Gespräch zwischen den beiden. Es soll ihre Stimmung deutlich zum Ausdruck bringen.

5 Erzähle eine fantasievolle Geschichte zu dem Foto.
Die Fragen helfen dir dabei.

- Wer sind die beiden Personen? Gib ihnen einen Namen.
- Was geschah vorher?
- Was ist auf dem Foto zu sehen? Was geschieht gerade?
- Wie endet die Geschichte?

→ **Seite 234,** wörtliche Rede

Bringe die Gedanken und Gefühle der Personen zum Ausdruck und verwende dabei die wörtliche Rede. Erfinde eine passende Überschrift.

→ **Seite 247,** Arbeitstechnik „Eine Schreibkonferenz durchführen"

6 Stelle deine Geschichte in einer Schreibkonferenz vor.
Überarbeite die Geschichte anschließend, falls notwendig.
Überprüfe zum Schluss die Rechtschreibung.

Verknallt sein

1 Lies beide Texte. **Wähle A oder B.**

A: Warum heißt der Text „Sprachschwierigkeiten"? Beschreibe eine Situation, in der du einmal „Sprachschwierigkeiten" hattest.

Hans Manz

Sprachschwierigkeiten

Wenn ich sie sehe,
denke ich:
Sie ist schöner als alle.
Wenn ich sie höre,
denke ich:
Die Stimme eines Engels.
Wenn ich an sie denke,
denke ich:
Wie klug sie ist.
Wenn ich mit ihr spreche,
sage ich:
„Du hast einen Fleck auf der Bluse!"

B: Beschreibe eine Situation, in der du einmal wie „besoffen vor Glück" warst.

Susi Romahn

Besoffen vor Glück

Verknallt sein, das ist ein Gefühl, das ich einfach nicht beschreiben kann: Ich fühle es vor allem körperlich, mein Atem wird unregelmäßig und in meinem Bauch breitet sich ein brennendes Gefühl aus, das sich langsam in meinem ganzen Körper verteilt.
Wenn ich merke, dass der andere sich auch für mich interessiert, schwanke ich wie besoffen durch den Alltag – besoffen von einem unendlichen Glücksgefühl. Ein Gefühl, das mich stark macht und mich dermaßen ausfüllt, bis ich platze. Dann kann ich nämlich nicht mehr anders, ich muss es einfach ausdrücken. Wut kann ich kaum zeigen, Freude und Trauer nur teilweise. Aber verknallt sein, das kann ich zeigen. Das muss ich rausschreien oder raustanzen oder zumindest jedem erzählen.
Es ist ein Gefühl, das sich ganz plötzlich in mir entzündet. Als ich elf war, habe ich gesehen, wie ein Junge, den ich kannte, die Bahn verpasste und dann anfing zu weinen. Sofort verknallte ich mich in ihn. Aber ich habe mich nicht getraut, den Anfang zu machen, ich musste immer erst wissen, dass der andere auch wollte.

Was heißt „Ein Brett vor dem Kopf haben"?

Auf diesen zwei Seiten kannst du testen, ob du dich mit Redensarten auskennst. Die Aufgaben können auch für ein Quiz in der Klasse genutzt werden.

1 Bei den folgenden Redewendungen ist immer nur eine Deutung möglich. Schreibe als Lösung den Buchstaben auf, der in Klammern steht.

Was bedeutet

1. „im siebenten Himmel sein"?
   - sehr tief schlafen (A)
   - sehr glücklich sein (L)
2. „die Nase voll haben"?
   - einer Sache überdrüssig sein; von ihr genug haben (I)
   - sich in Dinge einmischen, die einen nichts angehen (O)
3. „Blut und Wasser schwitzen"?
   - sich übermäßig anstrengen (G)
   - sehr große Angst haben (E)
4. „Feuer und Flamme sein"?
   - begeistert sein (B)
   - sich verlieben (T)
5. „ein Gesicht wie drei Tage Regenwetter machen"?
   - dicke Tränen weinen (W)
   - schlecht gelaunt und unglücklich blicken (E)
6. „nicht übers Herz bringen"?
   - aus Mitleid etwas nicht tun können (S)
   - nichts für sich behalten können (L)
7. „sich den Kopf zerbrechen"?
   - zu jemandem etwas Unfreundliches sagen (D)
   - angestrengt nachdenken (K)
8. „auf dem Zahnfleisch kriechen"?
   - Zahnschmerzen haben (F)
   - völlig erschöpft sein (U)
9. „blind vor Liebe sein"?
   - eine geliebte Person sehen (H)
   - so verliebt sein, dass man nicht klar denken kann (M)
10. „der Groschen ist gefallen"?
    - etwas verstanden haben (M)
    - überaus sparsam sein (V)
11. „sich ins Fäustchen lachen"?
    - selbstständig, eigenverantwortlich etwas tun (Z)
    - sich heimlich über den Nachteil, den ein anderer hat, freuen (E)
12. „aus der Haut fahren"?
    - zornig werden (R)
    - nicht arbeiten; faulenzen (P)

2 Wenn du allen zwölf Redewendungen die passende Bedeutung zugeordnet hast, ergeben die großen Buchstaben, die in Klammern stehen, das Lösungswort. Es bezeichnet ein starkes Gefühl.

? ? ? ? ? ? ? ? ? ? ? ?

3 In dem Bild sind fünf Redensarten versteckt. Welche kennst du? Was bedeuten sie?

4 Ordne die folgenden Redensarten den passenden Erklärungen zu. Schreibe so:

1. e) die Flinte ins Korn werfen = schnell den Mut verlieren

1. die Flinte ins Korn werfen	a) sich das Beste nehmen
2. sich die Rosinen aus dem Kuchen picken	b) sich etwas gut merken
3. für jemanden die Hand ins Feuer legen	c) jemandem vertrauen
4. jemandem auf der Nase herumtanzen	d) keinen Respekt haben
5. sich etwas hinter die Ohren schreiben	e) schnell den Mut verlieren

5 EXTRA Schreibe zu jeder Redensart eine Situation auf, in der man sie verwenden könnte, z. B.:

„Streng dich doch mal ein bisschen an, du musst nicht immer gleich die Flinte ins Korn werfen!"

Da lachen ja die Hühner

In Redensarten kommen oft Tiere vor. Hier findest du einige Beispiele.

1 Überlege, welches Tier jeweils gemeint ist.

1. Kauft man etwas, ohne es vorher gesehen zu haben, so „kauft man die … im Sack".
2. Sieht man etwas nicht so genau, so sagt man: „Nachts sind alle … grau."
3. Wenn eine Strecke zwischen zwei Orten sehr kurz ist, so „ist das nur ein …sprung".
4. Wird etwas völlig sinnlos getan, sagt man, „das ist für die …".
5. Ist etwas lächerlich, so sagt man: „Da lachen ja …"
6. Kümmert eine Angelegenheit keinen Menschen oder ist sie veraltet, so „kräht kein … danach".
7. Wenn man einen alten Streit mit jemandem hat, so „hat man mit ihm noch ein … zu rupfen".
8. Der einzige Mann in einer Gruppe von Frauen ist „der … im Korb".
9. Hat jemand eine gesellschaftlich gute Position und viel Geld erworben, dann „hat er seine … ins Trockene gebracht".
10. Einen Menschen, der harmlos aussieht, der in Wirklichkeit aber gefährlich ist, nennt man „einen … im …pelz".

2 Ordne die Aussagen 1. bis 8. den Redensarten a) bis h) zu, z. B.:
1. c) Er ist entsetzt. = Ihm sträuben sich die Haare.

1. Er ist entsetzt.
2. Den Rat hat er angenommen und befolgt ihn.
3. Er hat etwas Unrechtes getan.
4. Sie dreht sich um und beachtet ihn nicht.
5. Sie freuen sich übermäßig.
6. Sie verkriecht sich in ihrem Zimmer und ist traurig.
7. Er nimmt das Ganze nicht ernst.
8. Sie sind beide verliebt.

a) Schmetterlinge im Bauch haben
b) Dreck am Stecken haben
c) jemandem sträuben sich die Haare
d) sich etwas zu Herzen nehmen
e) aus dem Häuschen sein
f) Trübsal blasen
g) jemandem die kalte Schulter zeigen
h) etwas auf die leichte Schulter nehmen

3 **Hier ist doch etwas verwechselt worden!** Auch in Sprichwörtern kommen oft Tiere vor. Wie heißen diese Sprichwörter richtig? Schreibe sie auf.

1. Besser einen Elefanten in der Hand als eine Taube auf dem Dach.
2. Er benimmt sich wie eine Laus im Porzellanladen.
3. Da hat er sich einen Spatzen in den Pelz gesetzt.
4. Ein blindes Huhn macht noch keinen Sommer.
5. Eine Schwalbe findet auch einmal ein Korn.

4 Ordne die Sprichwörter aus Aufgabe 3 den passenden Erklärungen zu.

a) Er stellt sich sehr ungeschickt an.
b) Er bereitet sich viel Ärger.
c) Es ist besser, etwas Kleines als gar nichts zu erreichen.
d) Auch ein Pechvogel kann einmal Glück haben.
e) Es ist leichtsinnig, voreilig zu handeln.

5 Diese Sprichwörter wurden aus dem Englischen übersetzt.

1. Ein Vogel in der Hand ist besser als zwei im Busch.
2. Der frühe Vogel fängt den Wurm.

- Schreibe auf, was damit gemeint sein könnte.
- Kennst du Sprichwörter aus dem Deutschen, die die gleiche Bedeutung haben? Schreibe sie auf.

7 Frauensport – Männersport?

TIPP!
Darauf musst du achten:
- Unterschied zwischen Mädchen und Jungen; der Fragebogen bleibt anonym.
- Je mehr du abfragst, desto schwieriger ist die Auswertung.

1 Führt eine Klassenumfrage durch. Stellt fest, ob Mädchen und Jungen unterschiedliche Lieblingssportarten haben. So könnte ein Fragebogen aussehen:

Was sind deine Lieblingssportarten? ☐ Mädchen ☐ Junge
☐ Sport interessiert mich nicht.
☐ Sport interessiert mich.
Meine Lieblingssportarten sind
1 .... 2 ....
3 .... 4 ....

2 Einigt euch, wie ihr die Fragebögen auswerten wollt. Ihr könnt zum Beispiel die Antworten in einer Tabelle geordnet sammeln:

	Mädchen	Jungen
Sport interessiert mich nicht	IIII	I
Radrennen	II	III
Skispringen	IIIII	
Basketball	II	IIIII
Tischtennis	I	III

3 Wertet die Ergebnisse eurer Klassenumfrage aus Aufgabe 1 aus.

- Stellt fest, ob es bei bestimmten Sportarten deutliche Unterschiede zwischen Jungen und Mädchen gibt.
- Besprecht, woran es liegen könnte, dass manche Sportarten eher bei Jungen und manche eher bei Mädchen beliebt sind.

4 Warum gefallen dir bestimmte Sportarten besonders gut? Begründe deine Meinung.

5 Lies den Auszug aus einem Interview mit der Fußballnationalspielerin Birgit Prinz*.

* Birgit Prinz wurde zuletzt 2008 als „Deutschlands Fußballerin des Jahres" ausgezeichnet

Ein Interview mit Birgit Prinz

1. Teil

Interviewer In welchem Alter haben Sie angefangen, Fußball zu spielen?

Birgit Prinz So genau kann ich das nicht festlegen. Ich habe schon vor meiner Schulzeit immer mit den Jungen zusammen Fußball gespielt. Schon in der Grundschule galt ich als „torgefährlich". Aber das eine kann ich genau sagen: Im Alter von acht Jahren meldeten mich meine Eltern in einem Fußballverein an.

Interviewer Gab es denn damals schon Mädchenmannschaften?

Birgit Prinz Nein, ich war das einzige Mädchen in einer Jungenmannschaft.

Interviewer Seit wann spielen Sie in der Frauenmannschaft des FSV Frankfurt?

Birgit Prinz Wenn ich mich richtig erinnere, seit dem 15. Lebensjahr.

Interviewer Wie haben Sie damals Ihre sportlichen Verpflichtungen mit der schulischen Ausbildung vereinbart?

Birgit Prinz Ich erinnere mich noch genau, mein Schulleiter hat mich mit Befreiungen großzügig unterstützt. Er hat das ja zum ersten Mal bei einem Mädchen erlebt. Allerdings war für mich klar: Der Schulabschluss ging auf jeden Fall vor!

6 Warum ist die Sportkarriere** von Birgit Prinz so ungewöhnlich? Notiere deine Gedanken.

** Karriere, die: die (bedeutende, erfolgreiche) berufliche Laufbahn

7 Birgit Prinz sagte in dem Interview, dass für sie der Schulabschluss trotz der sportlichen Verpflichtungen auf jeden Fall immer vorging.

- Stelle Vermutungen dazu an, warum für sie der Schulabschluss so wichtig war.
- Tausche dich mit deinen Mitschülern darüber aus.

8 Hier findest du die Fortsetzung des Interviews mit Birgit Prinz. Vergleiche die unterschiedlichen Frageformen der folgenden Teile.

2. Teil

Interviewer Haben Sie 2003 bei Ihrer Rückkehr von der Weltmeisterschaft mit einem solchen Empfang in Frankfurt gerechnet?

Birgit Prinz Nein.

Interviewer Waren Sie aufgeregt, als sie auf dem Balkon des Frankfurter Römers* standen?

Birgit Prinz Nein.

Interviewer Und haben Sie Glückwünsche von den Männern der deutschen Nationalmannschaft bekommen?

Birgit Prinz Nein.

Interviewer Aber Rudi Völler** hat gratuliert?

Birgit Prinz Ja.

Birgit Prinz

* der Römer: das alte Rathaus in Frankfurt am Main

** Rudi Völler: ehemaliger Fußballspieler; von 2000 bis 2004 Teamchef der deutschen Fußballnationalmannschaft der Herren

3. Teil

Interviewer Welche Gefühle hatten Sie beim Anblick der großen Menschenmenge?

Birgit Prinz Es war unglaublich, ein unerwarteter, aber angemessener Lohn nach unserem Titelgewinn.

Interviewer Eine Zeitschrift hat nach der WM behauptet, Fußball spielende Frauen würden sich wie Bauarbeiter bewegen! Was sagen Sie dazu?

Birgit Prinz Was soll ich dazu sagen? Wie sollen wir denn laufen, sollen wir die Beinchen schwingen?

9 Warum erfährt man im zweiten Teil des Interviews so wenig über die Fußballerin?

10 EXTRA Was würde dich noch interessieren? Überlege dir weitere Fragen, auf die Birgit Prinz ausführlich antworten könnte.

11 EXTRA Wähle eine andere bekannte Sportlerin aus und notiere Fragen, die du ihr stellen würdest.

Merke

Man kann zwei Arten von Fragen unterscheiden:
- **Entscheidungsfragen** (Ja-/Nein-Fragen), auf die man nur mit „Ja" oder „Nein" antwortet,
- **Ergänzungsfragen** (W-Fragen), auf die man ausführlicher antworten muss.

Wenn Mädchen boxen und Jungen tanzen

1 Bildet Gruppen und sucht euch einen Interviewpartner, der eine außergewöhnliche Sportart betreibt, z. B. ein Mädchen, das boxt, oder einen Jungen, der tanzt.

TIPP!
Forscht zuerst in der Schule, dann im Verwandten- und Bekanntenkreis. Wenn ihr dort niemanden findet, wendet euch an Sportvereine.

2 Besprecht vor eurem Interview, was ihr beachten müsst. Seht euch dazu die Arbeitstechnik am Ende der Seite an.
Fragt so, dass ihr möglichst ausführliche Informationen bekommt. Vergesst nicht, euch zu Beginn des Interviews vorzustellen:

> Ich heiße Julia und bin Schülerin der Klasse 7a. Wir möchten herausfinden, …

> Können Sie uns erzählen, wie Sie auf die Idee gekommen sind, Eishockey zu spielen?

3 Führt eure Interviews durch und wertet sie aus.

4 Berichtet in der Klasse über eure Interviews:
- Wie habt ihr eure Gesprächspartner gefunden?
- Welche Antworten waren besonders interessant, welche besonders ungewöhnlich?
- Wie erfolgreich waren eure Interviewpartner in ihrer Sportart?
- …

Arbeitstechnik

Ein Interview vorbereiten
1. Lege das Thema für das Interview fest.
2. Lege fest, welche Personen befragt werden sollen.
3. Kläre ab, was im Zusammenhang mit dem Thema interessant sein könnte, und notiere, was du deinen Interviewpartner fragen willst.
4. Bereite die Fragen vor:
   - Formuliere **Entscheidungsfragen**, wenn du eindeutige Antworten benötigst, zum Beispiel, wenn du schnell auswerten und auszählen willst.
   - Formuliere **Ergänzungsfragen** oder fordere durch eine Behauptung eine Stellungnahme heraus, wenn du mehr erfahren willst.
5. Entscheide, ob du die Antworten aufnehmen und anschließend aufschreiben willst oder ob du die Antworten während des Interviews mitschreiben willst.
   Lege die nötigen Materialien bereit (Papier, Stift, …).

Ja ... nein ... weiß nicht

→ **Seite 79, 244,** Arbeitstechnik „Ein Interview vorbereiten“

1 Sieh dir den folgenden Fragebogen an.

- Stelle fest, wodurch sich die Fragen in der Umfrage und die Fragen im Interview auf Seite 77/78 unterscheiden.
- Beurteile, ob dir dieser Fragebogen helfen kann, weitere Informationen zum Thema „Frauensport – Männersport?“ zu bekommen.

Online-Link
Fragebogen zum Ausdrucken und Ankreuzen
313173-0080

Umfrage zum Thema „Frauensport – Männersport?“

Würdest du sagen, dass die folgenden Aussagen richtig sind? Kreuze jeweils „ja“ oder „nein“ oder „weiß nicht“ an.

1. Man muss es Frauen zugestehen, wenn sie boxen wollen. Auch sie haben das Recht, diesen Sport auszuüben. ☐ ja ☐ nein ☐ weiß nicht
2. Frauen sind an Kraft und Ausdauerleistung Männern unterlegen. Es ist deshalb normal, wenn bestimmte Sportarten von Frauen nicht gewählt werden. ☐ ja ☐ nein ☐ weiß nicht
3. Gerade weil Frauen über weniger Kraft verfügen als Männer, sollten sie Kampf- und Kraftsportarten ausüben. ☐ ja ☐ nein ☐ weiß nicht
4. Weil Frauen sich eleganter* und mit mehr Grazie** bewegen, ist es vernünftig, wenn sie zum Beispiel tanzen und nicht Bodybuilding betreiben. ☐ ja ☐ nein ☐ weiß nicht
5. Mädchen werden von Jungen in bestimmten Sportarten an den Rand gedrängt, sie sollten deshalb getrennten Sportunterricht haben. ☐ ja ☐ nein ☐ weiß nicht

* elegant: fein, schön
** Grazie, die: Anmut, schöne Bewegungen

2 Was würdest du auf dem Fragebogen auf Seite 80 ankreuzen? Diskutiere mit deinen Mitschülern in der Klasse darüber, welche Meinung sie zu dem Thema haben.

TIPP!
Um euch auf dieses Thema einzustimmen, solltet ihr euch den Film „Billy Elliot" gemeinsam ansehen. Er schildert, wie ein Junge, statt zu boxen, mit den Mädchen des Heimatortes Ballett tanzt.

3 Erarbeitet gemeinsam einen Fragebogen zum Thema „Männer in ungewöhnlichen Sportarten".
Verwendet dazu den Fragebogen auf Seite 80 als Beispiel. Verändert ihn entsprechend, z. B.:

- *Wenn Frauen und Männer gleichberechtigt sein sollen, dann muss man es Männern zugestehen, dass sie beim Frauenfußball eine ähnliche Rolle spielen wie die Cheerleadergruppen beim Männerfußball …*
- *Männer bewegen sich nicht so elegant und anmutig …*

Denkt daran, dass die Aussagen nicht unbedingt eure Meinung wiedergeben müssen.
Mit beiden Fragebögen könnt ihr eine Umfrage zum Thema „Frauensport – Männersport?" in eurer Schule starten.

→ **Seite 200 ff.**
Arbeiten mit dem PC; Textverarbeitungsprogramm / Rechtschreibprüfung

Arbeitstechnik

Eine Umfrage vorbereiten

1. Kläre, welche Daten gebraucht werden, z. B. Alter, Geschlecht, Schulbildung (Klasse), Geschwister.
2. Formuliere die Fragen so, dass nur eindeutige Antworten möglich sind (ja, nein, ich weiß nicht).
3. Stelle die Fragen so, dass man die Umfrage insgesamt gut auswerten kann.

4 Sprecht über die Unterschiede von Umfrage und Interview. Überlegt, wann es sinnvoll ist, ein Interview durchzuführen, und wann eine Umfrage besser geeignet ist.

5 Sprecht darüber, ob sich eure Meinung über Frauen- und Männersportarten geändert hat.

6 EXTRA Entwirf ein Informationsplakat oder einen Handzettel, um alle Schüler deiner Schule auf das Thema „Frauensport – Männersport?" aufmerksam zu machen.

Du schaffst es!

1 Unter Schülerinnen und Schülern wurde eine Umfrage zum Thema „Wie hältst du es mit dem Sport?“ durchgeführt. Lies, was Sascha geantwortet hat.

Sascha Von jeher gehöre ich nicht gerade zu den sportlichen Typen. Ich bin fast der Kleinste und meine Muskeln sind eher unauffällig. Der Sportunterricht – alles andere als das, was man Spaßmachen nennt. Für Spielmannschaften werde ich oft erst ganz zum Schluss – noch nach vielen Mädchen – ausgewählt. So was tut schon weh! Doch seit einem Jahr ist alles anders. Seitdem gehe ich nach der Schule in den Judo-Verein. Da lernt man, wie man sich verteidigen kann, auch gegen viel Stärkere. Das find ich gut. Im Verein ist es toll. In meiner Trainingsgruppe gehöre ich zu den Besten. Mein Trainer hat mir gestern gesagt, dass aus mir was werden kann, wenn ich nur beharrlich trainiere. Bin ich vielleicht gar nicht unsportlich?

2 Sprich mit deinen Mitschülern darüber, welche Erfahrungen Sascha mit dem Sporttreiben gemacht hat.

3 Chiara hat dazu Folgendes geäußert:

Chiara Ich bin im Fußballverein. Da spiele ich in einer Mädchenmannschaft. Außerdem gehe ich noch zum Leichtathletiktraining. Sport ist mein Leben! Sport ist mein Lieblingsfach. In meiner Klasse bin ich mit Abstand die beste Sportlerin. Ich habe sogar schon Pokale gewonnen. Mein Sportlehrer meint, ich sei ein großes sportliches Talent. Unsportliche Typen kann ich nicht leiden. Jungen ohne Muskeln sind für mich gar keine Jungen!

4 Schreibe auf, was du in der Umfrage geantwortet hättest.

5 Was heißt eigentlich „stark sein“? Tausche dich mit deinen Mitschülern darüber aus.

6 Wie gefällt dir das Plakat auf Seite 82? Begründe deine Meinung.

7 Erkläre, was mit den „richtig fit“-Regeln auf dem Plakat gemeint ist.

8 EXTRA Informiere dich im Internet, wo und unter welchen Bedingungen du in deinem Wohnort die Prüfung für das Sportabzeichen ablegen kannst. Erkundige dich auch, wann und wo du dafür trainieren kannst. Trage die Ergebnisse in der Klasse vor.

Die Entwicklung des Frauensports

→ **Seite 249**, Arbeitstechnik „Einen Sachtext lesen und verstehen"

1 Überfliege den Text und notiere, worum es darin geht.

Frauen erobern den Sport

Der Frauensport hat in Europa eine kurze Geschichte:
Erst im 19. Jahrhundert tauchen Frauen öfter in den Sportchroniken auf, erst dann erscheinen die ersten Gymnastiklehrbücher für Mädchen. Adlige Frauen betätigen sich Mitte des 19. Jahrhunderts bereits sportlich: Tennis, Golf oder Bogenschießen sind Sportarten, die sich in langen Kleidern ausüben lassen. Ermutigt vom Beispiel einzelner adliger Damen zogen bürgerliche Frauen nach. Der Kampf um die Bewegungsfreiheit war für die Frauen auch ein Kampf gegen das beengende Korsett*.
Badende Frauen waren für ihre Zeitgenossen ein Problem. Um die Moral nicht zu gefährden, mussten für die Frauen eigene Badeanstalten geschaffen werden. Eine besondere Leistung dieser Schwimmpionierinnen bestand sicher darin, in ihrer stoffreichen Badebekleidung nicht unterzugehen.
*Die Erfindung des Rades*** und seiner Vorläufer bringt die Moral jedoch ganz in Gefahr: Sitte und Anstand verlangen bedeckte Knöchel beim Radfahren; ein entblößter weiblicher Unterschenkel gilt als im höchsten Grade anstößig. Gerade das Radfahren macht den Frauen jedoch bewusst, wie einschränkend sich ein Korsett und schwere lange Kleider auswirken. Etliche Frauen verkleideten sich als Männer, um ungestört in Hosen Radfahren zu können, wagen sich aber dann meist nur im Dunkeln hinaus. Eine Frau in Hosen? Skandalös! Findige Geschäftsleute bieten zunehmend Hosen zum Radfahren an, die wie Röcke aussehen. In den 90er Jahren des 19. Jahrhunderts*** werden Frauen in Hosen allerdings immer zahlreicher …
Um die Jahrhundertwende entstehen bei den *Arbeiterturnvereinen* erste Frauenabteilungen.
Aber selbst im Arbeiterturnverein führen die Frauen den Kampf gegen Korsett und langes Turnkleid, denn für die bevorzugten Übungen (Freiübungen, Reigen, leichtes Geräteturnen und Fechten) sind lange Kleider untauglich. Und die Frauen setzen sich durch. Bereits 1898 tragen Turnerinnen des Arbeiter-Turnvereins Fichte in Berlin öffentlich Kniehosen bei den Vorführungen.
Die bürgerlichen Frauen bleiben aber meist beim langen Kleid, selbst beim Schlittschuhlaufen und Skifahren.
Das erste *Frauenfußballspiel* vor interessiertem Publikum findet 1895 statt. Veranstalterin ist der British Lady Football Club. Die Frauen kicken in langen Strümpfen, Bluse und knielangem Rock. Empörend findet man auf der Insel dagegen, dass eine 16-Jährige 1893 mit ihren Freunden auf dem Rad von Brighton nach London fährt (in der beachtlichen Zeit von 8,5 Stun-

* Korsett, das: frühere Unterbekleidung für Frauen, stützte den Oberkörper

** Rad, das: [hier] Fahrrad

*** 90er Jahre des 19. Jahrhunderts: 1890 bis 1899

den für 120 Meilen, das entspricht einem Schnitt von 22 km/h). Was daran empörend ist? Die junge Frau fährt auf einem Herrenrad und hat keine Anstandsdame dabei.

Frauen bei sportlichen Wettkämpfen sind in Deutschland um die Jahrhundertwende aber immer noch ein Tabu. Alles, was zum Wettkampf gehört – Konkurrenz, Rekorde, körperliche Anstrengung – gilt als unweiblich und ungesund.

Bei den ersten *Olympischen Spielen* der Neuzeit, 1896 in Athen, sind keine Frauen am Start. Pierre Baron de Coubertin, der Initiator der Spiele, will Frauen generell von den Spielen der Neuzeit ausschließen. Ein griechisches Mädchen meldet sich dennoch zum olympischen Marathonlauf an. Sie wird abgewiesen. Eine Woche vor Beginn der Spiele läuft sie die Strecke, begleitet von vielen Radfahrern und kontrolliert vom Bürgermeister der Stadt Marathon. Sie benötigt vier Stunden und dreißig Minuten.

Bei den Spielen 1900 in Paris kann Coubertin die Teilnahme der Frauen in Tennis und Golf nicht verhindern. Es dauert jedoch noch zwölf Jahre, bis Frauen bei den Olympischen Spielen schwimmen dürfen. Und dann auch nur über 100 m und 4 x 100 m Freistil, damit sie nicht zu sehr erschöpfen. Die ersten olympischen *Leichtathletikwettbewerbe* für Frauen gibt es 1928: die Läufe über 100 m, 800 m, 4 x 100 m sowie Hochsprung und Diskuswerfen. 1932 kommen Speerwurf und 80 m Hürden dazu, 1948 Weitsprung und Kugelstoßen. Jede weitere Sportart müssen die Frauen sich schwer erkämpfen. Marathon wird für sie 1984 olympisch, der 10.000-m-Lauf 1988.

Bei den olympischen Spielen 1936 nehmen 4.066 Athleten teil, darunter 328 Frauen. Sportlerinnen in langen Hosen, sei es beim Skifahren oder im Trainingsanzug, sind keine Sensation mehr.

Im Laufe der Jahre haben sich Frauen eine Sportart nach der anderen erobert. Sie spielen heute Fußball, boxen, ringen, springen Ski …

2 Gliedere den Text in sinnvolle Abschnitte und gib jedem Abschnitt eine Überschrift.

TIPP!
Informationen findest du dazu im Internet.

3 Erarbeite ein Kurzreferat über die Entwicklung des Frauensports insgesamt oder in einer bestimmten Sportart. Du kannst auch über eine berühmte Sportlerin sprechen.

4 Stell dir vor, du könntest mit einer Sportlerin aus den 1920er Jahren ein Interview führen. Überlege dir geeignete Fragen und beantworte sie. Nutze dazu die Informationen aus dem Text. Du kannst auch Informationen aus dem Internet hinzuziehen.

Online-Link
zu berühmten Sportlerinnen
313173-0085

Wie schreibt man eigentlich?

→ **Seite 98, 238,** Rechtschreib-strategie „Besondere Schreibungen einprägen“

1 Bittet jemanden aus der Klasse, euch einige dieser Wörter zu diktieren. Vergleicht anschließend:
Bei welchen Wörtern wurden Fehler gemacht?
Was sind die schwierigen Stellen in den Wörtern?

See Beere Lohn Befehl Bibel
Seele Zoo Vortrag Wachs beseelt Boot
Maschine wechseln Gardine fehlen Gefühl
Meer Kino Igel Fuchs Hähnchen voll
Lachs Jahr Haar labil lahm luchsen
Vogel leer Klinik Schnee Achsel Moos
nehmen Achse Tiger Termin versuchen
Risiko wachsen Paar Zahl vormachen
Ohr vergeben Vater Büchse vorbei Ochse
vielfach von Tee Kilogramm Familie

2 Ordne die Wörter aus Aufgabe 1 nach Rechtschreibschwierigkeiten und schreibe sie in eine Tabelle, z. B.:

-h-	i (statt ie)	aa/ee/oo	v	-chs
der Lohn	…	…	…	…

3 EXTRA Kennst du weitere Wörter mit diesen Rechtschreibschwierigkeiten? Schreibe zehn solcher Wörter hintereinander auf eine DIN-A4-Seite. Suche zu jedem zwei verwandte Wörter, z. B.:
das Jahr – jährlich – die Jahreszeit.

Arbeitsblätter selbst gestalten

1 Bildet Gruppen. Jede Gruppe stellt für die Klasse ein Arbeitsblatt her, mit dem schwierige Wörter geübt werden können. Bearbeitet dazu die Aufgaben 2 bis 6.

→ **Seite 203,**
Texte am PC schreiben, speichern, ausdrucken

2 Jede Gruppe wählt eine Rechtschreibschwierigkeit aus. Sucht zehn Übungswörter, die diese Schwierigkeit enthalten. Schreibt die Wörter mit einer Überschrift auf euer Arbeitsblatt, z. B.:

Wörter mit -i- statt -ie-

Bibel		Gardine	Igel	Kino
Termin	Familie	Maschine	Kilogramm	Tiger
Klinik		labil	Risiko	

3 Bildet zu jedem Übungswort einen Satz. Schreibt die Sätze als Lückensätze auf euer Arbeitsblatt, z. B.:

Aufgabe A: Lückensatz
Tragt die passenden Übungswörter in die Lücken ein.
1. Am Freitag sehen wir uns im __________ „Das Leben ist schön" an.
2. „Was bedeutet eigentlich __________?" – „Das Gegenteil von stabil."
3. Die ganze __________ saß beim Abendessen.
4. ...

Die Schüler aus den anderen Gruppen setzen die Übungswörter später ein.

4 Sucht zu jedem Übungswort eine Bedeutungserklärung. Schreibt sie auf das Arbeitsblatt, z. B.:

Aufgabe B: Bedeutungserklärungen
Findet die passenden Wörter zu den Erklärungen.
1. ein Vorhang am Fenster: __________
2. Tausend Gramm sind ein __________
3. heimisches Säugetier mit Stacheln: __________
4. ...

Die Schüler aus den anderen Gruppen schreiben später die passenden Wörter zu den Erklärungen.

9 Strophe, Reim und Rhythmus

Caspar David Friedrich: Zwei Männer, den Mond betrachtend

TIPP!
Zu dem Abendlied von Matthias Claudius hat Johann A.P. Schulz 1790 eine Melodie komponiert. Es ist heute eines der bekanntesten deutschen Volkslieder.
Wenn du dir das Lied anhören willst, nutze dazu den Online-Link.

Online-Link
Hörverstehen
313173-0102

Matthias Claudius

Abendlied

Der Mond ist aufgegangen,
die goldnen Sternlein prangen
am Himmel hell und klar;
der Wald steht schwarz und schweiget,
und aus den Wiesen steiget
der weiße Nebel wunderbar.

Wie ist die Welt so stille
und in der Dämmrung Hülle
so traulich und so hold!
Als eine stille Kammer,
wo ihr des Tages Jammer
verschlafen und vergessen sollt.

Seht ihr den Mond dort stehen? –
Er ist nur halb zu sehen
und ist doch rund und schön!
So sind wohl manche Sachen,
die wir getrost belachen,
weil unsre Augen sie nicht sehn.

So legt euch denn, ihr Brüder,
in Gottes Namen nieder;
kalt ist der Abendhauch.
Verschon uns, Gott, mit Strafen
und lass uns ruhig schlafen
und unsern kranken Nachbarn auch!

1 Worum geht es in dem Gedicht? Besprecht Strophe für Strophe. Beschreibt die Stimmung. Wie wirkt das Gedicht auf euch?

2 Versuche, die erste Strophe des Gedichts so zu sprechen, dass man „miterleben“ kann, wie der Mond aufgeht und wie der Nebel aus den Wiesen steigt. Untersuche in den einzelnen Zeilen, wie sich die Stimme hebt und senkt. Gilt dies für alle Strophen?

Der Mond ist aufgegangen	x X x X x X x
die goldnen Sternlein prangen	x X x X x X x
am Himmel hell und klar;	x X x X x X
der Wald steht schwarz und schweiget,	x X x X x X x
und aus den Wiesen steiget	x X x X x X x
der weiße Nebel wunderbar.	x X x X x X x X

X: Hebung der Stimme
x: Senkung der Stimme

3 Lerne die vier Strophen des Gedichts auswendig.

4 Teste, wie du am besten einen Text auswendig lernst:

Über das Ohr: Lies das Gedicht mehrmals laut vor oder lass es dir vorlesen. Achte auf Reim und Rhythmus.

Über das Auge: Zeichne zu jeder Strophe ein Bild. Versuche, die Bilder beim Aufsagen des Gedichts als Gedankenstütze zu verwenden.

Mit der Schreibhand: Schreibe das Gedicht ab.

Mit dem ganzen Körper: Gehe während des Lernens auf und ab.

Melodisch-rhythmisch: Wenn der Text auch als Lied gesungen werden kann, dann singe ihn.

5 Trage das Gedicht in der Klasse vor. Berichte über deine Erfahrungen beim Auswendiglernen.

Arbeitstechnik

Ein Gedicht auswendig lernen

1. Lerne das Gedicht strophenweise.
2. Wiederhole die bereits gelernten Strophen immer wieder.
3. Mache zwischen den Lernphasen Pausen, damit das Gelernte im Gedächtnis verankert wird.
4. Lies das Gedicht noch einmal vor dem Schlafengehen oder sage es in Gedanken auswendig auf. So behältst du es besser.
5. Wiederhole den Text in immer größer werdenden Zeitabständen an mehreren Tagen, bis du ihn nicht mehr vergisst.

Betörender Gesang

J. L. Bleuler: Der Loreley-Fels

Heinrich Heine

Ich weiß nicht, was soll es bedeuten

Ich weiß nicht, was soll es bedeuten,
Dass ich so traurig bin;
Ein Märchen aus alten Zeiten,
Das kommt mir nicht aus dem Sinn.

Die Luft ist kühl und es dunkelt,
Und ruhig fließt der Rhein;
Der Gipfel des Berges funkelt
Im Abendsonnenschein.

Die schönste Jungfrau sitzet
Dort oben wunderbar;
Ihr goldnes Geschmeide blitzet,
Sie kämmt ihr goldenes Haar.

Sie kämmt es mit goldenem Kamme
Und singt ein Lied dabei;
Das hat eine wundersame,
Gewaltige Melodei.

Den Schiffer im kleinen Schiffe
Ergreift es mit wildem Weh;
Er schaut nicht die Felsenriffe,
Er schaut nur hinauf in die Höh.

Ich glaube, die Wellen verschlingen
Am Ende Schiffer und Kahn;
Und das hat mit ihrem Singen
Die Lore-Ley getan.

Online-Link
Hörverstehen
313173-0104

TIPP!
Nutze dazu den Online-Link.

1 Informiere dich im Lexikon oder im Internet über die Sagengestalt der Lore-Ley und finde heraus, wo der Lore-Ley-Felsen liegt.

Online-Link
313173-0104

2 Schreibe in Stichworten den Inhalt jeder Strophe auf, z. B.:
Jemand erinnert sich an ein Märchen, eine schöne Frau, …

3 Das Gedicht ist eine Ballade. Man nennt die Ballade auch „Erzählgedicht". Lies den folgenden Merktext und versuche, das Wort „Erzählgedicht" zu erklären.

→ **Seite 254,** Textartenverzeichnis (Gedicht, Ballade)

Merke

Balladen sind Gedichte, die eine Geschichte erzählen. Sie enthalten wie ein Theaterstück (Drama) oft auch Dialoge.
Das Wort „Ballade" stammt aus dem Italienischen „ballata" und bedeutete ursprünglich „Tanzlied".
Balladen wurden bereits im Mittelalter gedichtet. In Deutschland wurden Ende des 18. Jahrhunderts besonders viele Balladen verfasst. Bekannte deutsche Balladendichter sind Goethe, Schiller, Heine und Fontane.
Heute spielen Balladen in der Popmusik eine große Rolle.

4 In dem Gedicht „Ich weiß nicht, was soll es bedeuten" erzählt jemand von einem „Märchen", einer Sage. Wer ist die Lore-Ley? Was wird über sie erzählt?

5 Die erste und die letzte Strophe beginnen mit dem Wort „ich". Überlege, wer da spricht.

TIPP!
Ihr könnt auch Gruppen bilden und die Strophen zum Lernen aufteilen.

6 Untersuche die Reime in dem Gedicht. Wie passen sie zueinander? Der Merksatz am Ende der Seite hilft dir dabei.

7 Lerne das Gedicht auswendig.

8 Übe den Vortrag des Gedichts. Mache Pausen und trage betont vor. Achte auch auf das Tempo.

9 EXTRA Untersuche das Gedicht „Abendlied" auf Seite 102. Nach welchem Reimschema ist es aufgebaut?

Merke

Gedichte können nach einem Reimschema aufgebaut sein, z. B.:
Endreime:
- Paarreim = **a a b b**
- Kreuzreim = **a b a b**
- umarmender Reim = **a b b a**

Von Rittern und Edelfrauen

Online-Link
Hörverstehen
313173-0106

1 Lies die folgende Ballade mehrmals, sodass du dir das beschriebene Ereignis gut vorstellen kannst.

Friedrich Schiller

Der Handschuh

Vor seinem Löwengarten,
Das Kampfspiel zu erwarten,
Saß König Franz,
Und um ihn die Großen der Krone,
Und rings auf hohem Balkone
Die Damen in schönem Kranz.

Und wie er winkt mit dem Finger,
Auf tut sich der weite Zwinger*,
Und hinein mit bedächtigem Schritt
Ein Löwe tritt,
Und sieht sich stumm
Ringsum
Mit langem Gähnen
Und schüttelt die Mähnen
Und streckt die Glieder
Und legt sich nieder.

Und der König winkt wieder,
Da öffnet sich behend
Ein zweites Tor,
Daraus rennt
Mit wildem Sprunge
Ein Tiger hervor.

Wie der den Löwen erschaut,
Brüllt er laut,
Schlägt mit dem Schweif
Einen furchtbaren Reif
Und recket die Zunge,
Und im Kreise scheu
Umgeht er den Leu,
Grimmig schnurrend,
Drauf streckt er sich murrend
Zur Seite nieder.

* Zwinger, der: Käfig für wilde Tiere; hier: eine Art Arena, Schauplatz wie im Zirkus

Und der König winkt wieder,
Da speit das doppelt geöffnete Haus
Zwei Leoparden auf einmal aus,
Die stürzen mit mutiger Kampfbegier
Auf das Tigertier;
Das packt sie mit seinen grimmigen Tatzen,
Und der Leu mit Gebrüll
Richtet sich auf, da wirds still;
Und herum im Kreis,
Von Mordsucht heiß,
Lagern die gräulichen Katzen.

Da fällt von des Altans* Rand
Ein Handschuh von schöner Hand
Zwischen den Tiger und den Leun
Mitten hinein.

Und zu Ritter Delorges, spottenderweis,
Wendet sich Fräulein Kunigund:
„Herr Ritter, ist Eure Lieb so heiß,
Wie Ihr mirs schwört zu jeder Stund,
Ei, so hebt mir den Handschuh auf!"

Und der Ritter, in schnellem Lauf,
Steigt hinab in den furchtbaren Zwinger
Mit festem Schritte,
Und aus der Ungeheuer Mitte
Nimmt er den Handschuh mit keckem Finger.
Und mit Erstaunen und mit Grauen
Sehns die Ritter und Edelfrauen,
Und gelassen bringt er den Handschuh zurück.

Da schallt ihm sein Lob aus jedem Munde,
Aber mit zärtlichem Liebesblick –
Er verheißt ihm sein nahes Glück –
Empfängt ihn Fräulein Kunigunde.
Und er wirft ihr den Handschuh ins Gesicht:
„Den Dank, Dame, begehr ich nicht!"
Und verlässt sie zur selben Stunde.

* Altan, der: auf Stützen oder Mauern ruhende Plattform in einem Obergeschoss eines Gebäudes

2 Worum geht es in dem Gedicht „Der Handschuh"? Beschreibe den Ort der Handlung. Stelle fest, welche Personen darin vorkommen.

Es wird erzählt, dass ...

TIPP!
Lies dazu noch einmal das Gedicht auf Seite 104.

1 Hier findest du eine Inhaltsangabe zu dem Gedicht von Heinrich Heine „Ich weiß nicht, was soll es bedeuten". Stelle fest, ob der Inhalt richtig wiedergegeben worden ist.

In diesem Gedicht erinnert sich der Erzähler an das Märchen von der Lore-Ley: „Ich weiß nicht, was soll es bedeuten, dass ich so traurig bin. Ein Märchen aus alten Zeiten, das kommt mir nicht aus dem Sinn." Das Märchen erzählt, dass einst auf einem Felsen am Rhein ein Mädchen saß, das durch seine Schönheit und seinen Gesang die vorbeifahrenden Seemänner in den Tod lockte.

→ **Seite 230 ff.,** Wortarten: Konjunktionen, Pronomen, Artikel

2 Wiederhole, was du über die Wortarten *Konjunktion, Pronomen* und *Artikel* gelernt hast. Nutze dazu den Merkkasten auf dieser Seite. Stelle fest und erkläre, wo in der Inhaltsangabe (Aufgabe 1)
- die Konjunktion **dass** verwendet wird,
- **das** ein Pronomen ist,
- **das** ein Artikel ist.

3 Vervollständige die Sätze und schreibe sie auf, z. B.:
1. Ich weiß, dass der Bus später kommt.

1. Ich weiß, dass ...
2. Er glaubt, dass ...
3. Ich denke, dass ...
4. Sie erinnert sich daran, dass ...
5. Ich verspreche, dass ...
6. Ich wünsche dir, dass ...
7. Es ist klar, dass ...
8. Es ist schade, dass ...
9. Es stimmt, dass ...
10. Es ist ungerecht, dass ...
11. Es ist wichtig, dass ...
12. Es ist mir neu, dass ...

4 Bilde selbst solche Sätze wie in Aufgabe 3 mit den Verben *sagen, erzählen, hoffen, fürchten, vermuten, meinen, gefallen.*

→ **Seite 235 f.,** Nebensätze (Konjunktionalsätze und Relativsätze)

Merke

- Das Wort **dass** ist eine Konjunktion (ein Bindewort). Konjunktionen verbinden Teilsätze miteinander, z. B. *Ich denke, wir schaffen es. Ich denke, dass wir es schaffen.*
- **dass-Sätze** sind Nebensätze. Sie sind vom Hauptsatz abhängig. Hauptsatz und Nebensatz bilden ein **Satzgefüge**: HS, NS.
- Das Wort **das** ist ein Artikel oder ein Pronomen und kann durch andere Wörter ersetzt werden, z. B. durch *dieses, jenes, welches.*
- Die Konjunktion **dass** kann nicht durch ein anderes Wort ersetzt werden.

5 das oder dass? Füge das richtige Wort ein.

1. „Ich weiß nicht, was soll es bedeuten“ ist ein Gedicht, ☐ von der Lore-Ley erzählt.
2. Man nimmt an, ☐ der Name so entstanden ist: „Lore“ (von „Lure“) heißt übersetzt „Hinterlistige“ und „Ley“ bedeutet „Schiefer“ oder „Fels“.
3. ☐ Gedicht, ☐ auch vertont wurde, ist eine Ballade.
4. Es ist bekannt, ☐ in Deutschland Ende des 18. Jahrhunderts viele Balladen verfasst wurden.
5. Wir haben gelernt, ☐ zum Beispiel Goethe, Schiller, Heine und Fontane bedeutende Balladendichter waren.
6. ☐ Märchen von der Lore-Ley wird in verschiedenen Varianten erzählt.
7. Es ist interessant, ☐ Balladen heute in der Popmusik eine große Rolle spielen.
8. Das Gedicht von der Lore-Ley, ☐ Heinrich Heine 1824 geschrieben hat, zählt zu den bekanntesten deutschen Balladen.

6 EXTRA Vollende die Sätze, z. B.:

1. „Ich weiß nicht, was soll es bedeuten“ ist ein Gedicht, das von der Lore-Ley erzählt.

1. „Ich weiß nicht, was soll es bedeuten“ ist ein Gedicht, das ...
2. Auf dem Felsen sitzt ein wunderschönes Mädchen, das ...
3. Das Mädchen singt ein Lied, das ...
4. Das Mädchen kämmt sein Haar, das ...
5. Die Jungfrau betört den Schiffer so, dass ...
6. Die Lore-Ley lenkt den Schiffer ab, sodass ...

TIPP!
Wenn du keine Idee hast, wie du die Sätze vollenden kannst, lies einfach noch einmal die Ballade auf Seite 104.

7 EXTRA Bilde Satzgefüge, bei denen der dass-Satz am Anfang steht, z. B.:

1. Dass es verschiedene Varianten von der Lore-Ley-Geschichte gibt, ist interessant.

1. …, ist interessant.
2. …, ist nicht verständlich.
3. …, ist bemerkenswert.
4. …, ist mir neu.
5. …, ist uns klar.
6. …, ist nicht bekannt.

Merke

Der dass-Satz kann auch am Anfang des Satzgefüges stehen, z. B.:
Dass der Dichter Clemens Brentano 1801 auch eine Ballade von der Lore-Ley schrieb, ist vielen nicht bekannt.
NS, HS.

→ **Seite 235 f.**, Nebensätze (Konjunktionalsätze und Relativsätze)

→ **Seite 110,** Merksatz zu *dass* und *das*

→ **Seite 235,** Zusammengesetzte Sätze

Ich weiß, dass das nicht schwierig ist

1 **das oder dass?** Füge das richtige Wort ein.

1. „Ich weiß nicht, was soll es bedeuten" ist ein Gedicht, ☐ Heinrich Heine 1824 geschrieben hat.
2. „Ich weiß nicht, was soll es bedeuten, ☐ ich so traurig bin." – So beginnt das Gedicht von der Lore-Ley.
3. Auf dem Felsen sitzt ein wunderschönes Mädchen, ☐ bei dem vorbeifahrenden Schiffer Bewunderung hervorruft.
4. Das Mädchen singt ein Lied, ☐ eine eigenartige Melodie hat.
5. Das Mädchen kämmt sein Haar, ☐ golden glänzt.
6. Die Jungfrau betört den Schiffer so, ☐ dieser nicht auf das Felsenriff achtet.
7. Der Kahn des Schiffers fährt wahrscheinlich direkt auf einen Felsen, so ☐ er zerschellt und versinkt.

2 Vervollständige die Sätze und schreibe sie auf, z. B.:

1. Ich glaube, dass ich das verstanden habe.

1. Ich glaube, dass …
2. Ich verspreche, dass …
3. Ich ahne, dass …
4. Ich denke, dass …
5. Ich meine, dass …
6. Ich wünsche mir, dass …
7. Ich versichere, dass …
8. Ich hoffe, dass …

3 Vervollständige auch diese Sätze und schreibe sie auf, z. B.:

1. Es ist toll, dass du gekommen bist.

1. Es ist toll, dass …
2. Es ist nicht schön, dass …
3. Es ist super, dass …
4. Es ist schade, dass …
5. Es ist nicht gerecht, dass …
6. Es ist gemein, dass …
7. Es ist gut, dass …
8. Es ist wichtig, dass …

4 Verwandle in dass-Sätze, z. B.: 1. Ich denke, dass wir das schaffen.

1. Ich denke, wir schaffen das.
2. Ich hoffe, du kommst bald.
3. Wir fürchten, er verspätet sich.
4. Ich ahne, sie hat das vergessen.
5. Meinst du, wir finden das?
6. Glaubst du, er weiß das?
7. Ihr habt gedacht, ich komme nicht.
8. Behauptest du, ich habe das gesagt?

5 Was für ein ...? Bilde aus zwei Sätzen einen, z. B.:
1. Wir sollen das Gedicht, das wir heute gelesen haben, auswendig lernen.

TIPP!
Achte auch auf die Kommas in den Sätzen.

→ **Seite 110/111, 235 f.,** Merksätze zu Satzgefüge (Haupt- und Nebensatz)

1. Wir sollen das **Gedicht** auswendig lernen.
   Das **Gedicht** haben wir heute gelesen.
2. Das **Lied** gefällt mir gut.
   Das **Lied** haben wir heute gelernt.
3. Wir suchen Informationen zu dem **Stück**.
   Das **Stück** spielen wir in der Schule.
4. Sie wollen das **Fest** gemeinsam vorbereiten.
   Das **Fest** soll am Wochenende stattfinden.
5. Er wird das **Buch** in der Klasse vorstellen.
   Das **Buch** hat er sich ausgesucht.
6. Musst du das **Heft** schon morgen abgeben?
   Das **Heft** liest du gerade.
7. Hast du ihr von dem **Gespräch** erzählt?
   Das **Gespräch** hattest du gestern.
8. Kennst du das **Kino**?
   Das **Kino** wurde neu gebaut.

6 Wie antwortet man darauf? Schreibe die Antworten auf, z. B.:
1. Ist es wahr, dass du gerne Horrorfilme siehst? → Nein, es ist nicht wahr, dass ich gerne Horrorfilme sehe.

1. Ist es wahr, dass du gerne Horrorfilme siehst?
2. Stimmt es, dass du keine Folge von GZSZ verpasst?
3. Findest du es gut, dass es an eurer Schule keine einheitliche Schulkleidung gibt?
4. Ist es wahr, dass Mathe dein Lieblingsfach ist?
5. Stimmt es, dass du gerne Fußball spielst?
6. Ist es wahr, dass du einen lustigen Spitznamen hast?
7. Stimmt es, dass du dich für Autos interessierst?
8. Findest du es richtig, dass manche Schüler die Schule schwänzen?

10 Denksport

Köpfchen, Köpfchen!

1 Zahlen und Figuren Sieh dir die Figuren fünf Sekunden lang an und decke sie dann ab. Addiere die Zahlen und schreibe die Summe auf. In welchen Figuren stehen welche Ziffern?

2 Elf Drachen Zwei Drachen sind völlig gleich. Welche sind es?

3 Ein Cockerspaniel, eine Bulldogge und ein Pudel Das sind Roy, Michael und Alex. Jeder der drei Jungen besitzt einen Hund. Keiner führt aber hier seinen Hund. Der Junge rechts ist Alex. Der Cockerspaniel gehört Roy. Wem gehört der Pudel?

4 EXTRA Versuche, die geheime Botschaft zu entschlüsseln, die hier abgebildet ist.
Lies vorher, welche Überlegungen der Detektiv Auguste Dupin angestellt hat, um die Lösung zu finden. Vielleicht können dir seine Überlegungen auch helfen.

TIPP!
Der häufigste Buchstabe kommt 12 x vor, der zweithäufigste 11 x, der dritthäufigste 10 x und der vierthäufigste 9 x.

nach Erich Ballinger

Geheimschrift

Der berühmte Detektiv Auguste Dupin erhielt einmal von einem Kollegen ein Blatt Papier mit einer geheimen Botschaft, die dieser bei einer Hausdurchsuchung gefunden hatte.

Er begann zu überlegen, zu probieren und zu kombinieren. Bald hatte er die Lösung gefunden und konnte die Botschaft entschlüsseln.
Dabei ging Dupin von folgenden Überlegungen aus:

1. Es gibt keine Geheimschrift, die nicht zu entziffern wäre.
2. Jedes Zeichen steht für einen Buchstaben. Gleiche Zeichen sind daher gleiche Buchstaben.
3. Die Zeichen zwischen zwei Abständen bilden ein Wort.
4. Die Botschaft ist in deutscher Sprache abgefasst.
5. Der häufigste Buchstabe in deutschen Texten ist das E. An zweiter Stelle folgt S, dann H und schließlich T. (Mit dieser Tatsache konnte er nach Abzählung der Zeichen bereits die Buchstaben E, S, H, T einsetzen.)
6. Zuerst bei kurzen Wörtern oder bei Wörtern, in denen der Großteil der Buchstaben vorhanden ist, zu rätseln beginnen!
7. Jeden neu gefundenen Buchstaben im gesamten Text einsetzen!
8. Geduld, Geduld, Geduld, Geduld, Geduld, Geduld!

5 EXTRA Schreibe selbst eine geheime Botschaft.

Verräterische Spuren

Detlef Kersten

Kommissar Kniepel

Herr Nussbaum hatte vergangene Nacht unliebsamen Besuch. Ein Einbrecher hat ihm seine wertvolle Briefmarkensammlung gestohlen. „In diesem Schrank hatte ich meine Sammlung aufbewahrt. Der Dieb hat ihn wohl mit einem Dietrich geöffnet", sagt Herr Nussbaum.

„Der Täter ist durch dieses Fenster eingedrungen, seh'n Sie nur, er hat meine schönen Blumen zertrampelt. Aber vielleicht schauen wir uns die Sache noch einmal von innen an, Herr Kommissar. Sicherlich finden Sie dort mehr Spuren!"

Noch jemand ist an der Aufklärung des Falles interessiert: Der Detektiv der Versicherungsgesellschaft (unterm Bett), die die Briefmarkensammlung mit 25 000 EUR versichert hat. Bei einer so hohen Summe stellen Versicherungen eigene Nachforschungen an. Für Detektiv Brause ist der Fall klar:

„So, Herr Nussbaum, bitte unterschreiben Sie hier; bald werden Sie das Geld für die gestohlenen Briefmarken bekommen."
„Sachte, sachte, Herr Brause. Haben Sie nicht gemerkt, dass Nussbaum sich selber ‚bestohlen' hat, um die Versicherungsprämie zu kassieren?"

1 Lies den Text aufmerksam durch. Sieh dir auch die Bilder genau an. Beantworte dann die folgenden Fragen zum Inhalt:

1. Welche Personen kommen in der Geschichte vor?
2. Was ist passiert?
3. Wann ist es geschehen?
4. Wo ist es geschehen?
5. Wie werden die Ermittlungen* durchgeführt?
6. Wer ist Herr Brause?
7. Was will Herr Brause dem Herrn Nussbaum geben?
8. Wie wird die Sache aufgeklärt?

Notiere die Antworten in Stichworten.

→ **Seite 256,** Textartenverzeichnis (Kriminalkurzgeschichte)

* Ermittlung, die – ermitteln: etwas suchen, etwas feststellen, Beweise sammeln

2 Was ließ Kommissar Kniepel an der Echtheit des Einbruchs zweifeln? Gib die Geschichte mit eigenen Worten wieder. Nutze dazu deine Notizen aus Aufgabe 1.

Arbeitstechnik

Einen Text genau lesen und verstehen

1. Immer, wenn du beim Lesen zu einer wichtigen Information kommst, stelle dir dazu eine kurze W-Frage:
   - Wer tut etwas?
   - Was geschieht?
   - Wann ereignet es sich?
   - Wo passiert es?
   - Warum kommt es dazu?
2. Beantworte die Frage, notiere die Antwort in Stichworten und lies weiter bis zur nächsten Information.
3. Wenn zu dem Text Bilder oder Grafiken gehören, prüfe, ob diese weitere Informationen enthalten.
4. Ordne deine Notizen beim Aufschreiben, z. B. bei einer Kriminalgeschichte:
   - Ausgangssituation und Tat,
   - Spuren und Hinweise (Verdächtige),
   - Ermittlungen und Lösung.
5. Fasse den Text nach dem Lesen anhand deiner Notizen mit eigenen Worten zusammen.

Das ist der Beweis

Online-Link
Hörverstehen
313173-0118

1 Überfliege den Text, um zu erfahren, worum es darin geht.

nach Franz S. Sklenitzka

Delle im Blech

① Es ist nicht viel los im Supermarkt, an diesem Nachmittag – trotzdem: An der Kasse heißt es warten.
Vor Tamara steht ein dunkelhaariger junger Mann und vor dem Mann eine junge Mutter mit Kleinkind. Vor der Kasse ist ein Stand mit Süßigkeiten in Augenhöhe.
Das Kleinkind im Einkaufswagen brüllt und strampelt mit den Beinen, weil es eine Packung Schokoröllchen will und sich die Mutter weigert, die Röllchen zu kaufen.
Der Mann vor Tamara häuft inzwischen Bananen, Tomaten, Äpfel, eine Paprikaschote, Kiwis, Birnen, Pfirsiche, eine Mangofrucht und eine riesengroße Ananas auf das Förderband. Obendrauf legt er einen Becher Eiscreme. Der macht wohl eine Vitaminkur, denkt sie. Da dreht sich der junge Mann kurz nach ihr um.
„So einen ungezogenen Balg sollte man besser zu Hause lassen", sagt er halblaut, deutet mit dem Kinn auf das brüllende Kind und lächelt Tamara flüchtig zu. Tamara weiß nicht, was sie antworten soll. Dafür entdeckt sie das flotte Bärtchen auf der Oberlippe des Obstkäufers. Schaut aus wie dieser Fernsehmoderator, denkt Tamara.

② Auf dem Parkplatz vor dem Supermarkt sieht Tamara den jungen Mann wieder. Aus einiger Entfernung beobachtet sie, wie er einen Karton im Kofferraum eines weißen Cabrios verstaut. Den leeren Einkaufswagen schubst er in Richtung Sammelstelle. Dann setzt er sich in sein Auto und beginnt, genüsslich die Eiscreme zu löffeln.
Tamara schichtet inzwischen ihren Einkauf in den Korb auf dem Gepäckträger des Fahrrads. Puh! Gar nicht einfach, alles in einem Fahrradkorb so unterzubringen, dass die Ladung nicht gleich beim ersten Bremsmanöver im Straßengraben landet …
Da setzt sich plötzlich einer der Einkaufswagen in Bewegung, beginnt, von der Sammelstelle her, den abschüssigen Parkplatz hinabzurollen, wird langsam schneller. Er steuert genau auf eine Gruppe parkender Autos zu. Tamara sieht es. Die junge Mutter mit dem Kleinkind sieht es, aber sie kann ihren Jungen nicht allein lassen. Tamara überlegt für Sekunden. Dann rennt sie los. Auf die Gefahr hin, dass ihr beladenes Rad umstürzt, dass die Milchflaschen zu Bruch gehen, dass die Melone auf dem Boden zerplatzt, läuft sie dem leeren Einkaufswagen nach.

③ Das heißt, ganz leer ist er nicht. Der schmale Kassenzettel klemmt zwischen den Gitterstäben.

Tamara kommt um eine Sekunde zu spät. Der Einkaufswagen knallt gegen ein Auto. Das weiße Cabrio hat den Ausreißer zum Stehen gebracht. Wutentbrannt stürzt der Besitzer aus seinem Wagen und beugt sich mit zornrotem Gesicht über den hinteren Kotflügel: Der Wagen hat eine Delle im schneeweißen Blech.

Als Tamara mitfühlend den Schaden begutachten will, brüllt sie der schnauzbärtige Cabriofahrer an: „Du bist wohl total verrückt! Kannst du nicht besser auf deinen Einkaufswagen aufpassen? Das wird dich teuer zu stehen kommen!“ Im ersten Augenblick ist Tamara sprachlos vor Verblüffung. Dann fasst sie sich ein Herz. „Hören Sie“, sagt sie, außer Atem vom Laufen und vor Aufregung. „Das … das war nicht mein Einkaufswagen. Das war Ihrer!“

④ „Auch noch frech werden, du Früchtchen! Da hört sich doch alles auf!“, schäumt der Schnurrbärtige und stemmt die Arme in die Hüften. „So billig kommst du mir nicht davon!“

„Es war Ihr Einkaufswagen“, sagt Tamara leise, aber fest. „Ich kann es beweisen. Hier!“

Der junge Mann stutzt, wird noch eine Spur röter. Dann steigt er wortlos in sein Cabrio, knallt die Tür zu und fährt mit quietschenden Reifen weg. Kopfschüttelnd kehrt Tamara zu ihrem Fahrrad zurück. So kann man sich täuschen, denkt sie. Dabei hat er wirklich nett ausgesehen, zuvor an der Kasse.

2 Lies den Text nun genau. Beantworte die folgenden Fragen:

- Welche Personen kommen vor? Unterscheide wichtige und unwichtige.
- An welchen Orten spielt die Kriminalgeschichte? Beschreibe sie möglichst genau.

3 Die Geschichte besteht aus vier Abschnitten. Jeder Abschnitt hat für den Verlauf des Geschehens eine wichtige Aufgabe. Ordne die folgenden Stichworte zu:

a) Hinweise und Spuren
b) der Unfall
c) der Beweis
d) Schilderung der Ausgangssituation

4 Wie konnte Tamara beweisen, dass es nicht ihr Einkaufswagen war, der den Blechschaden verursachte? Notiere deine Überlegungen.

Textüberarbeitung in vier Schritten

1. Umstellen

1 Lies den Anfang dieser Geschichte aufmerksam durch.
Was fällt dir auf?

Eine unruhige Nacht in der Jugendherberge

Ausgerechnet Steffen musste das passieren.
Er hatte von allen Jungen die größte Klappe.
Er wachte um Mitternacht auf.
Er hatte schlecht geschlafen und ein Geräusch gehört.
Er schaute erschrocken zur Zimmertür.
Er hatte an der Türschwelle eine dunkle Gestalt gesehen.

2 Durch Umstellen der Satzglieder kann man ohne großen Aufwand aus gleichförmigen Sätzen spannendere machen. Schreibe die Geschichte ab. Stelle dabei die Sätze um, bei denen du es für sinnvoll hältst, z. B.:
(Er) (hatte) (von allen Jungen) (die größte Klappe.) → Von allen Jungen hatte er die größte Klappe.

3 Vergleicht eure Ergebnisse.

Merke

Satzglieder können aus einem Wort oder aus mehreren Wörtern bestehen. Durch **Umstellen** kann man die einzelnen Satzglieder unterscheiden. Gleichzeitig lassen sich durch das Umstellen von Satzgliedern Sätze verändern und Texte sprachlich verbessern.

→ **Seite 236,** Satzglieder; Umstellprobe

4 EXTRA So könnte die Geschichte weitergehen:

Voller Entsetzen richtete er sich in seinem Bett auf.

- Schreibe für diesen Satz alle Umstellmöglichkeiten auf, die du finden kannst. Umrahme die Wörter oder Wortgruppen, die ein Satzglied bilden.
- Wie viele Satzglieder hast du gefunden? Erinnere dich, wie diese Satzglieder heißen.

→ **Seite 236,** einfaches und mehrteiliges Prädikat

Merke

Das **Prädikat** kann aus zwei Teilen bestehen, z. B. aus einer gebeugten Verbform und einem anderen Wort: *Er **richtete** sich im Bett **auf**.* Die gebeugte Verbform steht im Aussagesatz immer an der 2. Stelle.

2. Ersetzen

1 Untersuche, wie sich der folgende Satz verändert:

Er	sah	an der Türschwelle	etwas Dunkles.
Steffen	sah	an der Türschwelle	etwas Dunkles.
Der Junge	sah	an der Türschwelle	etwas Dunkles.

2 Bilde unterschiedliche Sätze, indem du innerhalb der Satzglieder Wörter und Wortgruppen durch andere ersetzt, z. B.:

sah	an der Türschwelle	etwas Dunkles
erblickte	am Eingang	einen Schatten
bemerkte	in der Türöffnung	eine Gestalt

TIPP!
Bei einem Schreibprogramm findest du meist unter dem Fenster *Extra/Sprache* die Thesaurus-Funktion. Diese Wortsammlung des Computers zeigt dir Wörter mit derselben oder einer ähnlichen Bedeutung an.

Merke

Innerhalb einzelner Satzglieder kann man Wörter und Wortgruppen durch andere mit ähnlicher Bedeutung ersetzen.
Das **Ersetzen** gelingt oft besser, wenn man das Satzglied durch ein Fragepronomen erfragt: **Wer oder was? Wo? Wen oder was?**

→ **Seite 237,** Satzglieder; Ersatzprobe

3 Sicher kennst du noch die Fragepronomen, mit denen man die einzelnen Satzglieder erfragen und ersetzen kann. Sie helfen dir auch bei der Ersatzprobe.
Übernimm die Tabelle in dein Heft. Setze dann die richtigen Fragepronomen ein. Schreibe nun zwei weitere Sätze in die Tabelle und ersetze die Wörter und Wortgruppen der einzelnen Satzglieder durch andere.

Subjekt	Prädikat	Adverbialbestimmung	Akkusativobjekt
Wer?	...	?	?
Er	sah	an der Türschwelle	eine dunkle Gestalt.
...	...	...	...

4 Den folgenden Text hat ein Schüler geschrieben. Verändere ihn durch Ersetzen. Nutze dazu die in Klammern stehenden Wörter, z. B.:
Unsere Klasse ist in der Wanderwoche nach Mosbach gefahren.

Der Lebensretter

Wir sind in der Wanderwoche nach Mosbach gefahren (*unsere Klasse*). Wir **waren gut drauf** (*sich gut fühlen*). Jaime, Cem, Thomas, Oliver und ich **waren** in einem Zimmer (*hausen*). Wir nahmen uns vor, **irgendetwas anzustellen,** da uns langweilig war (*einen Streich spielen*). Nur was? Cem meinte: „Klettern wir aus dem Fenster?“ Oliver **meinte:** „So können wir die Mädchen ärgern und haben noch Spaß dabei.“ (*antworten*) Es war 12 Uhr in der Nacht. Eigentlich war Jaime nur mit den Füßen draußen. Ich sah einen kurzen, wirklich **kurzen Moment** nicht hin (*winziger Augenblick*). Jaime konnte sich nicht mehr halten. **Jaime** rief: „Ali, hilf mir!“ (*Mein Freund*). Ich **schnappte** seine Beine mit Mühe und zog ihn hoch (*ergreifen*). Das war kein **Schreck** für die Mädchen, sondern eher für Jaime (*Schock*).

3. Erweitern mit Adverbialbestimmungen

1 Lies die Erzählung über eine Klassenfahrt durch. Füge dann die zusätzlichen Adverbialbestimmungen ein, die in Klammern stehen. Schreibe die erweiterte Geschichte auf, z. B.:
Es geschah vor einem Jahr am dritten Tag unserer Klassenfahrt.

Ein geheimnisvoller Knochen

Es geschah bei unserer Klassenfahrt (*vor einem Jahr*) (*am dritten Tag*). Wir ruhten uns aus (*auf einer Lichtung*). Ich bemerkte eine sandige Stelle mit alten Mauerresten (*am Rand*). Ich dachte an Abenteuerfilme, in denen die Leute Gold finden (*sofort*) (*an solchen Stellen*). Da lag ein Stock, den nahm ich und fing an zu graben (*in meiner Nähe*) (*hektisch*). Ich bemerkte etwas und rief (*neben der Mauer*) (*plötzlich*): „Eh, Michi, siehst du auch, was ich sehe?“ – „Kein Zweifel, ein Knochen!“, schrie er (*aufgeregt*). Wir waren sicher, dass das ein Dinoknochen war (*wegen der Größe*). Unsere Lehrerin amüsierte sich, ließ uns aber graben (*köstlich*) (*weiter*). Wir hatten einen riesigen Knochen in den Händen (*nach einer halben Stunde*). Wir wechselten uns beim Tragen ab (*mehrmals*) (*auf dem Rückweg zur Jugendherberge*). Der Jugendherbergsleiter lachte sich halb tot und meinte, das sei ein Ochsenknochen. Wir haben ihn angestrichen und an die Wand gehängt (*schwarz*) (*im Klassenzimmer*).

2 Vergleiche deine Ergebnisse mit denen deiner Mitschüler: Welche Adverbialbestimmungen sind für das Verständnis der Geschichte notwendig, welche nicht? Entscheide selbst, wo sie sinnvoll sind und wo nicht.

TIPP!
Der Gebrauch vieler Adverbialbestimmungen macht einen Text nicht immer besser.

3 Sicher erinnerst du dich an die wichtigsten Adverbialbestimmungen und an die Fragepronomen, mit denen man nach ihnen fragt.
Übernimm die Tabelle in dein Heft und ordne alle Adverbialbestimmungen ein, die du in dem Text „Ein geheimnisvoller Knochen" ergänzt hast.

Adverbialbestimmungen

des Ortes (Lokalbestimmung	der Zeit (Temporalbestimmung)	der Art und Weise (Modalbestimmung)	des Grundes (Kausalbestimmung)
Wo? Wohin? Woher?	Wann? Seit wann? Wie lange? Wie oft?	Wie?	Warum? Weshalb?
am Rand	vor einem Jahr	…	…

→ **Seite 235 f.,** zusammengesetzte Sätze, Satzglieder

4 Erfinde Sätze, die so viele Adverbialbestimmungen wie möglich enthalten. Antworte dabei auf die Fragen: *Wo? Wann? Wie? Warum?*, z. B.:
Gegen 6 Uhr rannten wir ohne Frühstück total aufgeregt auf dem kürzesten Weg zur Waldlichtung …

5 EXTRA Erweitere den Text mit Adverbialbestimmungen.

Wir standen auf und gingen zum Frühstück. Patrick konnte sich nicht zurückhalten. Er saß da und aß ein Brötchen nach dem anderen. Bei fünf Leuten fehlte das zweite Brötchen. Wir mussten nachfragen, ob wir Brötchen nachbekommen könnten. Patrick musste später helfen.

6 EXTRA Unterstreiche in deinem Text alle Adverbialbestimmungen. Ordne sie in eine Tabelle wie in Aufgabe 3 ein.

Merke

Adverbialbestimmungen sind Satzglieder, mit denen genauere Angaben über den Ort, die Zeit, die Art und Weise und den Grund gemacht werden können.

→ **Seite 235 f.,** zusammengesetzte Sätze, Satzglieder

4. Umformen

1 In der Erzählung „Ein geheimnisvoller Knochen“ auf Seite 124 findest du diesen Satz:

Wegen seiner Größe hielten wir ihn für einen Dinoknochen.

Schreibe den Satz ab. Suche darin die Adverbialbestimmung und markiere sie.
- Wie muss man nach ihr fragen?
- Was für eine Adverbialbestimmung ist es?

→ **Seite 137 f., 235 f.,** Nebensätze; Satzgefüge

2 Lies den Satz in beiden Fassungen laut vor. Beschreibe, was sich darin verändert.

Wegen seiner Größe Weil er so groß war,	hielten wir ihn für einen Dinoknochen.

TIPP!
Eine weitere Übung zu Adverbialsätzen findest du im Internet. Nutze den Online-Link.

Online-Link
313173-0126

3 Verändere die folgenden Sätze, indem du die Adverbialbestimmungen umformst. Schreibe die Sätze wie im Beispiel auf. Vergiss die Kommas nicht.

1. Vor lauter Aufregung vergaßen wir beim Graben die Zeit.
   → *Weil wir so aufgeregt waren, vergaßen wir die Zeit.*
2. Aus Langeweile dachten wir uns einen Streich aus.
   → *Weil wir uns langweilten, ...*
3. Steffen wachte um Mitternacht auf.
   → *Als es Mitternacht war, ...*
4. Wegen eines unheimlichen Geräusches stieß er einen lauten Schrei aus.
   → *Weil das Geräusch so unheimlich war, ...*

→ **Seite 137 f., 235 f.,** Haupt- und Nebensätze

Merke

Adverbialbestimmungen können auch die Form von Nebensätzen haben. Man nennt diese Nebensätze auch Adverbialsätze z. B.:
Die Kinder dachten sich einen Streich aus, weil sie sich langweilten.

4 Lies das Ende der Geschichte „Eine unruhige Nacht in der Jugendherberge“ von Seite 122.

Eine unruhige Nacht in der Jugendherberge (Teil II)

Ausgerechnet Steffen, der von allen Jungen die größte Klappe hat, musste das passieren:
Er wachte auf. Er hatte geschlafen.
Er schaute zur Tür. Er sah einen Schatten.
Er versteckte sich voller Entsetzen. Er sah, dass sich der Schatten bewegte. Er erkannte eine menschenähnliche Gestalt.
Er rief nach dem Klassenlehrer.
Das Licht ging an. Prustend vor Lachen setzte unsere Klassensprecherin Meike die Maske ab …

5 EXTRA Ergänze die Sätze mit Adverbialbestimmungen, die entweder die Form von Wortgruppen (a) oder die Form von Nebensätzen (b) haben können.
Entscheide dich für die Form, die dir am besten gefällt.
Schreibe dann deine Fassung auf.

a) Adverbialbestimmungen in Form von Wortgruppen
um Mitternacht – unruhig – wegen eines seltsamen Geräusches – an der Türkante – unter der Decke – hin und her – beim genauen Hinsehen – vor lauter Angst – nach einigen Sekunden

→ **Seite 124 f.,** Adverbialbestimmungen

b) Adverbialbestimmungen in Form von Nebensätzen
als es Mitternacht schlug – während er sich von einer Seite auf die andere gewälzt hatte – weil er ein seltsames Geräusch gehört hatte – wo die Zimmertür war – indem er die Decke über den Kopf zog – indem er von einer Zimmerseite zur anderen wechselte – als er genau hinsah – weil er Angst hatte – nachdem ein paar Sekunden vergangen waren

→ **Seite 126, 235 f.,** Adverbialsätze

6 EXTRA Vergleiche deine Fassung mit denen deiner Mitschüler.
Sprecht darüber, welche der beiden Möglichkeiten euch jeweils besser gefällt, z. B.:

Um Mitternacht wachte er auf. → Als es Mitternacht schlug, wachte er auf.

Umstellen und Ersetzen

1 Stelle die folgenden Sätze so oft wie möglich um. Umrahme das Prädikat und die Satzglieder, z. B.:

– In der vergangenen Nacht | bekam | Herr Nussbaum | unliebsamen Besuch.

– Unliebsamen Besuch | bekam | …

1. Herr Nussbaum bekam in der vergangenen Nacht unliebsamen Besuch.
2. Jemand hatte ihm die Briefmarkensammlung aus dem Schrank gestohlen.
3. Der Dieb war durch das Fenster in die Wohnung eingedrungen.
4. Er hatte den Schrank mit einem Dietrich geöffnet.

2 Übernimm die folgende Tabelle in dein Heft und trage die Satzglieder aus den Sätzen ein.

Subjekt	**Prädikat**	**Akkusativobjekt**	**Dativobjekt**	**Adverbialbestimmungen**
Wer? oder Was?	Was geschieht?	Wen? oder Was?	Wem?	Wann? Wo? Warum? …
…	bekam Besuch	…	…	…
…	hatte gestohlen	…	…	…

TIPP!
Manchmal musst du den gesamten Satz etwas verändern.

3 Ersetze in den folgenden Sätzen die unterstrichenen Wörter durch Wörter mit gleicher oder ähnlicher Bedeutung. Du kannst dazu die Wörter unten nutzen, z. B.: 1. Der Detektiv prüfte genau …

1. Der Detektiv <u>betrachtete</u> <u>aufmerksam</u> <u>den Zettel</u> mit der geheimen Botschaft.
2. <u>Sehr schnell</u> konnte er die geheime <u>Botschaft</u> <u>enträtseln</u>.
3. <u>Der Dieb</u> war durch das Fenster in <u>die Wohnung</u> <u>eingedrungen</u>.
4. Er hatte den Schrank <u>wahrscheinlich</u> mit einem Dietrich <u>geöffnet</u>.

prüfen, ansehen, untersuchen, anschauen – genau, konzentriert, nachdenklich – Blatt, Papier, Seite – rasch, augenblicklich, nach kurzer Zeit – Mitteilung, Nachricht, Information – erschließen, entschlüsseln, verstehen – Einbrecher, Eindringling, Täter – Zimmer, Haus, Raum, Gebäude – hereinkommen, gelangen, betreten – sicherlich, bestimmt, zweifellos – aufgebrochen, aufgemacht

Erweitern und Umformen

1 Erweitere die Sätze durch die in Klammern stehenden Adverbialbestimmungen, z. B.:

1. *Sofort untersuchte auch die Versicherungsgesellschaft den Fall.*

1. Auch die Versicherungsgesellschaft untersuchte den Fall. (sofort)
2. Sie war brennend an seiner Aufklärung interessiert. (wegen der hohen Versicherungssumme)
3. Sie schickte Detektiv Brause zu Herrn Nussbaum. (in die Wohnung)
4. Kommissar Kniepel hatte aber den Fall aufgeklärt. (inzwischen)
5. Herr Nussbaum hatte versucht, den Diebstahl seiner Briefmarkensammlung vorzutäuschen. (geschickt)

2 Wie werden die Adverbialbestimmungen aus Aufgabe 1 erfragt? Notiere die Fragen in einer Tabelle, z. B.:

Adverbialbestimmungen			
des Ortes (Lokalbestimmung)	**der Zeit (Temporalbestimmung)**	**der Art und Weise (Modalbestimmung)**	**des Grundes (Kausalbestimmung)**
…	*Wann?*	…	…
…	*sofort*	…	…

3 Forme die unterstrichenen Adverbialbestimmungen in Nebensätze um. Nutze dazu die Wörter, die in Klammern stehen, z. B.:

1. *Auch die Versicherungsgesellschaft befasste sich, kurz nachdem der Diebstahl passiert war, mit dem Fall.*

1. Auch die Versicherungsgesellschaft befasste sich umgehend mit dem Fall. (kurz nachdem der Diebstahl passiert war)
2. Wegen der hohen Versicherungssumme wollte sie eigene Ermittlungen anstellen. (weil die Briefmarkensammlung hoch versichert war)
3. Aber Kommissar Kniepel hatte den Fall schon vor Eintreffen des Versicherungsdetektivs aufgeklärt. (bevor der Versicherungsdetektiv eintraf)
4. Aufgrund seiner großen Geldgier hatte Herr Nussbaum einen Versicherungsbetrug geplant. (weil Herr Nussbaum sehr geldgierig war)

TIPP!
Beachte, dass Nebensätze von Hauptsätzen durch Kommas getrennt werden.

11 Über berühmte Leute

Online-Link
Hörverstehen
313173-0130

1 Lies die Anekdote oder lass sie dir vorlesen. Sage kurz, worum es darin geht.

Herbert Ihering

Die schlechte Zensur

Brecht, der schwach im Französischen war, und ein Freund, der schlechte Zensuren im Lateinischen hatte, konnten Ostern nur schwer versetzt werden, wenn sie nicht noch eine gute Klassenarbeit schrieben. Aber die lateinische Arbeit des Einen fiel ebenso schlecht aus wie die französische des Anderen.

Darauf radierte der Freund mit einer Rasierklinge einige Fehler in der Lateinarbeit aus und meinte, der Professor habe sich wohl verzählt. Der aber hielt das Heft gegen das Licht, entdeckte die radierten Stellen und eine Ohrfeige tat das Übrige. Brecht, der nun wusste, so geht das nicht, nahm rote Tinte und strich sich noch einige Fehler mehr an. Dann ging er zum Professor und fragte ihn, was hier falsch sei. Der Lehrer musste bestürzt zugeben, dass diese Worte richtig seien und er zu viele Fehler angestrichen habe. „Dann“, sagte Brecht, „muss ich doch eine bessere Zensur haben.“ Der Professor änderte die Zensur und Brecht wurde versetzt.

2 Lies die Anekdote noch einmal und notiere Stichworte zum Inhalt, z. B.:
- *Brecht und sein Freund sind versetzungsgefährdet*
- *eine Klassenarbeit soll entscheiden …*

Erzähle die Anekdote mithilfe der Stichworte nach. Achte darauf, dass die Pointe* deutlich wird.

* Pointe, die: (von französisch pointe → Spitze) witziger oder unerwarteter Schluss

3 EXTRA Versucht, mehr über Bertolt Brecht zu erfahren.

TIPP!
Wenn du mehr über Bertolt Brecht erfahren willst, nutze den Online-Link.

Online-Link
zu Bertolt Brecht
313173-0130

Merke

Eine Anekdote ist eine kleine Erzählung über ein bemerkenswertes Ereignis oder eine hervorstechende Charaktereigenschaft von Menschen, oft von berühmten Persönlichkeiten. Anekdoten sind meist straff und ohne große Ausschmückungen erzählt und enden häufig mit einer Pointe.

Einfach schlagfertig!

1 Auf Seite 132/133 findest du Anekdoten zu bekannten Persönlichkeiten. Wähle zwei Anekdoten aus, die dir am besten gefallen oder die du am besten vorlesen kannst.

TIPP!
Nutze dazu den Online-Link.

Online-Link
zu berühmten Leuten
313173-0131

2 Informiere dich über die Personen, die in den ausgewählten Anekdoten vorkommen.

3 Sprich in der Klasse darüber, was du über diese Personen erfahren hast, z. B.:

- Wie heißt die Person?
- Wann hat die Person gelebt?
- Was für einen Beruf hat die Person ausgeübt?
- Warum ist die Person berühmt?

4 Lies einem Partner die ausgewählten Anekdoten vor. Achte darauf, dass die Pointe deutlich wird. Mache dir vorher klar, welcher Satz die Pointe enthält.

5 Übe jetzt mit einem Partner, diese Anekdoten zu erzählen. Beachte dabei die Hinweise zum Erzählen einer Geschichte mit Pointe.

6 Erzählt die Anekdoten in der Klasse. Sprecht anschließend darüber, was euch an den Vorträgen besonders gefallen hat und was die Erzähler noch verbessern können.

→ **Seite 184 f.,** Ein Feedback geben

Arbeitstechnik

Eine Geschichte mit Pointe erzählen

1. Notiere in Stichworten alles Wichtige in der richtigen Reihenfolge.
2. Erzähle die Geschichte zunächst mithilfe der Stichworte nach:
   - Füge nichts Neues hinzu.
   - Gib die Pointe ganz genau, aber nicht zu früh wieder.
   - Erzähle im Präteritum.
3. Versuche jetzt, aus dem Gedächtnis zu erzählen. Unterstütze dabei die Erzählung mit Gestik und Mimik, verändere deine Stimme, wenn es nötig ist (z. B. wenn du etwas wiedergibst, das in der Geschichte in wörtlicher Rede steht, dann versuche so zu sprechen, wie die Figur deiner Meinung nach sprechen würde).

* Germanist, der: Wissenschaftler, der sich mit der deutschen Sprache und mit deutschsprachiger Literatur beschäftigt

Konrad Duden

Eine Dame stellte dem Hofrat Duden auf einer Gesellschaft eine Menge recht törichter Fragen. Als sie schließlich auch wissen wollte, ob die englische Sprache schwierig zu erlernen sei, antwortete der Germanist*: „Nicht im Geringsten. Sie brauchen nur anstelle der deutschen Wörter die englischen zu verwenden."

Konrad Adenauer

Vor einem Amerikaflug wurde der frühere Bundeskanzler Konrad Adenauer im Bonner Presseclub gefragt, ob er keine Angst habe, ein Flugzeug zu besteigen. Seine Antwort: „Im Gegenteil, meine Herren. Sie kennen doch die Redewendung: Es ist noch kein Meister vom Himmel gefallen."

Brigitte Bardot

Die französische Schauspielerin Brigitte Bardot wurde in ihrer Glanzzeit von zahlreichen Männern verehrt. Manch einer der Herren ging sogar so weit, ihr die Ehe anzutragen.
Einmal war es ein sehr reicher Mann, der der Bardot versprach, sie auf Händen zu tragen, wenn sie seine Frau würde. Sie müsse aber auch gehorchen, treu sein und schweigen.
Die Bardot tat verwundert. „Gehorchen? Treu sein? Schweigen? Was wollen Sie denn mit einer Frau? – Schaffen Sie sich lieber einen Hund an!", riet sie ihm.

Wilhelm Busch

Wilhelm Busch, der Verfasser der Bildgeschichten von Max und Moritz, wurde einmal für seine Technik und Genauigkeit beim Zeichnen gelobt: „Sie brauchen nur einen Strich zu machen und schon haben Sie ein lachendes Kind in ein weinendes verwandelt." – „Was ist das schon für ein Kunststück?", antwortete Busch. „Meiner Mutter gelang das früher sogar mit einem Besenstiel."

Heinrich Heine

„Warum sind deine Witze so boshaft?", wurde Heinrich Heine gefragt. „Weil ich human bin", erwiderte der Dichter, „andere tragen einen Degen bei sich."

Ernest Hemingway*

Hemingway ärgerte sich über einen Kollegen, der seinen Stil und seine Ideen ziemlich hemmungslos kopierte.
„Dem Schuft habe ich das Handwerk gelegt", erzählte Hemingway später. „Ich habe einfach zwei Jahre nichts mehr geschrieben. Da war er pleite."

* US-amerikanischer Schriftsteller

Theodor Fontane

Als der Dichter Theodor Fontane noch Apotheker im Bethanien-Krankenhaus war, hatte er sich ein möbliertes Zimmer gemietet. Am ersten Morgen sagte er nach dem Frühstück zu seiner Wirtin: „Frau Schulze, wenn das Kaffee war, hätte ich ab morgen gern Tee; wenn es aber Tee war, möchte ich ab morgen früh bitte Kaffee."

Franz Beckenbauer

In seiner aktiven Zeit wurde Franz Beckenbauer, einer der erfolgreichsten deutschen Fußballspieler überhaupt, vom Sportmoderator Harry Valerien einmal gefragt: „Herr Beckenbauer, Sie verdienen im Monat viermal so viel wie der Bundeskanzler. Worauf führen Sie das zurück?" Franz Beckenbauer ließ sich auf keine Grundsatzdiskussion ein, lächelte schelmisch und erwiderte: „Nun ja, der Bundeskanzler spielt eben nicht so gut Fußball wie ich!"

7 EXTRA Wähle einen Text auf dieser Doppelseite aus und weise nach, dass es sich dabei um eine Anekdote handelt. Lies dazu auch noch einmal den Merktext auf Seite 130.

8 EXTRA Sicher gibt es in deiner Umgebung auch besondere Ereignisse oder Erlebnisse, die man zur Unterhaltung anderer als Anekdoten erzählen kann.

- Untersuche die Klatschgeschichten über Prominente in bekannten Zeitschriften. Prüfe, ob sie sich zum Erzählen von Anekdoten in der Klasse eignen. Wähle eine Geschichte aus.
- Überlege, wie du diese Geschichte am besten erzählen könntest. Mache dir dazu Notizen.
- Trage die Anekdote in der Klasse vor.

TIPP!
Frage bei deinen Eltern, Großeltern, Freunden und Bekannten nach.

Ja, das hättest du auch gekonnt ...

Online-Link
Hörverstehen
313173-0134

1 Die folgende Geschichte hat schon eine Überschrift. Sie zeigt, um wen es darin geht. Man könnte ihr jedoch eine interessantere Überschrift geben, die noch neugieriger macht.
Lies die Geschichte und denke dir eine neue Überschrift aus.

Christoph Kolumbus

Herbert Lutz

Christoph Kolumbus

Man erzählt, dass der in der italienischen Stadt Genua geborene Seefahrer Christoph Kolumbus bei den spanischen Seefahrern viel Neid erregte, als er im Jahre 1492 im Auftrag des spanischen Königshauses Amerika entdeckte. Die spanischen Seefahrer behaupteten: „Das hätten wir auch gekonnt!“

Da sagte Kolumbus zu ihnen: „Sobald einer die Lösung einer schwierigen Aufgabe vorgemacht hat, kommt diese vielen einfach vor und sie behaupten, es sei keine Kunst gewesen. Ich will euch aber eine Aufgabe stellen, die noch keiner gelöst hat, damit ihr euer Können beweisen könnt.“

Mit diesen Worten nahm er ein Ei und forderte seine Kritiker auf, dieses so auf die Spitze zu stellen, dass es stehen bleibt.

Einer nach dem anderen versuchte das Ei auf seine Spitze zu stellen, aber es fiel immer wieder um, und sie wurden deshalb wütend und sagten: „Du verlangst Unmögliches von uns!“

Da nahm Kolumbus das Ei und setzte es mit Schwung auf die Tischplatte, sodass es an der Spitze leicht eingedrückt wurde und auf der eingedrückten Schale stehen blieb. „Das hätten wir auch gekonnt!“, riefen da seine Kritiker wieder.

„Ja, das hättet ihr auch gekonnt“, erwiderte Kolumbus. „Aber ich hatte die Idee und habe es gemacht. Das ist der Unterschied.“

TIPP!
Informationen findest du auf S. 174 und im Internet. Nutze dazu den Online-Link.

Online-Link
zu Kolumbus
313173-0134

2 Woran erkennt man, dass es sich bei der Geschichte um eine Anekdote handelt? Schreibe in Stichworten.

3 Erfinde eine Geschichte, die so endet: „... Ja, das hätte ich auch gekonnt!“ – „Aber ich habe es gemacht!“

4 Fertige ein Plakat an, das über Christoph Kolumbus informiert.
Es soll zeigen, was für ein Mensch er war, wann, wo und wie er gelebt hat und warum er berühmt wurde.

5 Lies die Geschichte und mache dir Notizen: Wer? Wann? Wo? Warum? Was? Wie?

Online-Link
Hörverstehen
313173-0135

Georg Friedrich Händel

Georg Friedrich Händel

Wie bezwingt man einen König?

Es war im Sommer 1715. Ich war damals äußerst erzürnt über Seine Majestät, den englischen König, meinen Herrn. Am liebsten hätte ich ihn gepackt und mit meinen Fäusten bearbeitet, bis er mich um Verzeihung gebeten und meine Entlassung zurückgenommen hätte – aber bezwingt man so einen König?

Wie ein gefangener Bär in seinem Käfig, so durchschritt ich meine Stube, hin, zurück, hin, zurück. Ich, der berühmte Hofkomponist Georg Friedrich Händel – gefeuert! Wie sollte ich den König nur umstimmen?

„Mit Musik!“, dachte ich schließlich. „Anders kann ich es nicht – oder gar nicht!“ Und wie oft hatte ich den König schon begeistert und erfreut mit meiner Musik! Noch an diesem Tag komponierte ich ein mitreißendes Stück und studierte es mit meinem kleinen Orchester ein. Es war wirklich schwungvoll! Die Leute in London würden dazu auf der Straße tanzen. Aber wie sollte ich es dem König überhaupt zu Gehör bringen? Er wollte mich ja nicht mehr empfangen!

Nach langem Brüten hatte ich schließlich die erlösende Idee: Ich wusste, dass der Herrscher mit seinem Gefolge an diesem Abend eine Kahnfahrt auf der Themse unternehmen wollte. Also mietete ich ebenfalls ein Boot, groß genug für mich und meine Kapelle, und wir verfolgten das königliche Boot. Eine äußerste Ungehörigkeit! Wenn das nur gut ging!

Schon waren wir auf Sichtweite des Königs gerudert. Ich blickte in sein Gesicht: Es war finster vor Ärger! Schnell mahnte ich meine Musikanten: „Wer einen Einsatz verpasst oder danebenbläst, den werfe ich eigenhändig in den Fluss!“ Sie kannten meine Kraft und meinen Jähzorn – und gaben ihr Bestes.

Auf dem königlichen Boot verstummte das Geplauder – die Damen und Herren lauschten. Ich sah nichts als das Gesicht des Königs, während ich dirigierte: Zuerst war es streng und angespannt, dann aber begann er zu lächeln und schließlich klatschte er Beifall.

Ich hatte den König bezwungen – mit Musik!*

TIPP!
Wenn du mehr über den Komponisten erfahren willst, nutze den Online-Link.

Online-Link
zu Händel
313173-0135

* Diese Musik von Georg Friedrich Händel wurde berühmt unter dem Namen „Wassermusik“. Ein unglaublicher, aber wahrer Vorfall!

6 Schreibe die Geschichte kurz aus der Sicht eines Er-Erzählers auf. Lass Einzelheiten, die für die Handlung ohne Bedeutung sind, weg, z. B.:
Im Sommer 1715 hatte sich Händel über den englischen König geärgert, …

Witzige Erfindungen

Erfinder:
Friedrich Schneider (63 J.)

Erfinderin:
Iris Kloster (16 J.)

Erfinder:
Johannes Danner (12 J.)

Erfinder:
Robert Forster (14 J.)

Online-Link
zu Erfindungen
313173-0136

1 Ordne zu und erkläre, wozu diese Erfindungen dienen, z. B.:

4 a) Der Baumbrandlöscher dient dazu, brennende Weihnachtsbäume rechtzeitig zu löschen und Wohnungsbrände zu verhindern.

a) Baumbrandlöscher für Christbäume
b) Fahrradkehrmaschine
c) „Gnadenloses Bett", in dem man nicht verschlafen kann (kippt den Schläfer 5 Minuten nach dem Weckruf aus dem Bett)
d) Spazierstock mit eingebautem Weidezaungenerator zur Abwehr von frei laufenden Tieren

2 Hier ist etwas durcheinander geraten. Verbinde die Sätze links mit den passenden Nebensätzen rechts, z. B.:

1. f) Der schnelle Speiseeiskugelformer ist eine Erfindung, mit der die Wartezeit in Eisdielen verkürzt wird.

TIPP!
Beachte, dass Nebensätze von Hauptsätzen durch Kommas getrennt werden.

Man muss nur Ideen haben

1. Der schnelle Speiseeiskugelformer ist eine Erfindung.
2. Die Pizzateilmaschine teilt Pizza und Gebäck gerecht auf.
3. Ein Fahrradschloss hält mit akustischer Alarmanlage Diebe fern.
4. Ein Schüler erfand ein Snowboard mit Motorfahrwerk.
5. Eine Notenumblättermaschine ist beim Musizieren sehr praktisch.
6. Mit einem Lautstärkeminderer für Trompeten kann man auch abends noch üben.
7. Fahrräder können mit einem speziellen Airbag ausgestattet werden.
8. An Trolleykoffern sind Rollen befestigt.

a) weil die Nachbarn nicht gestört werden
b) der Stürze und Unfälle viel ungefährlicher macht
c) wenn man beide Hände für das Instrument braucht
d) sodass alle ein gleich großes Stück bekommen
e) während Fahrräder unbeaufsichtigt abgestellt sind
f) mit der die Wartezeit in Eisdielen verkürzt wird
g) damit man sie nicht immer tragen muss
h) das Schneehänge auch hinauffährt

3 Lies die Merksätze unten. Erkläre die Begriffe *Hauptsatz* und *Nebensatz* am Beispiel deiner Sätze aus Aufgabe 2.

4 Unterstreiche in den Sätzen aus Aufgabe 2 alle Wörter, die die Nebensätze mit den Hauptsätzen verbinden. Verwende dabei für die *Konjunktionen* und die *Relativpronomen* unterschiedliche Farben.

Merke

Selbstständige Sätze können für sich allein stehen. Man nennt sie **Hauptsätze.**
Unselbstständige Sätze können nicht für sich allein stehen. Sie heißen **Nebensätze.** Wörter wie *weil, wenn, sodass, während, damit* nennt man **Konjunktionen** (Bindewörter). Sie leiten Nebensätze ein. Wörter wie *welcher, welches, welche* und *der, die, das,* (für) *den,* (mit) *dem* sind **Relativpronomen.** Auch sie leiten Nebensätze ein.

→ **Seite 110 f., 235 f.,** Hauptsätze, Nebensätze, Konjunktionen, Relativpronomen

→ **Seite 232,** Wortarten (Übersicht)

2 Lies den Text und setze die richtigen Konjunktionen ein.

als | da | damit | weil

sodass | wenn | falls | obwohl

Die erste Bewährungsprobe

Bertha Benz

Bertha Benz wurde 1849 in Pforzheim als Tochter des Zimmermeisters Karl Friedrich Ringer geboren und heiratete am 20. Juli 1872 im Alter von 23 Jahren Carl Benz. Ihr Mann hatte das erste Automobil gebaut, aber nur kurze Probefahrten in die nähere Umgebung unternommen, ✎ er 1886 das erste Patent für sein Automobil erhalten hatte. Zu einer längeren Testfahrt fehlte ihm der Mut, ✎ er noch mit vielen kleinen Fehlern an seiner Erfindung rechnete. Aber seine Frau Bertha hatte mehr Vertrauen in das Fahrzeug. Sie entschloss sich zur ersten Testfahrt in der Geschichte des Autos, ✎ sich die Fachwelt von der Zuverlässigkeit des Patent-Motorwagens überzeugen konnte.
An einem frühen Augustmorgen im Jahr 1888 machte sie sich mit ihren beiden Söhnen Eugen und Richard heimlich auf den Weg, ✎ ihr schlafender Mann nicht protestieren konnte. Sie wollten nach Pforzheim, ✎ dort die Eltern von Bertha Benz lebten. Ein paar Probleme gab es schon: Die Tankfüllung reichte nicht für die rund 100 Kilometer lange Strecke. Es gab noch keine Tankstellen, ✎ die Reisenden das kostbare Benzin unterwegs in einer Apotheke kaufen mussten, ✎ der Tank leer war. Und ✎ die Lederbremsen bei der „rasenden" Fahrt die Berge hinunter zerfetzten, mussten sie vom Dorfschuster neu bezogen werden. Doch abends kamen die drei glücklich in Pforzheim an und auch die Rückfahrt gelang. Die erste große Testfahrt war erfolgreich verlaufen, ✎ nicht einmal der Erfinder selbst daran geglaubt hatte.
Schon vor ihrer Hochzeit hatte übrigens die weitsichtige Bertha Benz die Erfindung des Autos sehr gefördert, ✎ sie all ihr Geld in die kleine Motorenfabrik von Carl investiert hatte. So ermöglichte sie ihrem Mann die Entwicklungsarbeit.

3 Wie wurde denn das erfunden?
Zu jeder Frage gehören zwei Antwortsätze. Suche sie und verbinde sie zu einem einzigen Satz, z. B.:

3. Thomas Edison baute 1879 einen Glühfaden in eine luftleer gepumpte Glasbirne ein, aber …

1. **Wie wurde das Mikroskop erfunden?**
2. **Wie wurde der Blitzableiter erfunden?**
3. **Wie wurde die elektrische Glühbirne erfunden?**

a) Thomas Edison baute 1879 einen Glühfaden in eine luftleer gepumpte Glasbirne ein. Aber: Sein erster Glühfaden bestand aus verkohlter Baumwolle und nicht aus Metall.
b) Der holländische Brillenmacher Hans Janssen und sein Sohn Zacharias verwendeten 1590 nicht nur eine Linse zum Vergrößern. Sondern: Sie nahmen dafür zwei hintereinander angeordnete Linsen.
c) Der amerikanische Naturwissenschaftler Benjamin Franklin hatte 1752 die Idee zum ersten Blitzableiter. Denn: Er hatte den Einschlag eines Blitzes in einen fliegenden Drachen beobachtet.

4 Stelle fest, ob du die Sätze beim Verbinden verändert hast.
Die Sätze aus Aufgabe 3 nennt man Satzreihen. Vergleiche die Satzreihen mit Satzgefügen. Lies dazu den Merksatz auf Seite 138 und auf Seite 141 durch.

5 EXTRA In den folgenden zwei Sätzen kann man ein Komma setzen, aber auch einen Punkt. Was meinst du, wie passt es besser? Begründe.

Suchen Sie nicht länger nach Notlösungen. Unsere Erfinder haben immer die besseren Lösungen.
oder
Suchen Sie nicht länger nach Notlösungen, unsere Erfinder haben immer die besseren Lösungen.

Merke

Konjunktionen wie *sondern, aber, denn* leiten einen Hauptsatz ein. Verbindungen aus Hauptsätzen nennt man **Satzreihen**.

HS ______, HS ______.

→ **Seite 232,** Wortarten (Übersicht)

→ **Seite 235 oben,** Satzreihen

12 Unterhaltsame Belehrungen

Kalendergeschichten

Seit der Erfindung des Buchdrucks 1456 wurden Jahreskalender herausgegeben. Darin wurden unter anderem kurze, unterhaltsame Geschichten abgedruckt. Weil die Geschichten in Kalendern veröffentlicht wurden, nannte man sie Kalendergeschichten.

Online-Link
Hörverstehen
313173-0144

1 Lies die Geschichte. Notiere zu jedem Abschnitt den wichtigsten Gedanken.

Johann Peter Hebel

Das Mittagessen im Hof

Man klagt häufig darüber, wie schwer und unmöglich es sei, mit manchen Menschen auszukommen. Das mag denn freilich auch wahr sein. Indessen sind viele von solchen Menschen nicht schlimm, sondern nur wunderlich; und wenn man sie nur immer recht kennete, inwendig und auswendig, und recht mit ihnen umzugehen wüsste, nie zu eigensinnig und nie zu nachgiebig, so wäre mancher wohl und leicht zur Besinnung zu bringen. Das ist doch einem Bedienten mit seinem Herrn gelungen. Dem konnte er manchmal gar nichts recht machen und musste vieles entgelten, woran er unschuldig war, wie es oft geht.

So kam einmal der Herr sehr verdrießlich nach Hause und setzte sich zum Mittagessen. Da war die Suppe zu heiß oder zu kalt oder keines von beiden; aber genug, der Herr war verdrießlich.

Er fasste daher die Schüssel mit dem, was darinnen war, und warf sie durch das offene Fenster in den Hof hinab. Was tat hierauf der Diener? Kurz besonnen warf er das Fleisch, welches er eben auf den Tisch stellen wollte, mir nichts, dir nichts, der Suppe nach auch in den Hof hinab, dann das Brot, dann den Wein und endlich das Tischtuch mit allem, was noch darauf war.

„Verwegener, was soll das sein?", fragte der Herr und fuhr mit drohendem Zorn von dem Sessel auf.

Aber der Bediente erwiderte ganz kalt und ruhig: „Verzeihen Sie mir, wenn ich Ihre Meinung nicht erraten habe. Ich glaubte nicht anders, als Sie wollten heute in dem Hofe speisen. Die Luft ist so heiter, der Himmel so blau, und sehen Sie nur, wie lieblich der Apfelbaum blüht, und wie fröhlich die Bienen ihren Mittag halten!" [...]

2 Die Geschichte „Das Mittagessen im Hof" ist eine Kalendergeschichte. Überlegt gemeinsam:
- Warum wirft der Herr die Suppe aus dem Fenster?
- Wie reagiert der Diener darauf und wie begründet er sein Verhalten?

→ **Seite 255,** Textartenverzeichnis (Kalendergeschichte)

3 Schreibe die Geschichte vom „Mittagessen im Hof" zu Ende.

4 Vergleicht eure Lösungen.

5 Lies jetzt, wie der Autor Johann Peter Hebel die Geschichte beendet hat:

Diesmal die Suppe hinabgeworfen und nimmer! Der Herr erkannte seinen Fehler, heiterte sich im Anblick des schönen Frühlingshimmels auf, lächelte heimlich über den schnellen Einfall seines Aufwärters* und dankte ihm im Herzen für die gute Lehre.

* Aufwärter, der: Diener

6 Sprecht über die Gemeinsamkeiten und Unterschiede zwischen diesem Schluss und euren Texten.

7 In der Geschichte heißt es, der Herr „dankte ihm im Herzen für die gute Lehre". Was bedeutet es, wenn man sich bei jemandem „im Herzen" bedankt? Besprecht es in der Klasse.

8 Besprecht: Welchen Fehler hat der „Herr" gemacht? Welche Lehre hat er daraus gezogen?

9 Informiere dich über die Merkmale von Kalendergeschichten. Schreibe in Stichworten auf, warum es sich bei dem Text „Das Mittagessen im Hof" um eine Kalendergeschichte handelt.

10 EXTRA Erzähle die Geschichte mit eigenen Worten nach. Nutze deine Notizen aus Aufgabe 1.

Merke

1456 erfand Johann Gutenberg den Buchdruck. Seit dieser Zeit wurde es üblich, Jahreskalender herzustellen, in denen viel Nützliches, Unterhaltsames und Lehrreiches abgedruckt wurde. So zum Beispiel auch kürzere, witzige und zugleich lehrreiche Geschichten und Anekdoten. Auf diese Weise entstanden die *Kalendergeschichten*, denn die Geschichten wurden nach dem Ort ihrer Veröffentlichung benannt. Auch heute noch werden in vielen Jahreskalendern solche Geschichten abgedruckt.

TIPP!
Wenn du noch mehr über Gutenberg und die Erfindung des Buchdrucks erfahren willst, nutze den Online-Link.

Online-Link zu Gutenberg 313173-0145

Kalendergeschichten zur Auswahl

Online-Link
Hörverstehen
313173-0146

Arbeitet in zwei Gruppen. Achtet darauf, dass die Gruppen gleich groß sind. Wählt A (Seite 146) oder B (Seite 147).

A: Ihr lest die Geschichte „Der Floh".

Kurt Tucholsky

Der Floh*

Im Departement** du Gard – ganz richtig, da, wo Nimes liegt und der Pont du Gard: im südlichen Frankreich –, da saß in einem Postbüro ein älteres Fräulein als Beamtin, die hatte eine böse Angewohnheit: Sie machte ein bißchen die Briefe auf und las sie. Das wußte alle Welt. Aber wie das so in Frankreich geht: Concierge***, Telefon und Post, das sind geheiligte Institutionen, und daran kann man schon rühren, aber daran darf man nicht rühren, und so tut es denn auch keiner.

Das Fräulein also las die Briefe und bereitete mit ihren Indiskretionen**** den Leuten manchen Kummer.

Im Departement wohnte auf einem schönen Schlosse ein kluger Graf. Grafen sind manchmal klug, in Frankreich. Und dieser Graf tat eines Tages folgendes: Er bestellte sich einen Gerichtsvollzieher auf das Schloß und schrieb in seiner Gegenwart an einen Freund:

Lieber Freund!

Da ich weiß, daß das Postfräulein Emilie Dupont dauernd unsere Briefe öffnet und sie liest, weil sie vor lauter Neugier platzt, sende ich Dir anliegend, um ihr das Handwerk zu legen, einen lebendigen Floh.

Mit vielen schönen Grüßen Graf Koks.

Und diesen Brief verschloß er in Gegenwart des Gerichtsvollziehers. Er legte aber keinen Floh hinein. Als der Brief ankam, war einer drin.

* Aus lizenzrechtlichen Gründen ist dieser Text nicht in reformierter Rechtschreibung gedruckt.

** Departement, das: Verwaltungsbezirk

*** Concierge, der/die: (franz.) Pförtner/Pförtnerin, Hausmeister

**** Indiskretion, die: Mangel an Verschwiegenheit (jemand interessiert sich für Dinge, die ihn nichts angehen und er behält das, was er erfahren hat, nicht für sich)

1 Beantworte die folgenden Fragen zum Inhalt.
1. Wo spielt die Geschichte?
2. Was machte die Beamtin im Postbüro?
3. Wieso bereitete die Postbeamtin anderen Leuten Kummer?
4. Warum holte der Graf beim Versenden seines Briefes einen Gerichtsvollzieher?
5. Was schrieb er seinem Freund?

2 Erzähle die Geschichte mithilfe deiner Antworten einem Partner aus der anderen Gruppe.

→ **Seite 245,** Arbeitstechnik „Eine Geschichte mit eigenen Worten nacherzählen"

B: Ihr lest die Geschichte „Das seltsame Rezept".

Nach Johann Peter Hebel

Das seltsame Rezept

① Es ist sonst kein Spaß dabei, wenn man ein Rezept in die Apotheke tragen muss. Aber vor langen Jahren war es doch einmal ein Spaß.

② Da hielt ein Mann von einem entlegenen Hof eines Tages mit dem Wagen und zwei Stieren vor der Stadtapotheke an, lud eine große Stubentür* ab und trug sie hinein.

③ Der Apotheker machte große Augen und sagte: „Was wollt Ihr da, guter Freund, mit eurer Stubentüre? Der Schreiner wohnt zwei Häuser weiter."

④ Der Mann antwortete, dass der Doktor bei seiner kranken Frau gewesen sei und ihr eine Medizin habe verordnen wollen. Es sei jedoch in dem ganzen Haus keine Feder, keine Tinte und kein Papier gewesen, nur Kreide.

⑤ Da habe der Herr Doktor das Rezept an die Stubentüre geschrieben, und nun soll der Herr Apotheker so gut sein und die Medizin herstellen.

⑥ Also, wenn es nur gutgetan hat. Wohl dem, der sich in der Not zu helfen weiß.

Online-Link
Hörverstehen
313173-0147

* Stubentür, die: Zimmertür

1 Ordne den Abschnitten der Geschichte die passenden Überschriften zu, z. B.: *1d); …*

a) Der erstaunte Apotheker
b) Die Stubentür als Rezept
c) Die Lehre aus der Geschichte
d) Krankheit ist kein Spaß
e) Der Mann mit der Stubentür
f) Der Besuch des Arztes

2 Beantworte die folgenden Fragen zum Inhalt.
1. Wo spielt die Geschichte?
2. Von wo kam der Mann in die Apotheke?
3. Warum wunderte sich der Apotheker?
4. Wie erklärte der Mann dem Apotheker sein ungewöhnliches Auftreten?
5. Welche Lehre kann man aus der Geschichte ziehen?

3 Erzähle die Geschichte mithilfe deiner Antworten einem Partner aus der anderen Gruppe.

Lehrreich

> **TIPP!**
> Du kannst dir die Geschichte auch anhören und dir dabei Notizen zum Inhalt machen.

Online-Link
Hörverstehen
313173-0148

1 Lies die folgende Kalendergeschichte und mache dir zu den einzelnen Abschnitten Notizen.

Johann Peter Hebel

Der kluge Richter

Ein reicher Mann hatte eine beträchtliche Geldsumme, welche in ein Tuch eingenäht war, aus Unvorsichtigkeit verloren. Er machte daher seinen Verlust bekannt und bot, wie man zu tun pflegt, dem ehrlichen Finder eine Belohnung – und zwar von hundert Talern*.

Da kam bald ein guter und ehrlicher Mann dahergegangen. „Dein Geld habe ich gefunden. Dies wird's wohl sein. So nimm dein Eigentum zurück." So sprach er mit dem heitern Blick eines ehrlichen Mannes und eines guten Gewissens – und das war schön. Der andere machte auch ein fröhliches Gesicht, aber nur, weil er sein verloren geschätztes Geld wiederhatte. Denn wie es um seine Ehrlichkeit aussah, das wird sich bald zeigen. Er zählte das Geld und dachte unterdessen geschwind nach, wie er den treuen Finder um seine versprochene Belohnung bringen könnte. „Guter Freund", sprach er hierauf, „es waren eigentlich 800 Taler in dem Tuch eingenäht. Ich finde aber nur noch 700 Taler. Ihr werdet also wohl eine Naht aufgetrennt und Eure 100 Taler Belohnung schon herausgenommen haben. Da habt Ihr wohl daran getan. Ich danke Euch."

Das war nicht schön. Aber wir sind auch noch nicht am Ende. Ehrlich währt am längsten und Unrecht schlägt seinen eigenen Herrn. Der ehrliche Finder, dem es weniger um die 100 Taler als um seine unbescholtene Rechtschaffenheit zu tun war, versicherte, dass er das Päcklein so gefunden habe … Am Ende kamen sie vor den Richter. Beide bestanden auch hier noch auf ihrer Behauptung: der eine, dass 800 Taler seien eingenäht gewesen, der andere, dass er von dem Gefundenen nichts genommen und das Päcklein nicht versehrt habe. Da war guter Rat teuer.

Aber der kluge Richter, der die Ehrlichkeit des einen und die schlechte Gesinnung des andern im Voraus zu kennen schien, griff die Sache so an: Er ließ sich von beiden über das, was sie aussagten, eine feste und feierliche Versicherung geben – und tat hierauf folgenden Ausspruch: „Demnach, und wenn der eine von euch 800 Taler verloren, der andere aber nur ein Päcklein von 700 Talern gefunden hat, so kann das Geld des Letzteren nicht das nämliche sein, auf welches der Erste ein Recht hat. Du, ehrlicher Freund, nimmst also das Geld, welches du gefunden hast, wieder zurück und behältst es in guter Verwahrung, bis der kommt, welcher nur 700 Taler verloren hat. Und dir da weiß ich keinen Rat, als du geduldest dich, bis derjenige sich meldet, der deine 800 Taler findet." So sprach der Richter – und dabei blieb es.

*Taler, der: (seit dem 15. Jahrhundert) große Silbermünze

2 Beantworte folgende Fragen mithilfe deiner Notizen aus Aufgabe 1.
1. Wer hat Geld verloren?
2. Wer hat es gefunden?
3. Warum kommen beide vor den Richter?
4. Was lässt sich der Richter von beiden geben?
5. Wie entscheidet der Richter?
6. Welche Lehre kann man aus dieser Geschichte ziehen?

3 Erzähle die Geschichte mit eigenen Worten schriftlich nach. Beachte, dass du bestimmte Einzelheiten genau erzählen musst.

→ **Seite 245,** Arbeitstechnik „Eine Geschichte mit eigenen Worten nacherzählen“

4 Weise nach, dass es sich bei der Geschichte „Der kluge Richter“ um eine Kalendergeschichte handelt.

5 Worum geht es in der folgenden Geschichte? Lies die Geschichte oder höre sie dir an. Gib dann den Inhalt mit eigenen Worten wieder.

Online-Link
Hörverstehen
313173-0149

Wilhelm Busch

Eine Nachtgeschichte

Vor einiger Zeit kehrte spät abends im „Goldenen Löwen“ zu Kassel ein elegant*, aber nachlässig gekleideter Fremder ein, der augenscheinlich eine längere Fußtour gemacht hatte. Aus seinen schmerzlichen Zügen** sprach eine stille Verzweiflung, ein heimlicher Kummer musste seine Seele belasten. Er aß nur äußerst wenig und ließ sich bald sein Schlafzimmer anweisen.
Es mochte wohl eine Viertelstunde später und nahezu Mitternacht sein, als der Kellner an Nr. 6, dem Zimmer des Fremden, vorüberkam. Ein lautes, herzzerreißendes Stöhnen drang daraus hervor. Dem erschrockenen Kellner erstarrte das Blut in den Adern. Irgendetwas Entsetzliches musste da vorgehen. Schleunige Hilfe tat not; er stürzte also zur Polizei.
Unterdessen hat die Regierungsrätin*** v. Z., welche in Nr. 7 schläft, dieselbe schreckliche Entdeckung gemacht und bereits das ganze Wirtshaus in Alarm gebracht, bis der Kellner mit der Polizei zurückkam. Man dringt nun sofort in das Zimmer des Fremden.
Aber leider kam jede Hilfe zu spät; denn er hatte bereits in Ermangelung eines anderen Instrumentes mit eigener Hand unter Schmerzen und Wehklagen seine engen Stiefel ausgezogen.

* elegant: geschmackvoll

** schmerzliche Züge: vor Schmerz verzogenes Gesicht

*** Regierungsrat, der: Titel, Amtsbezeichnung für einen Beamten im höheren Dienst (früher wurden Frauen oft mit der weiblichen Form des Titels, den ihr Mann hatte, angeredet)

6 Prüfe, ob es sich bei dieser Geschichte um eine typische Kalendergeschichte handelt. Notiere deine Ergebnisse.

Ein voller Kalender

Katja Hülsmann am Apparat.

Hallo Katja, hier ist Kemal. Gut, dass du schon wach bist, so früh am Morgen … Sag mal, hast du Lust, morgen Nachmittag mit mir schwimmen zu gehen?

Eine gute Idee, aber montags kann ich nicht. Da hab ich Tischtennis-AG.

Und geht's am Dienstagabend? Da ist das Bad doch bis 20 Uhr geöffnet.

Nein, tut mir leid, dienstags ginge eigentlich schon, aber übermorgen muss ich auf meinen kleinen Bruder aufpassen. Da gehen meine Eltern kegeln.

Und Mittwochnachmittag? Oder Donnerstag?

Tja, also mittwochnachmittags habe ich doch Eishockey und donnerstags gehe ich reiten. Und freitags ist es auch schlecht, weil ich mittags bei meiner Oma esse. Und nachmittags gehe ich zur Tanzstunde.

Dann gehen wir eben Samstag. Am Samstag hast du doch Zeit, oder?

Na ja, weißt du, morgens schlafe ich aus, nachmittags helfe ich meiner Mutter und abends gehe ich auf die Party im Jugendklub. Da war ich gestern Abend auch. Du musst unbedingt mal mitkommen.

Dann gehen wir eben jetzt gleich. Los, pack deine Sachen.

Jetzt gleich? Das ist eine gute Idee. Mir ist sonntags immer so langweilig.

1 Übernimm die Tabelle in dein Heft. Trage die Zeitangaben aus den Sprechblasen auf Seite 150 ein. Du kannst auch weitere Zeitangaben ergänzen.

Diese Wörter sind *Adverbien*. Sie werden immer kleingeschrieben.	**Diese Wörter sind *Substantive/ Nomen*. Sie werden immer großgeschrieben.**
morgens	der (am) Morgen

→ **Seite 38, 237,** Rechtschreibstrategie „Großschreibung von Wörtern"

2 Das Wort MORGEN steht in beiden Spalten der Tabelle. Es kann zwei Bedeutungen haben. Ergänze:

Es war an einem schönen MORGEN im Mai. Das Wort MORGEN kann die ersten Stunden des Tages bedeuten. Dann ist es ein Nomen (Substantiv) und wird ... geschrieben. „Ich möchte euch MORGEN zum Abendessen einladen." Das Wort MORGEN kann am nächsten Tag bedeuten. Dann ist es ein Adverb und wird ... geschrieben.

3 Schreibe ab und ergänze die fehlenden Buchstaben.

Heute oder ?orgen Abend würde es mir gut passen.
Ich jogge jeden ?orgen.
Heute ?orgen wäre ich fast zu spät gekommen.
Bitte rufen Sie uns ?orgen während der Bürostunden an.

4 EXTRA Schreibe den Text mit richtiger Groß- und Kleinschreibung auf.

ANDRÉ HAT SEINE FREUNDIN SVENJA GESTERN MORGEN SCHON FÜR HEUTE ABEND INS KINO EINGELADEN. DORT TREFFEN SIE SICH OFT FREITAGS. WEIL SVENJA DANACH ZU GABY ZUM GEBURTSTAG GEHT, KOMMT SIE ERST NACHTS NACH HAUSE. ABER MORGEN IST JA WOCHENENDE.

Merke

Wörter wie *abends, heute, hier, dort* nennt man **Adverbien**. Sie sind nicht veränderbar und werden kleingeschrieben. Sie können mit einer W-Frage (Wann ...?, Wo ...?, ...) erfragt werden.
Substantive/Nomen in Zeitangaben werden großgeschrieben. Man erkennt sie oft
- am Begleiter (*der Mittwoch, jeden Vormittag, eines Abends, ...*)
- an der Präposition (*am Morgen, ab Donnerstag, ...*).

→ **Seite 231,** Wortarten (Übersicht)

Termine, Termine, Termine!

1 Forme die Sätze um und schreibe sie auf. Verwende Adverbien und unterstreiche diese, z. B.:

1. Das Training findet jeden Montag statt.
→ Das Training findet <u>montags</u> statt.

1. Das Training findet jeden Montag statt.
2. Am Abend sehen wir immer die Tagesschau.
3. Zu meinem Opa gehe ich immer am Mittwoch.
4. Seine Eltern arbeiten am Donnerstag länger.
5. Sie treffen sich immer am Nachmittag.
6. Sie will regelmäßig jeden Morgen laufen.
7. Er schläft am Sonntag immer bis 10.00 Uhr.
8. Ihre kleine Schwester weint oft in der Nacht.

2 Forme die Sätze um. Verwende Wortgruppen mit Substantiven/Nomen, z. B.:

1. Er hat montagmorgens immer schlechte Laune.
→ Er hat jeden Montagmorgen schlechte Laune.

1. Er hat montagmorgens immer schlechte Laune.
2. Sie übernachten freitags und samstags im Garten.
3. Seine Mutter geht dienstagnachmittags zur Rückenschule.
4. Abends bekommen sie oft Besuch.
5. Unser Nachbar mäht samstagvormittags den Rasen.
6. Oma legt sich mittags nach dem Essen immer ein Stündchen hin.
7. Bei uns dürfen die Autos nachts nicht schneller als 30 km/h fahren.
8. Zum Schwimmen gehen sie immer donnerstagnachmittags.

3 Schreibe auf, an welchen Wochentagen du Unterricht in welchen Fächern hast, z. B.: Mathematik habe ich montags, mittwochs und freitags.

	Montag*	Dienstag	Mittwoch	Donnerstag	Freitag
1./2. 1. Block	Deutsch	Neigungskurse / WTH	Mathematik	Physik	Sport / Ethik/Religion
3.	Englisch	Lesen	Französisch / Informatik	Deutsch	Geschichte
Frühstückspause					
4./5. 2. Block	Französisch	Geografie	Englisch	Musik** / Kunst**	Biologie
6.	Mathematik	Deutsch	Sport	Förderunterricht / Hausaufgaben	Mathematik
Mittagspause					

* Stundenplan einer sächsischen Ganztagsschule, 7. Klasse (Ausriss)

** halbjahresweise

4 Schreibe den folgenden Text ab und ergänze dabei die fehlenden Anfangsbuchstaben.

Liebes Tagebuch!
Seit meinem letzten Eintrag sind einige Tage ins Land gegangen. Aber du weißt ja –Termine, Termine. Ich erzähle dir erst einmal vom Wochenende. Am ✎amstag war ich mit Paula am ✎achmittag im Einkaufszentrum. Dort kauften wir uns T-Shirts für die Schuldisko am ✎ittwochabend. Am ✎bend sind wir dann ins Kino gegangen. Das machen wir ja immer ✎amstags. Der Film ging drei Stunden, deshalb war ich ✎eute ✎orgen auch noch ganz müde, als Mutti mich weckte. Wie du weißt, frühstücken wir ✎onntags immer ganz in Familie. Das ist eigentlich nicht schlecht, zumal ich von ✎ontag bis ✎reitag ✎orgens immer allein am Tisch sitze. Aber am letzten ✎onntag hätte ich gerne darauf verzichtet.
Nach dem Frühstück bin ich mit meinen Eltern zu einer echten Ritterburg gefahren. Die hat mir gefallen! Wir waren dann erst am späten ✎achmittag wieder zuhause.
So, das war‘s für ✎eute. Ich weiß nicht, ob ich ✎orgen zum Schreiben komme, aber ✎bermorgen ganz bestimmt. Am ✎ienstag haben wir drei Stunden früher Schluss – Lehrer krank.

TIPP!
Manchmal erkennt man das Substantiv/Nomen auch nur daran, dass man einen Begleiter ergänzen könnte (*Ich war heute am Morgen noch müde.*).

5 Übernimm die folgende Tabelle in dein Heft. Trage die Wörter, die du in Aufgabe 4 ergänzt hast, in die richtige Spalte ein.

→ **Seite 38, 237,** Rechtschreibstrategie „Großschreibung von Wörtern“

Adverbien	Substantive/Nomen
…	am Samstag
…	…

6 Schreibe auf, was du an den verschiedenen Wochentagen nach der Schule tust. Gib auch an, ob du das mittags, nachmittags oder abends machst, z. B.:
Zum Training gehe ich montagnachmittags und donnerstagabends.

7 Schreibe auf, was du vorgestern, gestern und heute am Morgen, Mittag, Nachmittag und am Abend getan hast. Formuliere als Aufzählung, z. B.:
Vorgestern Morgen war ich in der Schule, vorgestern Mittag war ich beim Zahnarzt, vorgestern Nachmittag habe ich Mathe gelernt, vorgestern Abend …

13 Am liebsten lese ich . . .

Ob einem ein Buch gefällt, kann man erst wissen, wenn man es durchgelesen hat.

Ich sehe mir das Umschlagbild an. Dann weiß ich schon, ob das Buch gut ist.

Zum Beispiel die Bücher von Cornelia Funke, die haben mir alle gut gefallen.

Ich fang erst mal an zu lesen. Nach ein paar Seiten merke ich, ob es gut oder langweilig ist.

Wenn mir ein Buch gefallen hat, schaue ich, ob es in derselben Reihe noch mehr Bücher gibt.

Ich lese meist zuerst den Klappentext. Der verrät schon ein bisschen was über den Inhalt.

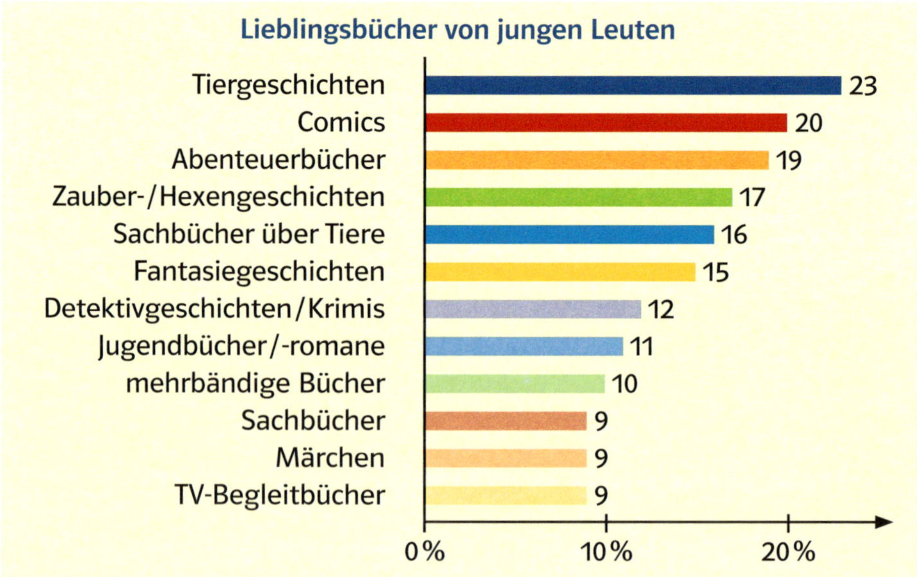

1 Was für Bücher mögen junge Leute? Erläutere die Ergebnisse der Umfrage, z. B.: *Am beliebtesten sind Tiergeschichten, an zweiter Stelle stehen Comics und . . .*

2 Wie gehst du vor, wenn du dir ein Buch aussuchst? Was hilft dir dabei?

Ein neues Buch kennen lernen

1 Dem Umschlag und dem Klappentext eines Buches kann man oft schon wichtige Informationen über den Inhalt entnehmen. Lies den Klappentext. Was vermutest du, worum es in diesem Buch geht?

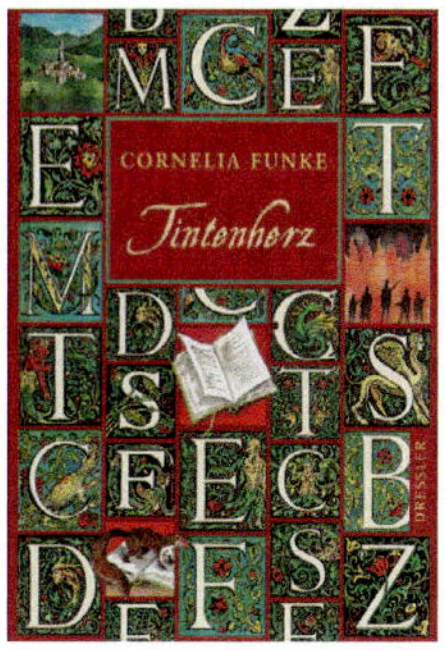

Klappentext

Die Dunkelheit war blass vom Regen, und der Fremde war kaum mehr als ein Schatten. Nur sein Gesicht leuchtete zu Meggie herüber.

Wer ist Staubfinger, der Fremde, wirklich? Und wer ist Capricorn, wer Zauberzunge? Antworten findet Meggie in einem alten ligurischen* Bergdorf – und in einem Buch.

→ **Seite 250,** Arbeitstechnik „Sich schnell über den Inhalt eines Buches informieren"

* Ligurien: norditalienische Region

2 Tinte ist nicht gerade eine Flüssigkeit, die man mit dem Herzen in Verbindung bringt. Was könnte ein „Tintenherz" sein? Tausche dich mit deinen Mitschülern aus.

3 Lies den Auszug aus dem Inhaltsverzeichnis des Buches „Tintenherz" von Cornelia Funke. Um was für ein Buch handelt es sich vermutlich?

Inhalt

Online-Link
Hörverstehen
313173-0156

Die zwölfjährige Meggie ist die Hauptfigur des Buches „Tintenherz“. Sie lebt allein bei ihrem Vater Mortimer, den sie Mo nennt, einem Buchbinder. Mo, Meggie und ihre Tante Elinor wurden von dem brutalen Verbrecher Capricorn verschleppt und eingesperrt. Da erzählt Mo seiner Tochter, was neun Jahre zuvor geschehen ist.

Damals

„Du warst gerade drei Jahre alt, Meggie“, begann Mo. „Ich erinnere mich noch, wie wir deinen Geburtstag gefeiert haben. Ich hatte dir ein Bilderbuch geschenkt. Das mit der Seeschlange, die Zahnschmerzen hat und sich um den Leuchtturm wickelt ...“

Meggie nickte. Es lag immer noch in ihrer Kiste und hatte schon zweimal ein neues Kleid bekommen. „Wir?“, fragte sie.

„Ich und deine Mutter.“ Mo zupfte sich etwas Stroh von der Hose. „Ich konnte schon damals an keinem Buchladen vorbeigehen. Das Haus, in dem wir wohnten, war sehr klein – die Schuhschachtel nannten wir es, das Mäusehaus, wir gaben ihm viele Namen –, doch ich hatte an diesem Tag schon wieder eine ganze Kiste voll Bücher in einem Antiquariat gekauft. Elinor“ – er warf ihr einen Blick zu und lächelte – „hätte ihre Freude an einigen gehabt. Capricorns Buch war auch dabei.“

„Es gehörte ihm?“ Meggie sah Mo erstaunt an, doch der schüttelte den Kopf. „Nein, das nicht, aber ... eins nach dem anderen. Deine Mutter seufzte, als sie die neuen Bücher sah, und fragte, wo wir die nun wieder lassen sollten, doch dann hat sie sie natürlich mit ausgepackt. Ich las ihr damals abends immer etwas vor.“

„Du hast vorgelesen?“

„Ja. Jeden Abend. Deiner Mutter gefiel es. An diesem Abend suchte sie sich Tintenherz aus. Sie mochte schon immer abenteuerliche Geschichten, Geschichten voller Glanz und Finsternis. Sie konnte dir alle Namen von König Artus‘ Rittern* aufzählen und sie wusste alles über Beowulf und Grendel**, über alte Götter und über nicht ganz so alte Helden. Piratengeschichten mochte sie auch, aber am liebsten war es ihr doch, wenn wenigstens ein Ritter, ein Drache oder eine Fee vorkam. Sie war übrigens immer auf der Seite der Drachen. Von denen schien es in Tintenherz keinen einzigen zu geben, aber dafür Glanz und Finsternis im Überfluss und Feen und Kobolde ... Kobolde mochte deine Mutter auch sehr: Brownies, Bucca Boos, Fenoderees, die Folletti mit ihren Schmetterlingsflügeln, sie kannte sie alle. Also gaben wir dir einen Stapel Bilderbücher, machten es uns auf dem Teppich neben dir bequem und ich fing an zu lesen.“

Meggie lehnte den Kopf gegen Mos Schulter und starrte die nackte Wand an. Sie sah sich selbst auf dem schmutzigen Weiß, so wie sie sich von alten Fotos kannte: klein, mit speckigen Beinen, die Haare weiß-

* König Artus‘ Ritter: die Ritter der Tafelrunde

** Beowulf und Grendel: englische Sagengestalten

Online-Link
zu den Rittern der Tafelrunde
313173-0156

blond (sie waren dunkler geworden seither), wie sie mit kurzen Fingern in großen Bilderbüchern blätterte. Wenn Mo erzählte, geschah das immer: Meggie sah Bilder, lebendige Bilder.

„Die Geschichte gefiel uns", fuhr ihr Vater fort. „Sie war spannend, gut geschrieben und bevölkert mit den seltsamsten Wesen. Deine Mutter liebte es, von einem Buch ins Unbekannte gelockt zu werden. und die Welt, in die *Tintenherz* sie lockte, war ganz nach ihrem Geschmack. Manchmal ging es sehr finster zu, und jedes Mal, wenn es allzu spannend wurde, legte deine Mutter den Finger an die Lippen und ich las leiser, auch wenn wir sicher waren, dass du viel zu beschäftigt mit deinen eigenen Büchern warst, um einer finsteren Geschichte zu lauschen, deren Sinn du ohnehin noch nicht verstanden hättest. Draußen war es längst dunkel, ich erinnere mich, als wäre es gestern gewesen, es war Herbst, und es zog durch die Fenster. Wir hatten ein Feuer gemacht – die Schuhschachtel hatte keine Zentralheizung, aber einen Ofen in jedem Zimmer – und ich begann mit dem siebten Kapitel. Da passierte es …"

Mo schwieg. Er blickte vor sich hin, als hätte er sich in den eigenen Gedanken verirrt.

„Was?", flüsterte Meggie. „Was passierte, Mo?"

Ihr Vater sah sie an. „Sie kamen heraus", sagte er. „Plötzlich standen sie da, in der Tür zum Flur, als wären sie von draußen hereingekommen. Es knisterte, als sie sich zu uns umdrehten – so, als entfaltete jemand ein Stück Papier. Ich hatte ihre Namen noch auf den Lippen: Basta, Staubfinger, Capricorn." […]

1 „Wenn Mo erzählte, geschah das immer: Meggie sah Bilder, lebendige Bilder." Erkläre diese Textstelle (Zeile 37/38). Geht es dir manchmal auch so wie Meggie, wenn jemand erzählt oder vorliest? Sprich darüber.

2 Sieh dir die Illustration an. Sie steht auf dem Titelblatt des Buches. Kannst du dir jetzt denken, was da geschieht?

3 Wie könnte die Geschichte weitergehen? Denke dir eine Fortsetzung aus und erzähle sie.

4 Versuche zu erklären, worum es in „Tintenherz" geht und was das Besondere und Unerwartete an dem Buch ist.

5 EXTRA Lies das Buch „Tintenherz" und führe dazu ein Lesetagebuch.

→ **Seite 67, 248,** Arbeitstechnik „Ein Lesetagebuch führen"

Online-Link
Hörverstehen
313173-0160

B: Ihr lest Auszüge aus dem Buch „Blume im Wind".

1 Lies den Klappentext des Buches „Blume im Wind". Tausche dich mit deinen Mitschülern darüber aus, wann und wo die Handlung spielt.

Klappentext

Tief in den Wäldern Nordamerikas lebt Mary mit ihren Eltern in einer Blockhütte. Sie liebt das Leben am Fluss und die Einsamkeit der Wildnis. Doch in diesem Sommer verändert sich alles. Mary betrachtet sich und ihre Eltern auf einmal mit anderen Augen, verschüttete Erinnerungen an ein fremdes Leben werden wach. Stück für Stück entdeckt Mary ihre Vergangenheit wieder und damit auch ihren eigentlichen Namen – Blume im Wind ...

2 Die Hauptfigur hat zwei Namen. Wie könnte es dazu gekommen sein? Schreibe deine Überlegungen in Stichworten auf.

[...] Jeden Morgen brachte ich Rosy, unsere Kuh, auf die Weide. Dort konnte sie im Schatten der Kiefern grasen. Am Abend brachte ich sie zurück in den Stall. Tagsüber erledigten meine Mutter und ich die Arbeit. Wir machten Bohnen ein und pflückten Mais. Die trockenen Blätter raschelten im Wind. „Eine gute Ernte", sagte meine Mutter zufrieden. Sie hatte sich ein Tuch um den Kopf gebunden. Ich nicht, ich hatte es gern, wenn mir die Sonne ins Gesicht schien.
„Diesen Winter müssen wir keinen Hunger leiden", sagte ich.
Meine Mutter sah mich befremdet an.
„Warum sagst du so was, Mary? Selbst wenn die Ernte kleiner ausfallen würde, müsstest du keinen Hunger leiden."
Reif und duftend lagen die Maiskolben in meinen Händen. Im Winter backte meine Mutter Plätzchen daraus, mit Rosinen und weißem Zucker.
„He Mary, hast du je Hunger gelitten?", fragte sie fast ein bisschen böse.
„Nein", sagte ich. „Nein, ich hatte nie Hunger."
Wenn ich mit meinem Vater von einer Wanderung durch den Schnee hungrig nach Hause kam, dann war das ein sehr angenehmes Gefühl, weil es in unserem Haus immer etwas zu essen gab. Und doch ... doch gab es auch Winter, in denen der Hunger wie eine Ratte an den Eingeweiden nagte. Das wusste ich. Ich wusste es aus einem Lied, einem sehr alten Lied ...
Aber meine Mutter singt nie, dachte ich verwundert.
„Ist das heiß", sagte sie.

Ihre blasse Haut war von der Sonne verbrannt. Schweißtropfen rannen ihr über die Stirn. Sie war nicht mehr böse und sie wies lachend zu den Körben mit den goldgelben Maiskolben.
Wie Körbe voller Sonne. Die Erinnerung an Hungerwinter verwandelte sich in einen flatternden Schmetterling unter einem blauen Himmel.
„Louis wird sich freuen, wenn er aus der Stadt zurückkommt“, sagte sie. Das wunderbare Wort blieb zitternd über dem Maisfeld hängen. Ich hob den Kopf, um dem Wind zu lauschen. Hörte ich die Stadt darin?
„Weißt du, Mary, ich kann mir genau vorstellen, wie er jetzt durch die Straßen läuft, um was Schönes für uns zu kaufen.“
Meine Mutter konnte einfach Mais pflücken und mit den Gedanken in der Stadt verweilen. Sie brauchte den Wind nicht dafür.
„Erzähl mir von der Stadt“, sagte ich.
„Da stehen ganz viele Häuser nebeneinander. Häuser aus Holz, aber auch welche aus Stein. Da wohnen Bankiers und Schneider. Der Hufschmied hat seine Werkstatt dort und es gibt Gasthäuser, wo man sich einfach hinsetzen und etwas Leckeres bestellen kann.“
„Bankiers, Schneider … Hufschmied und Gasthäuser …“, murmelte ich leise vor mich hin.
„Und beim Schneider kann man sich ein seidenes Kleid machen lassen“, erzählte meine Mutter.
Ein seidenes Kleid musste etwas sehr Schönes sein, denn die Augen meiner Mutter leuchteten ganz kurz auf, aber dann sagte sie: „Mit so einem Kleid kann man natürlich nicht arbeiten, das ist ja klar.“
„Hattest du nie Angst vor Dieben und Mördern?“
„Ach, in der Stadt wohnen noch so viele andere Leute. Ehrliche Leute, die hart arbeiten.“
„Warum wohnen wir nicht da?“
Knack! Ein Maiskolben zerbrach in ihren Händen.
„Deinem Vater gefällt es da nicht“, sagte sie und presste die Lippen fest aufeinander.
Ach, könnte ich doch das Blau vom Himmel pflücken, Arme voll Blau, und ein Kleid daraus machen, glänzend wie Seide.
Doch ich war nicht wie meine Mutter, die mit den Händen in einer Welt verweilen konnte und mit den Gedanken in einer anderen. Meine kleine Welt war voller sich wiegender Maisstängel und zwitschernder Vögel. Ich konnte den Traum nicht festhalten, so gern ich es auch wollte. […]

→ **Seite 250,**
Arbeitstechnik
„Das Vorlesen eines Textes vorbereiten“

3 Stelle das Buch einem Mitschüler aus der anderen Gruppe vor.

→ **Seite 250,**
Arbeitstechnik
„Ein Buch vorstellen“

Worum geht's in diesem Jugendbuch?

Louis Sachar, geboren 1954 in East Meadow, New York, studierte Wirtschaftswissenschaften und anschließend Jura. Er arbeitete als Rechtsanwalt und schrieb in seiner Freizeit Kinderbücher, die bald schon so erfolgreich waren, dass er sich ganz dem Schreiben widmen konnte. Heute lebt er mit seiner Frau und seiner Tochter in Kalifornien.

Online-Link
Hörverstehen
313173-0162

1 Schau dir das Titelbild und den Klappentext des Buches an. Notiere in Stichworten, was du von dem Buch erwartest.

Klappentext

Die ganz unglaubliche, zum Weinen komische Geschichte von Stanley, der endlich, endlich den Familienfluch der Yelnats bannt. Hundert Jahre gab es kein Entrinnen: Was immer ein Yelnats anfing, es ging schief. Die Geschäftsidee von Stanleys Vater, gebrauchte Turnschuhe zu recyceln, war nur das letzte Glied einer langen Unglückskette. Und urplötzlich winkt das Glück. Davor aber liegen: die Geheimnisse von Green Lake.

2 Lies die ersten beiden Kapitel und mache dir Notizen zum Inhalt.

① Das hier nennt sich zwar Camp Green Lake, aber einen See gibt es gar nicht. Früher gab es mal einen ganz großen, den größten See in Texas, aber das ist schon über hundert Jahre her. Jetzt ist hier alles flach und trocken, eine einzige Wüste. Es gab auch mal eine Stadt, die Green Lake hieß, aber die ist gleichzeitig mit dem See immer mehr zusammengeschrumpft und ausgetrocknet, genauso wie die Leute, die da wohnten. Im Sommer liegt die Temperatur tagsüber bei 35 Grad im Schatten – vorausgesetzt, man findet irgendwo Schatten. Viel gibt es davon nicht an einem großen, ausgetrockneten See. Die einzigen Bäume sind zwei alte Eichen am Ostufer des „Sees". Dazwischen ist eine Hängematte gespannt und dahinter steht eine Blockhütte. Den Bewohnern des Camps ist es verboten, sich in die Hängematte zu legen. Sie gehört nämlich dem Boss. Der Schatten ist ganz allein für den Boss.

Draußen am See suchen Klapperschlangen und Skorpione Schatten unter Felsen und in den Löchern, die die Bewohner des Camps gegraben haben.
Was die Klapperschlangen und Skorpione angeht, sollte man sich eine wichtige Regel merken: Lass sie in Ruhe, dann lassen sie dich auch in Ruhe.
Normalerweise.
Von einem Skorpion oder sogar von einer Klapperschlange gebissen zu werden, ist nicht das Schlimmste, was dir passieren kann.
Daran stirbst du nicht.
Normalerweise. Manchmal kommt es vor, dass einer der Jungs hier es darauf anlegt, von einem Skorpion gebissen zu werden, vielleicht sogar von einer kleinen Klapperschlange. Dann darf er sich ein oder zwei Tage in seinem Zelt ausruhen und muss kein Loch graben draußen auf dem See.
Aber keiner würde sich freiwillig von einer gelb gefleckten Eidechse beißen lassen. Das ist das Schlimmste, was einem passieren kann. Dann stirbt man einen langsamen, qualvollen Tod.
Immer.
Wenn du von einer gelb gefleckten Eidechse gebissen wirst, dann kannst du geradeso gut hinüber in den Schatten der Eichen gehen und dich in die Hängematte legen. Dann kann dir nämlich keiner mehr was.

② Jetzt fragt sich der Leser vermutlich: Aus welchem Grund sollte irgendjemand auf die Idee verfallen, nach Camp Green Lake zu kommen?
Die Antwort ist: Die meisten Bewohner hatten gar keine andere Wahl.
Camp Green Lake ist eine Anstalt für schwere Jungs.
Nimm einen von ihnen und lass ihn Tag für Tag in brütender Hitze ein Loch graben, und du kannst sicher sein, dass ein guter Junge aus ihm wird.
Jedenfalls glaubten das einige Leute.
Stanley Yelnats hatte sogar die freie Wahl. Der Richter sagte: „Du kannst es dir aussuchen – entweder du gehst ins Gefängnis oder du kommst nach Camp Green Lake."
Stanley kam aus einer armen Familie. Er war noch nie im Leben in einem Feriencamp gewesen.

3 Beschreibe mit eigenen Worten, was du über das Camp Green Lake erfährst, z. B.:
Das Camp heißt „Green Lake". Das bedeutet „Grüner See". Aber …

Stanley und das Camp

TIPP!
Du kannst dir den Text auch anhören. Nutze dazu den Online-Link auf Seite 162.

1 Lies die Auszüge aus dem 3. Kapitel. Notiere, welche Informationen du über die Hauptfigur Stanley Yelnats erhältst.

③ Stanley war der einzige Fahrgast im Bus, wenn man den Fahrer und den Wachmann nicht mitrechnete. Der Wachmann saß neben dem Fahrer auf einem umgedrehten Sitz, sodass er Stanley im Blick hatte. Auf seinen Knien lag ein Gewehr. Stanley saß ungefähr zehn Reihen weiter hinten und war mit Handschellen an einer Armlehne festgekettet. Auf dem Sitz neben ihm lag sein Rucksack. Darin waren seine Zahnbürste, Zahnpasta und eine Schachtel mit Briefpapier, die seine Mutter ihm geschenkt hatte. Er hatte ihr versprochen, wenigstens einmal die Woche zu schreiben. [...] Stanley und seine Eltern hatten sich vorzumachen versucht, er würde einfach nur eine Weile ins Feriencamp gehen, so wie die reichen Kinder. [...] Jetzt versuchte Stanley sich vorzumachen, dass dieses Mal für ihn selbst „Spaß & Spiele im Feriencamp" angesagt war. Vielleicht würde er ja Freunde finden, dachte er. Zumindest könnte er im See schwimmen gehen. Zu Hause hatte er keine Freunde. Er war übergewichtig und die anderen Kinder in seiner Schule machten sich oft darüber lustig. Sogar seine Lehrer machten manchmal irgendwelche grausamen Bemerkungen, ohne es zu merken. [...] Stanley war kein schlechter Junge. Er hatte die Tat, wegen der man ihn verurteilt hatte, nicht begangen. Er war einfach im falschen Moment am falschen Ort gewesen.
An der ganzen Sache war überhaupt nur sein Ururgroßvater schuld, dieser elende Tunichtgut und Schweinedieb! Stanley grinste. Das war ein stehender Witz in seiner Familie. Wann immer irgendetwas schiefging, schoben sie die Schuld auf Stanleys Ururgroßvater, diesen elenden Tunichtgut und Schweinedieb. Dieser Ururgroßvater, so hieß es, habe einmal einer Alten, der ein Fuß fehlte, ein Schwein gestohlen, weswegen sie ihn und alle seine Nachkommen verfluchte. [...]

2 Beschreibe die Hauptfigur Stanley Yelnats. Was erfährt man über
- sein Alter, sein Verhalten, seine Sprechweise und seine Gewohnheiten
- seine äußere Erscheinung
- seine Familie und seine Freunde
- seine innere Verfassung (Fähigkeiten, Wünsche, Träume)?

3 Im weiteren Verlauf der Geschichte wird geschildert, wie Stanley nach Green Lake transportiert wird, wie das Lager aussieht und mit wem er dort zusammenleben muss. Lies auf Seite 165 weiter und notiere, welche Informationen du hier über das Camp erhältst.

[…] Er hatte über acht Stunden im Bus gesessen. „Vorsicht!“, sagte der Busfahrer, als Stanley die Stufen hinunterstieg. […] Die Gegend schien verlassen und absolut kahl. Er sah ein paar heruntergekommene Gebäude und einige Zelte. Ein Stück entfernt stand eine Hütte zwischen zwei Bäumen. Außer diesen beiden Bäumen war an Pflanzen nichts zu sehen. Nicht einmal Unkraut gab es. Der Wachmann brachte Stanley in ein kleines Gebäude. Auf einem Schild stand: SIE BETRETEN DIE BESSERUNGS-ANSTALT CAMP GREEN LAKE. […] An einem Schreibtisch saß ein Mann. Die Füße hatte er auf die Platte gelegt. Als Stanley und sein Bewacher eintraten, drehte er zwar den Kopf, rührte sich aber sonst nicht. Obwohl er doch im Haus war, trug er eine Sonnenbrille und einen Cowboyhut. In der Hand hielt er eine Büchse Mineralwasser und allein der Anblick machte Stanley noch durstiger. […] „Mein Name ist Mr. Sir“, sagte er. „Und so wünsche ich auch angeredet zu werden, ist das klar? […] Du hast jeden Tag ein Loch zu graben, auch samstags und sonntags. Jedes Loch muss fünf Fuß tief sein und auch einen Durchmesser von fünf Fuß haben. Deine Schaufel ist gleichzeitig dein Maßstab. Frühstück gibt es um halb fünf.“ […]

„Hast du Durst?“, fragte Mr. Sir. „Ja, Mr. Sir“, sagte Stanley dankbar. „Dann solltest du dich langsam daran gewöhnen. Du wirst die nächsten achtzehn Monate lang Durst haben.“ […]

Es gab sechs große graue Zelte und auf jedem stand ein schwarzer Buchstabe: A, B, C, D, E oder F. Die ersten fünf Zelte waren für die Camp-Insassen. Die Betreuer schliefen in Zelt F. Stanley wurde in Zelt D geschickt. Sein Betreuer hieß Mr. Pendanski. […] Zwei Jungen, jeder mit einer Schaufel, kamen über das Gelände. Mr. Pendanski rief sie. „Rex! Alan! Kommt bitte her und sagt Stanley Guten Tag. Er ist neu in eurer Mannschaft.“ […] „Hi“, brummte der weiße Junge. „Das ist Alan“, sagte Mr. Pendanski. „Ich heiße nicht Alan“, sagte der Junge. „Ich bin Torpedo. Und der da ist X-Ray.“ […] Mr. Pendanski schickte Alan zum Aufenthaltsraum, die anderen Jungen holen, damit er sie Stanley vorstellen konnte. […] Torpedo kam mit vier anderen Jungen zurück. Die ersten drei wurden von Mr. Pendanski als José, Theodore und Ricky vorgestellt. […]

4 Wie wird sich Stanley gefühlt haben, als er neu in die Gruppe kam? Verfasse einen Brief, den Stanley am Abend seines ersten Tages in Camp Green Lake an seine Eltern geschrieben haben könnte.

5 Bist du neugierig geworden? Was würdest du gern beim Lesen des Buches erfahren? Stelle Fragen, z. B.:
- *Was hat es mit den Löchern in Green Lake auf sich?*
- *Welche Geheimnisse gibt es im Camp?*

Mit fremden Augen sehen

In dem Buch „Der Papalagi*“ erzählt Erich Scheurmann die Geschichte von Häuptling Tuiavii. Scheurmann hatte 1914 eine Reise zur Inselgruppe Samoa in der Südsee unternommen. Nach der Rückkehr veröffentlichte er sein Buch.

* Papalagi, der: (samoisch) [sprich: Papalangi] der Weiße, der Fremde. Wörtlich übersetzt heißt das Wort „der Himmelsdurchbrecher“. Der erste weiße Missionar, der auf Samoa landete, kam nämlich in einem Segelboot. Die Bewohner der Insel hielten das weiße Segel aus der Ferne aber für ein Loch im Himmel, durch das der Weiße zu ihnen kam. – Er durchbrach den Himmel!

Häuptling Tuiavii lebte vor etwa 100 Jahren. Seine Heimat war die Südseeinsel Tiavea. Tiavea gehört zu der Inselgruppe Samoa im Pazifischen Ozean. Nach einer Reise ins ferne Europa berichtete er seinen staunenden Freunden am Lagerfeuer, was er gesehen und erlebt hatte:

„Eigentlich ist der Papalagi ja ein Mensch wie wir alle. Aber er hat doch ein paar ganz eigenartige Angewohnheiten: Dazu gehört die Sitte des Fleischbedeckens: Stets, auch bei größter Hitze, wickelt er sich in Lendentücher. So erreicht kein Sonnenstrahl seine Haut, die oft milchbleich und ungesund aussieht. Sogar die Füße stecken in Fußhäuten aus festem Tierfell, die wie Kanus geformt sind. Auch ich musste diese Fußschiffe tragen, an beiden Füßen, und ihr glaubt nicht, welche Qualen sie den eingezwängten Zehen bereiten.

Will man einem Papalagi in sein Heim folgen, so gelangt man in große Steintruhen. Am Einschlupfloch muss man einen großen Holzflügel öffnen. Dahinter findet man dann viele kleine Steintruhen. In einer liegen die Schlafrollen, eine dient als Kochhaus, eine andere als Badehaus usw. Diese kleinen Truhen haben meist Lichtlöcher, durch die man auch frische Luft hereinlassen kann. Das ist auch dringend nötig, nicht nur, wenn sie dort ihre Rauchrollen verbrennen.

Wenn man an einen anderen Ort gelangen will, braucht man sich nicht besonders anzustrengen: Man benutzt eins der wurmdünnen und langen Landschiffe, die auf langen Eisenfäden dahingleiten, schneller als ein Zwölfsitzerboot in voller Fahrt.

Ja, große Dinge hat der Papalagi geschaffen, sogar am Himmel gleitet er dahin wie ein Adler, doch eins hat er nicht: Zeit. Immer wieder blickt er auf die kleine Zeitmaschine, die er am Arm trägt, und eilt weiter …“

1 Gib den Inhalt des Textes mit eigenen Worten wieder.

2 Was meint der Häuptling mit „Steintruhen“, „Fußschiffen“ und „Zeitmaschinen“? Suche noch mehr solche auffälligen Ausdrücke und erkläre sie.

Wörter zusammensetzen

1 Suche aus dem Text auf Seite 166 die Wörter heraus, die Tuiavii für die abgebildeten Dinge verwendet. Stelle fest, wie diese Wörter gebildet worden sind. Schreibe die Tabelle ab und fülle sie aus.

→ **Seite 230,** Wortbildung (Woraus bestehen Wörter?)

	die Steintruhe	der Stein + die Truhe
	das Fußschiff	… + …
	…	die Lenden + …
	…	die Milch + …
	…	… + dünn
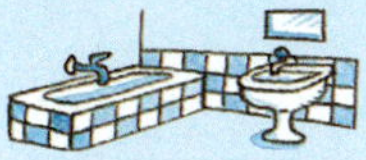	…	… + …
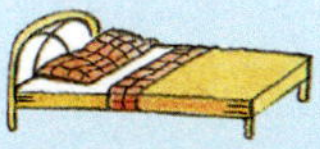	…	… + …
	…	… + …
	die Südseeinsel	der Süden + … + …
…	…	… + …
…	…	… + …

2 Besprecht: Warum benutzt Tuiavii wohl diese ungewöhnlichen Wörter? Wie hat er die Wörter gefunden? Werden ihn seine Zuhörer verstehen?

3 Trage die folgenden Wörter aus unserer Sprache in die Tabelle von Aufgabe 1, Seite 167, ein. Überlege, wie sie entstanden sind.

Straßenbahn | dunkelrot | eiskalt | Briefkasten

Schwimmbad | Bushaltestelle | schlafwandeln

Glühbirne | hellgrün | tropfnass | Frühstückspause

4 **Wörtersuche** Arbeitet in Gruppen. Jede Gruppe wählt ein Zimmer aus (Wohnzimmer, Küche, ...) und sucht zusammengesetzte Bezeichnungen für Dinge, die es dort gibt.
Welche Gruppe findet die meisten zusammengesetzten Wörter?

5 Schreibt alle Wörter, die ihr gefunden habt, an die Tafel.
Lasst euch Wörter, die ihr nicht kennt, erklären.

6 In den folgenden Wörtern steht das Wort **Schrank** mal an erster Stelle, mal an zweiter:

Kleider**schrank**, Küchen**schrank** – **Schrank**tür, **Schrank**wand

Stellt fest, ob es auch bei den Wörtern aus Aufgabe 4/5 solche Beispiele gibt. Unterstreicht sie.

7 EXTRA Was bedeuten diese Wörter?

Taschenbuch – Bücher**tasche**; **Pfand**flasche – Flaschen**pfand**;
Glasfenster – Fenster**glas**; **Honig**biene – Bienen**honig**

Erkläre so: *Ein Taschenbuch war ursprünglich ein kleineres Buch, das man in die Tasche stecken konnte. Eine Büchertasche ist eine Tasche, die ...
Eine Pfandflasche ist eine Flasche, für die man ...*

8 EXTRA Erkläre die folgenden Wortpaare wie in Aufgabe 7:

Fingerring – Ring**finger**; **Leder**schuh – Schuh**leder**;
Wandspiegel – Spiegel**wand**; **Tür**schloss – Schloss**tür**;
Gespensterschloss – Schloss**gespenst**; **Blech**kuchen – Kuchen**blech**;
Leitungswasser – Wasser**leitung**; **Stoff**kleid – Kleider**stoff**;
Zeitreise – Reise**zeit**; **Schaf**wolle – **Woll**schaf; **Milch**kuh – Kuh**milch**

9 Das erste Wort bestimmt den Gegenstand näher. Das zweite Wort sagt aus, um welchen Gegenstand es überhaupt geht (Grundbedeutung).

Bestimmungswort	Grundwort
Sprach, Taschen, Spar, Bilder	buch
Leder, Bücher, Hand, Schul	tasche

Setze in diese Wortbildungsformel die Ausdrücke „Grundwort“ und „Bestimmungswort“ ein und schreibe sie auf:
Zusammensetzung = …wort + …wort

Überprüfe die Formel auch an den Wörtern, die ihr in Aufgabe 5 an der Tafel gesammelt habt.

10 Sicher können einige von euch noch eine andere Sprache sprechen. Bittet sie, ein paar von euren Zusammensetzungen in diese Sprache zu übersetzen. Stellt fest, ob die Formel aus Aufgabe 9 auch für diese Sprache gilt.

11 EXTRA Versuche einmal die Gegenwart mit Häuptling Tuiaviis Augen zu sehen. Vieles, was uns selbstverständlich ist, kennt er nicht:
einen Fernsehabend, einen Einkauf im Supermarkt, einen Besuch in der Disko, die Bedienung von Geld- und Fahrkartenautomaten, elektrische Küchengeräte, Computerspiele, das Handy, eine Videokamera, eine CD …
Stell dir vor, Tuiavii käme heute zu uns. Wie würde er solche Dinge wohl nennen? Stelle eine Liste zusammen, z. B.:
Telefonhörer – Sprechknochen
Bildschirm – …, … – …

Merke

Fügt man zwei oder mehrere Wörter (Wortstämme) zusammen, so nennt man diese Art der Wortbildung **Zusammensetzung**. Man kann Wörter auch aus Verben und Adjektiven zusammensetzen. Manchmal braucht man ein Fugenelement, um die Wörter zu verbinden:
zusammengesetztes Wort = Bestimmungswort + Grundwort, z. B.:

Geburtsort → *Geburt s Ort*
Lesebrille → *Les e Brille*

Das Grundwort bestimmt die Wortart (der Ort, die Brille = Substantive/Nomen).

→ **Seite 230,** Wortbildung (Woraus bestehen Wörter?)

→ **Seite 230,** Wortbildung (Woraus bestehen Wörter?)

Eine Frage der Sichtweise

1 Bilde zusammengesetzte Wörter.

wieder, auf, durch, vor, weg, ab, ein, aus, her, an, **sehen**, um, vorher, fern, über, nach, voraus, hinab, herüber, zu, hin, hinterher, herab

ab, um, über, ein, an, aus, auf, **Sicht**, durch, Schutz, nach, weit, Weite, fern, drauf

Schreibe sie nach Verben und Substantiven/Nomen geordnet in eine Tabelle, z. B.:

zusammengesetzte Verben	zusammengesetzte Substantive/Nomen
durchsehen	die Durchsicht
ansehen	das Ansehen, die Ansicht
…	…

2 Schreibe die Sätze ab und setze passende Wörter aus Aufgabe 1 ein, z. B.:

1. Könntest du bitte meinen Aufsatz auf Rechtschreibfehler durchsehen?
   Bei der Durchsicht deines Aufsatzes bin ich auf einige Fehler gestoßen.

1. Könntest du bitte meinen Aufsatz auf Rechtschreibfehler □?
   Bei der □ deines Aufsatzes bin ich auf einige Fehler gestoßen.
2. Beim Korrigieren der Arbeit habe ich leider einen Fehler □.
   Die Tabelle gibt eine gute □ über die Wortarten.
3. Dieser Künstler genießt ein hohes □.
   Im Museum konnten sie sich seine Bilder genau □.
4. Kannst du schon □, wann du kommen wirst?
   Ich habe nicht die □, demnächst zu kommen.
5. Bei dem herrlichen Wetter hatten wir im Gebirge eine großartige □.
   Kinder sollten nicht stundenlang □.
6. Wie wird denn das neue Haus □?
   Könntest du bitte mal zur Seite gehen, du verstellst mir die □.

3 Farbtöne Zur Bezeichnung der genauen Farbe werden oft zusammengesetzte Wörter verwendet. Bilde solche Zusammensetzungen und schreibe sie auf. Füge ein passendes Substantiv/Nomen hinzu, z. B.:
die feuerroten Haare, ein grasgrüner Pullover

rot | grün | blau | gelb | weiß | schwarz | braun

schnee- | rot- | kakao- | schokoladen- | dunkel-

hell- | himmel- | gold- | honig- | stroh-

senf- | zitronen- | gras- | oliv- | moos- | grau-

kohlraben- | pech- | tief- | feuer- | rost-

blut- | nacht- | kirsch- | fuchs- | glut-

4 Wer bin ich? Suche Bestimmungswörter, die mit den Grundwörtern *Decke* und *Platz* jeweils eine passende Zusammensetzung ergeben, z. B.:
1. die Reisedecke.

Decke
1. Ich reise viel in der Welt herum.
2. Wer mich betritt, der kann leicht einbrechen.
3. Ich halte den Schädel zusammen.
4. Ich liege auf einem Tisch.

Platz
1. Auf mir wird viel Sport getrieben.
2. Samstags stehen hier viele Verkaufsstände.
3. Hier spielen viele Kinder.
4. Auf diesen Platz kann man sich setzen.

5 Erfinde selbst ein Rätsel mit den Grundwörtern *Haus* und *Ring*.

14 Wer entdeckte Amerika?

*Theorie, die: Anschauung, Überlegung, Einsicht, wissenschaftliche Betrachtung

Es gibt mehrere Theorien* über die Entdeckung Amerikas. War es Christoph Kolumbus, war es John Cabot oder waren es noch viel früher die Wikinger, die den neuen Kontinent entdeckten? In diesem Kapitel erfahrt ihr, was man über diese Seefahrer weiß.

Die „Matthew" von John Cabot vor Neufundland

Knorr (Wikingerschiff) aus dem 9. Jahrhundert, gefunden in Oseberg (Norwegen)

Nachbau des Flaggschiffes „Santa Maria" von Christoph Kolumbus im Hafen von Lissabon

1 Was weißt du über die Entdeckung Amerikas?

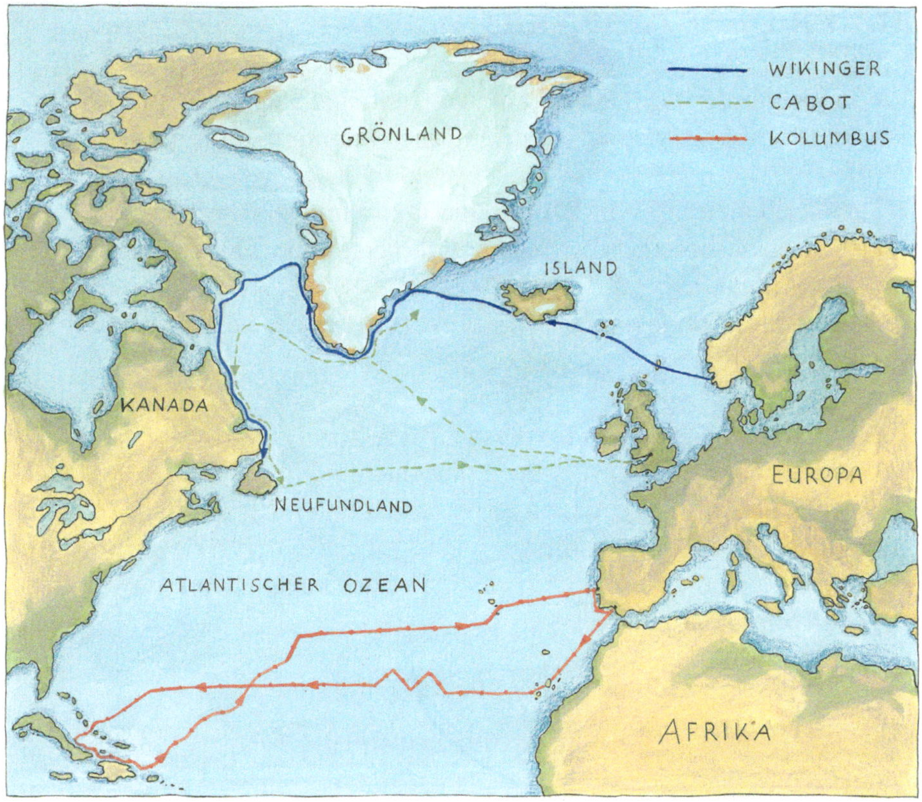

2 Sieh dir die Karte an. Erkläre einem Partner die Legende*, die oben rechts in der Ecke steht, z. B.:

Die blaue Linie zeigt, auf welchem Weg die Wikinger vermutlich nach Amerika …
Die rote Linie zeigt, von welchem Ort Kolumbus losgefahren ist und …
Die grüne Linie verdeutlicht, …

* Legende, die: Zeichenerklärung auf Karten

3 Beschreibe die Wege der einzelnen Entdecker, die auf der Karte gezeigt werden, z. B.:

Kolumbus startete in …
Er erreichte …
Für seinen Rückweg …
Cabot …
Die Wikinger …

TIPP!
Mehr zu diesem Thema findest du im Internet. Nutze dazu den Online-Link.

4 Welche der genannten Entdecker kennst du, welche nicht? Verschaffe dir einen ersten Überblick mithilfe von Nachschlagewerken.

Online-Link
zum Thema „Entdeckung Amerikas"
313173-0173

Indien oder Amerika?

→ **Seite 179, 249,** Arbeitstechnik „Einen Sachtext lesen und verstehen“

Auf den folgenden Seiten lernst du, wie man aus Sachtexten Informationen entnimmt und wie man Informationen in einem Referat weitergibt.

1 Sich rasch einen Überblick über den Textinhalt verschaffen

- Lies nur die Überschrift und jeweils den ersten Satz jedes Textabschnittes.
- Notiere dann, ohne weiter in den Text zu schauen, was du vermutlich erfahren wirst.

2 Gründliches Lesen jedes Textabschnittes

- Lies jetzt Abschnitt für Abschnitt gründlich.
- Schlage Begriffe nach, die du nicht kennst und nicht aus dem Zusammenhang erschließen kannst.
- Notiere zu jedem Abschnitt in wenigen Stichworten, worum es jeweils geht. Formuliere z. B. so:
  vermutliche Herkunft: Genua

→ **Seite 134,** Anekdote über Kolumbus

Christoph Kolumbus

Christoph Kolumbus

① **Kolumbus, Christoph** [italienisch Cristoforo Colombo, spanisch Cristóbal Colón], italienischer Seefahrer, der im Auftrag der spanischen Krone einen kürzeren Seeweg nach Indien finden sollte. Dabei landete er irrtümlich in der Karibik und „entdeckte“ damit Mittelamerika für die westliche Welt.

② Wer aber war dieser Christoph Kolumbus? Als wahrscheinlichster Geburtsort gilt Genua, auch sein Geburtsdatum ist nicht genau bekannt. Die Angaben schwanken zwischen dem 25. 5. 1446 und dem 31. 10. 1451. Sicher scheint, dass er der Sohn eines Tuchwebers war und im Jahr 1506 gestorben ist.

③ Kolumbus muss sich schon früh für Entdeckungsreisen interessiert haben. Wahrscheinlich wurde er durch die antiken Karten des Ptolemäus* angeregt. In der griechischen Antike war man nämlich der Ansicht, dass die Erde eine Kugelgestalt besitzt. Im Mittelalter geriet dies allerdings in Vergessenheit.

④ Irgendwann kam Kolumbus der Gedanke, einen kurzen Weg nach Indien über den Atlantik zu suchen. Er trug seinen Plan 1483 zunächst dem portugiesischen Hof vor, der ihn aber ablehnte.

* Ptolemäus, Claudius: griechischer Gelehrter, der sich unter anderem mit Geografie beschäftigte. Er verfasste eine geografische Anleitung, in die er die zu seiner Zeit bekannte Welt und ihre Bewohner aufnahm. Er lebte ab 100 bis etwa 175 n. Chr.

⑤ Enttäuscht verließ er Portugal und reiste nach Spanien, um seine Gedanken dem spanischen Herrscherpaar vorzulegen. Doch erst 1492 erhielt Kolumbus endgültig den Auftrag, seinen Plan durchzuführen. Er wurde zum Admiral und zum Vizekönig von den Gebieten ernannt, die er zu entdecken hoffte.

⑥ Am 3. August 1492 brach Kolumbus von dem kleinen Atlantikhafen Palos mit den Schiffen „Santa Maria", „Pinta" und „Niña" auf. Am 69. Tag der Reise erblickte er tatsächlich Land. Es war nicht, wie er glaubte, Indien. Es waren Inseln, die zu einem unbekannten Kontinent gehörten: Amerika.

TIPP!
Wenn du noch mehr über Kolumbus und die Entdeckung Amerikas erfahren willst, nutze den Online-Link.

Online-Link
zu Kolumbus
313173-0175

3 Welche Überschrift passt zu welchem Textabschnitt?

Ordne die folgenden Überschriften den Textabschnitten zu, z. B.: 1b), ...

a) Ernennung zum Admiral und Vizekönig
b) Auftrag der spanischen Krone
c) Entdeckung am 69. Reisetag
d) Lebensdaten
e) Erste Anregungen aus der griechischen Antike
f) Ablehnung des portugiesischen Hofes

4 Konntest du aus dem Text das erfahren, was du vermutet hast? Stand etwas anderes darin oder mehr als erwartet?

5 EXTRA Forsche nach, warum der neue Kontinent „Amerika" genannt wurde. Nutze dazu Nachschlagewerke oder das Internet.

William J. Aylward (1875): The Landing of Columbus in the New World*

* Die Landung des Kolumbus in der Neuen Welt

Wer war der Erste?

→ **Seite 179, 249,** Arbeitstechnik „Einen Sachtext lesen und verstehen“

1 Sich rasch einen Überblick über den Textinhalt verschaffen

- Lies nur die Überschrift und jeweils den ersten Satz jedes Textabschnittes.
- Notiere dann, ohne weiter in den Text zu schauen, was du vermutlich erfahren wirst.

2 Gründliches Lesen jedes Textabschnittes

- Lies jetzt Abschnitt für Abschnitt gründlich.
- Schlage Begriffe nach, die du nicht kennst und nicht aus dem Zusammenhang erschließen kannst.
- Notiere, was du in den ersten drei Abschnitten zu den folgenden Überschriften erfährst:

  1. Der Entdecker John Cabot
  2. Ein bescheidener Mann
  3. Die Herkunft John Cabots

- Mache dir auch zum Inhalt der Abschnitte 4 bis 6 Notizen. Gib jedem Abschnitt eine Überschrift.

John Cabot

John Cabot

① Wo immer von der Entdeckung Amerikas die Rede ist, kann man sicher sein, dass der Name Kolumbus fällt. Dieser Mann hat Amerika entdeckt, das steht unverrückbar fest. Aber Nordamerika entdeckte er erst auf seiner dritten Reise 1498. War Kolumbus also wirklich der Entdecker?
In England gab es einen Zeitgenossen von Kolumbus, auch Seefahrer, mit Namen John Cabot, der mit der gleichen Berechtigung in Anspruch nehmen kann, Amerika entdeckt zu haben.

② Er war ein bescheidener Mann und machte nicht viel von sich reden, so ist sein Name weitgehend unbekannt geblieben. Auch sein Sohn, der ebenfalls Seefahrer war, hat die Leistungen seines Vaters nicht über die Maßen herausgestellt. So schrieb er, im Gegensatz zum Sohn des Kolumbus, keine Biografie über das Leben seines Vaters.

③ Sein richtiger Name war Giovanni Caboto. Auch seine Geburtsdaten sind nicht genau bekannt. Man vermutet, dass er um das Jahr 1455 in Genua geboren wurde.

④ Er war davon überzeugt, dass der kürzeste Weg zu den Gewürzinseln nach Westen über den großen Ozean führen würde. Das war ihm auf seinen vielen Reisen klar geworden. Auch ihm wurde die königliche Zustimmung für eine solche Entdeckungsreise verweigert und so siedelte er im Jahre 1495 nach England über. Er ließ sich in Bristol nieder und nannte sich von da an John Cabot.

⑤ Von dem englischen König Heinrich VII. erhielt er die Erlaubnis, zu reisen. Cabot suchte den Weg nach Indien allerdings nördlicher als Kolumbus. Die erste Reise fand im Jahre 1496 statt und war nicht von Erfolg gekrönt. Cabot ließ sich aber nicht entmutigen und rüstete sein Schiff, die „Matthew“, ein zweites Mal aus. Das Schiff verließ Bristol am 2. Mai 1497. Nach 35 Tagen auf See erblickte man Land. Es war der 14. Juni 1497 und John Cabot glaubte, das Land des „Großen Khan“ vor sich zu haben. In Wirklichkeit aber hatte er das amerikanische Festland gesichtet.

⑥ An mehreren Orten wird heute behauptet, dass sie von Cabot als erste gesichtet worden seien. Wo er allerdings zuerst Land gesehen und betreten hat, kann man nicht mit letzter Sicherheit sagen. Fest steht: Irgendwo in Neufundland zwischen Kap Bauld im Norden und der Halbinsel Maine im Süden ist Cabot gelandet. Er war sich sicher, das asiatische Festland erreicht zu haben, und trat mit dieser Gewissheit die Heimreise an.

3 Gib den wesentlichen Inhalt des Textes über John Cabot mithilfe deiner Notizen wieder.

4 Vergleiche die beiden Amerika-Entdecker. Was haben sie gemeinsam, wodurch unterscheiden sie sich voneinander? Lege dazu eine Tabelle an, z. B.:

	Kolumbus	**Cabot**
Geburtsdaten	vermutlich 1451 in Genua geb.	vermutlich 1455 in Genua geb.
Herkunft	...	...
Ziele	...	...
Auswanderung	...	...
Reiseroute	...	...
Entdeckung	...	...

TIPP!
Wenn du noch mehr über John Cabot erfahren willst, nutze den Online-Link.

Online-Link
zu Cabot
313173-0177

Auf der Suche nach einem neuen Land

→ **Seite 179, 249,** Arbeitstechnik „Einen Sachtext lesen und verstehen“

1 Verschaffe dir rasch einen Überblick über den Textinhalt. Lies nur die Überschrift und jeweils den ersten Satz jedes Textabschnittes. Notiere dann, ohne weiter in den Text zu schauen, was du vermutlich erfahren wirst.

2 Lies jetzt Abschnitt für Abschnitt gründlich. Mache dir am Ende jedes Abschnittes zu den wichtigsten Gedanken Notizen. Gib jedem Abschnitt eine Überschrift.

Die Entdeckungen der Wikinger

Leif Eriksson

Wie man aus verschiedenen Quellen erfahren kann, hat sich ungefähr im Jahre 1000 Folgendes abgespielt:

① Erik der Rote, ein rothaariger Isländer, hatte im Streit zwei seiner Nachbarn erschlagen. Von der Volksversammlung, dem Thing, wurde er dazu verurteilt, das Land für drei Jahre zu verlassen.

② Mit wenigen Gefolgsleuten brach Erik zu jener sagenhaften Insel auf, die vor Jahren ein im Sturm weit nach Westen verschlagener Seefahrer gesichtet hatte. Im Jahre 982 erreichten Erik und seine Mannschaft diese Insel, die sie Grönland nannten. In einer geschützten Bucht an der Westküste gingen sie an Land, errichteten Häuser und legten Felder an. Nach Ablauf seiner Verbannungszeit kehrte Erik nach Island zurück, fest entschlossen, andere Bewohner zu überzeugen, sich mit ihm auf Grönland niederzulassen.

③ Tatsächlich gelang ihm dies und im Frühjahr 986 stachen 25 hoch beladene Schiffe in See. Mehr als 1300 Kilometer mussten sie über das offene Meer segeln. Die Männer, Frauen und Kinder an Bord hatten eisige Kälte und schwere Stürme zu überstehen. Nur 14 Schiffe erreichten Grönland.

④ Kurz nachdem Eriks Flotte Island verlassen hatte, traf dort ein junger Mann aus Norwegen, Bjarne Herjulfsson, ein, um seinen Vater zu suchen. Als Bjarne hörte, dieser sei mit Erik nach Grönland aufgebrochen, fuhr er sofort hinterher. Doch nach drei Tagen geriet sein Schiff in dichten Nebel und wurde weit abgetrieben. Nach mehreren Tagen sichteten die Seefahrer endlich Land. Doch konnte es nicht Grönland sein, denn es war flach und bewaldet. Noch dreimal änderte Bjarne den Kurs, bis sie endlich glücklich das felsige, baumlose Grönland erreichten und die Siedlung der Isländer fanden.

⑤ Erik der Rote hörte den Bericht über diese Irrfahrt und wollte jenes unbekannte Land im Südwesten erkunden. Deshalb schickte er seinen Sohn Leif auf die Reise. Es muss um das Jahr 1000 gewesen sein, als dieser zusammen mit etwa 35 Mann die Expedition wagte. Sein Kurs war vermutlich West. Er überquerte die heutige Labradorsee und kam an die von dem Wikinger Bjarne Herjulfson damals beschriebene Küste.

⑥ Es war das heutige Kanada. Nach Süden segelnd suchte er einen geeigneten Platz zur Überwinterung. Dieser Ort soll die Nordspitze Neufundlands gewesen sein. Ausgrabungen im Jahr 1960/61 bestätigten dies. Man fand Überreste einer Siedlung, die eindeutig von den Wikingern stammte. Man kann die Entdeckung Amerikas durch den Wikinger Leif Eriksson 500 Jahre vor Cabot und Kolumbus als erwiesen betrachten.

3 Fasse den Inhalt des gesamten Textes über Leif Eriksson zusammen. Nutze dazu deine Notizen zu den einzelnen Abschnitten.

4 EXTRA Wen würdest du als Entdecker Amerikas bezeichnen? Begründe deine Meinung. Verwende auch noch andere Informationsquellen, z. B. Geschichtsbücher, Lexika, das Internet.

TIPP!
Wenn du noch mehr über Leif Eriksson erfahren willst, nutze den Online-Link.

Online-Link
zu Leif Eriksson
313173-0179

Arbeitstechnik

Einen Sachtext lesen und verstehen

Vor dem Lesen
Stelle anhand der Überschrift und evtl. vorhandener Diagramme und Bilder fest, um welches Thema es geht.

Überblickslesen
Verschaffe dir einen Überblick über den Textinhalt:
- Erfasse den Aufbau des Textes (Ist er in Abschnitte gegliedert, enthält er Zwischenüberschriften, Hervorhebungen, ...).
- Lies die einzelnen Abschnitte kurz an und überlege, was du vermutlich aus dem Text erfahren wirst.

Genaues abschnittsweises Lesen
Lies nun Abschnitt für Abschnitt genau, schlage Unbekanntes nach. Beantworte nach jedem Abschnitt für dich die Frage, was in dem Abschnitt steht. Notiere das Wichtigste.

Nach dem Lesen
Denke über den gesamten Text nach: Was habe ich erfahren? Was weiß ich jetzt mehr? Was sehe ich jetzt anders?

Woher kamen die Indianer?

→ **Seite 179, 249,** Arbeitstechnik „Einen Sachtext lesen und verstehen"

1 Überfliege den Text. Schreibe auf, in welchem Abschnitt du die Antwort auf folgende Fragen findest, z. B.: *1 e), ...*

a) Wann wurden die Kontinente Asien und Amerika voneinander getrennt?
b) Auf welche Fragen versuchen Forscher eine Antwort zu finden?
c) Woher kamen die frühen Seefahrer? Welches Gebiet besiedelten sie?
d) Warum wissen die Forscher noch immer nicht genau, woher die Indianer eigentlich kamen?
e) Warum heißen die Indianer eigentlich Indianer?

Wie kamen die Indianer nach Amerika?

① Als Kolumbus in Amerika landete, lebten dort schon Menschen. Kolumbus dachte, dass er in Indien angekommen sei. Deshalb nannte er die Menschen, auf die er dort traf, Indianer. Obwohl man den Irrtum natürlich eines Tages bemerkte, änderte man den Namen Indianer für die Menschen in dem neu entdeckten Kontinent nicht mehr.

Häuptling Hollow Horn Bear

② Aber woher kamen diese Menschen? Der Kontinent ist vollständig von Wasser umschlossen. Große Schiffe konnten die Indianer noch nicht bauen. Bis heute weiß man noch nicht eindeutig, wie es zu der frühen Besiedelung Amerikas gekommen ist. Es gibt aber verschiedene Versuche, dies zu erklären:

③ *Erklärung 1: Der Weg über die Landbrücke*
Aus Sibirien in Asien kamen die ersten Menschen auf den amerikanischen Kontinent vor etwa 16.000 bis 12.000 Jahren. Sie wanderten über eine Landbrücke, die zu der Zeit Asien und Amerika noch miteinander verband. Erst mit dem Ende der Eiszeit ging die Landbrücke unter, weil sich der Meeresspiegel hob. So wurden die beiden Kontinente vor etwa 10.000 Jahren getrennt.

④ *Erklärung 2: Die Küstenbesiedelung*
Frühe Seefahrer, die zwar noch nicht einen Ozean überqueren, aber die Küsten entlangfahren konnten, kamen von Japan und Sibirien und besiedelten die damals schon eisfreien Teile der amerikanischen Westküste bis hinunter in den südlichsten Zipfel von Südamerika.

⑤ Da man häufig Überreste dieser frühen Besiedelungen findet, gibt es auch immer wieder neue Erklärungen. Auch dadurch, dass man heute das Erbgut der gefundenen frühzeitlichen Menschen bestimmen kann und weiß, mit wem diese Ureinwohner Amerikas verwandt waren, zweifelt man immer wieder an den verschiedenen Erklärungen.
Für die Forscher gibt es also noch eine Menge Arbeit.

2 Lies jetzt Abschnitt für Abschnitt gründlich. Überlege nach jedem Abschnitt: Welche Fragen beantwortet der Text?
Schreibe aus jedem Abschnitt Schlüsselwörter heraus. Mit diesen Schlüsselwörtern kannst du selbstständig wichtige Gedanken formulieren.

3 Sieh dir die folgende Abbildung an. Schreibe auf, zu welchem Textabschnitt sie passt.

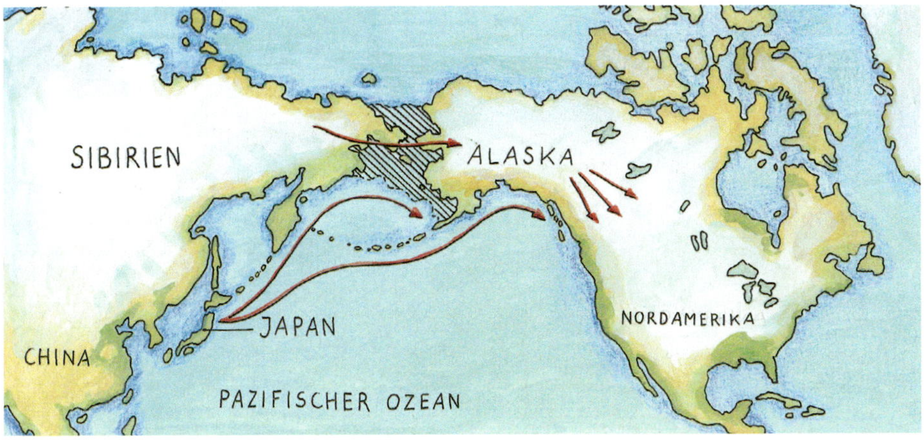

4 Schreibe die Fragen aus Aufgabe 1 in der Reihenfolge auf, in der sie im Text beantwortet werden, z. B.:
1. Warum heißen die Indianer eigentlich Indianer?

5 Beantworte diese Fragen, z. B.:
1. Warum heißen die Indianer eigentlich Indianer? → Kolumbus nannte die Menschen auf dem fremden Kontinent Indianer, weil er dachte …

Ein Kurzreferat vorbereiten

1 In diesem Kapitel hast du aus verschiedenen Sachtexten Informationen über die Entdeckung Amerikas entnommen. Welche Möglichkeiten kennst du, um Informationen an eine Gruppe von Zuhörern weiterzugeben?

2 Besprecht, wie ihr euch am besten auf ein Kurzreferat vorbereiten könnt. Welche Arbeitsschritte sind notwendig? Bezieht die Arbeitstechnik auf Seite 183 in eure Überlegungen mit ein.

3 Zur Vorbereitung auf ein Referat kannst du einen Sprechzettel oder eine Mind-Map mit einer ausgearbeiteten Gliederung anfertigen. Sieh dir die Beispiele an und entscheide dich für eine Möglichkeit.

Beispiel für einen Sprechzettel

GLIEDERUNG:

Thema des Referates → Woher kamen die Indianer?

Für den sicheren Anfang: formulierter Einleitungssatz → Ich möchte in meinem Referat über die Besiedelung Amerikas sprechen.

Abschnitte des Referates →

1. Der Irrtum des Kolumbus
   - ....
   - ....
2. Woher kamen die Menschen? Verschiedene Erklärungen:
   Erklärung 1 ....
   Erklärung 2 ....
3. Die Forscher haben immer wieder neue Arbeit
   - ....

Abbildungen zur Veranschaulichung → Abb. 1 | Abb. 2 | Abb. 3

Formulierter Schlusssatz → Zum Abschluss …

Beispiel für eine Mind-Map

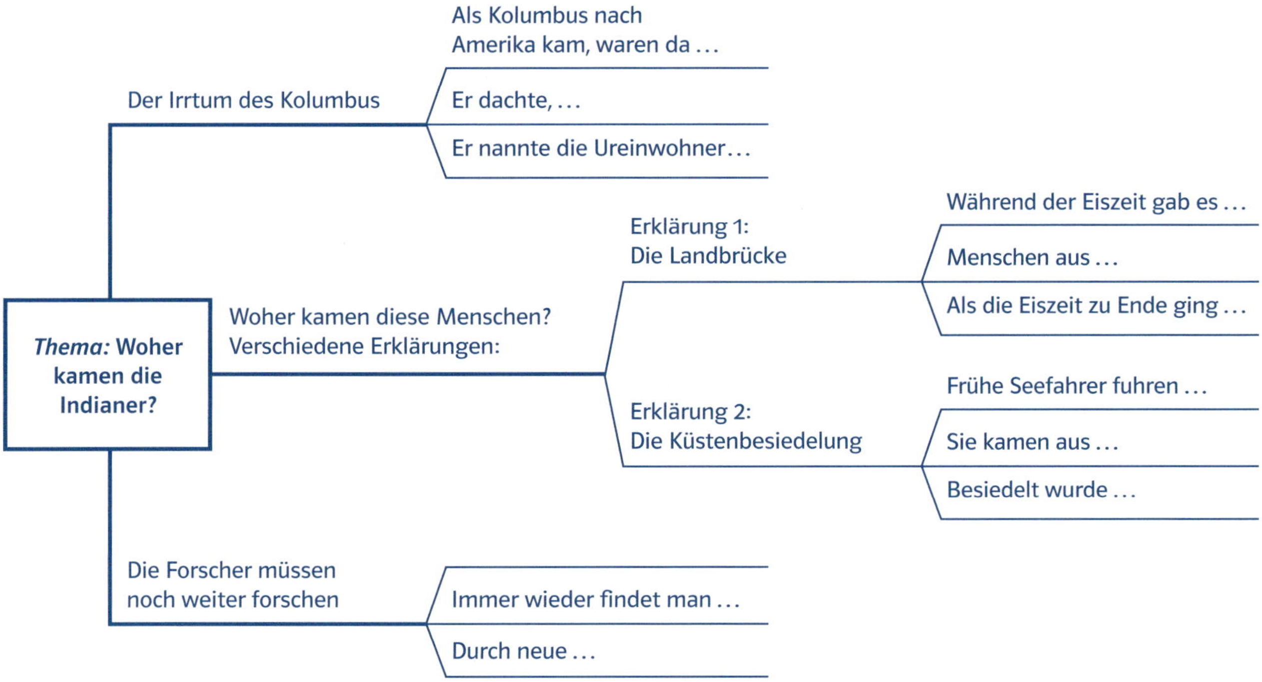

4 Lege zu einem Thema deiner Wahl deinen eigenen Sprechzettel oder deine eigene Mind-Map an.

Arbeitstechnik

Ein Kurzreferat vorbereiten

1. Suche ein für die Zuhörer interessantes Thema aus.
2. Sammle Informationen zu dem Thema: Lies z. B. Texte in Büchern, Zeitschriften oder im Internet und mache dir Notizen. Trage Anschauungsmaterial zusammen.
3. Erarbeite eine kurze Gliederung (Einleitung, Schlüsselwörter zu den Hauptgedanken, ...) und ordne die gesammelten Informationen zu.
4. Fertige einen Sprechzettel an (Thema, Einleitungssatz, Gliederung in Stichworten, wichtige Fakten, ...).
5. Übe, das Kurzreferat vorzutragen.

TIPP!
Übe dein Kurzreferat mit einem Partner oder vor dem Spiegel zu Hause. Denke beim Vortrag daran: Warten, bis alle leise und zum Zuhören bereit sind! Langsam, laut und deutlich sprechen! Sprechpausen einlegen! Wichtiges betonen! Die Zuhörer ansehen!

5 EXTRA Bereite dich darauf vor, ein Kurzreferat vor der Klasse oder Gruppe zu einem Thema deiner Wahl zu halten. Bedenke, dass die Informationen für deine Zuhörer interessant und verständlich sein müssen.

→ **Seite 184 f.**
Ein Referat bewerten (Ein Feedback geben)

Ein Referat bewerten

Um dein Referat besser einschätzen zu können und um deine Vortragsweise zu verbessern, brauchst du eine Rückmeldung (ein Feedback) deiner Zuhörer.
Bitte deshalb deine Zuhörer nach Beendigung deines Referates, Fragen zu stellen, wenn sie etwas nicht verstanden haben. Bitte sie auch um eine kurze Einschätzung zu deinem Vortrag.

TIPP!
Nutze dazu den Online-Link.

Online-Link
Vorschlag für einen Beobachtungsbogen als Arbeitsblatt
313173-0184

1 Fertige einen Beobachtungsbogen an, auf dem du notieren kannst, wie du den Vortrag eines Mitschülers einschätzt.

2 Besprecht die folgenden Regeln für die Einschätzung eines Referats einer Mitschülerin oder eines Mitschülers in der Klasse.

Regeln
1. Betone in deiner Einschätzung die beobachteten Stärken. Dann kann auch Kritik besser aufgenommen werden (*Ich finde, dass du sehr gut gezeigt hast, …*).
2. Beschreibe möglichst genau, was du an welcher Stelle beobachtet hast. Bleibe dabei sachlich (*Als du über Kolumbus' Reise geredet hast, hast du meiner Meinung nach zu viel abgelesen.*).
3. Deine Einschätzung soll den Vortragenden aufbauen. Mache Verbesserungsvorschläge (*Ich fand gut, dass du erklärt hast, wie die Schiffe gebaut wurden, aber du hättest an der Stelle Bilder zeigen können, damit man sich besser vorstellen kann, …*).
4. Mache deutlich, dass es sich um deine persönliche Meinung handelt. Vermeide Verallgemeinerungen (*Alle finden, dass du …*). Formuliere stattdessen Ich-Botschaften (*Ich hätte mir gewünscht, dass noch mehr durch Bildmaterial veranschaulicht wird, z. B. …*).

Merke

Ein Feedback ist eine mündliche oder schriftliche Rückmeldung. Wer zum Beispiel ein Referat gehört/einen Text gelesen hat, kann dem Referenten bzw. dem Autor ein Feedback geben. Darin teilt der Hörer oder Leser mit, wie ihm das Referat/der Text gefallen hat, was seiner Meinung nach gut und was nicht so gut gelungen ist. Ein Feedback kann auch Vorschläge zur Überarbeitung und Verbesserung enthalten. Der Referent/Autor entscheidet aber selbst, ob er diese Vorschläge annimmt.

Wenn du ein Feedback erhältst, höre es dir in Ruhe an. Es ist die persönliche Meinung deines Gegenübers; deshalb musst du dich nicht verteidigen.
Frage nach, wenn du etwas nicht verstanden hast. Es liegt an dir, das für dich Wichtige auszuwählen und darauf einzugehen.

3 Besprecht, welche Regeln bei dem folgenden Feedback eingehalten wurden, welche nicht.

Erfan hatte angekündigt, dass er total interessante Dinge über die Entdeckung Amerikas darstellen will. Aber er hat ja darüber nur gesagt, was ich ohnehin schon alles weiß. Also nichts Neues. Etwas vortragen, was in unserem Buch steht, ist doch kein Kunststück! Es hat sich so angehört, als hätte er alles auswendig gelernt. Ein Glück, dass er wenigstens die Zeit eingehalten hat! Verstanden hat man ja alles. Das Beste am ganzen Vortrag waren noch die Karten und die Schiffsbilder. Woher hat Erfan denn die? Aus dem Internet? Insgesamt – na, was soll man sagen – wir hätten lieber was Spannenderes gehört.

4 EXTRA Überarbeite die Einschätzung des Referats so, dass die Regeln auf Seite 184 eingehalten werden.

5 EXTRA Probiert einmal aus, einer/einem Vortragenden mit einer Auswertungszielscheibe ein Gruppenfeedback zu geben. Geht so vor:

- Auf einen großen Papierbogen, auf die Tafel oder auf eine Folie wird eine Zielscheibe gemalt. Wie auf einer Dart-Scheibe erhält der innere Kreis 100 Punkte. Jeder weiter außen liegende Kreis erhält 10 Punkte weniger. Der äußere Kreis erhält 10 Punkte.
- Die Zielscheibe wird durch eine waagerechte und eine senkrechte Linie aufgeteilt. Die „Stücke" werden mit Bereichen, die bewertet werden sollen, beschriftet.
- Jeder kann nun mit farbigen Punkten eine persönliche Bewertung abgeben, indem er die Punkte an die seiner Meinung nach angemessene Stelle klebt oder malt (in jedem Stück ein Punkt).
- Anschließend wird über das Ergebnis gesprochen.

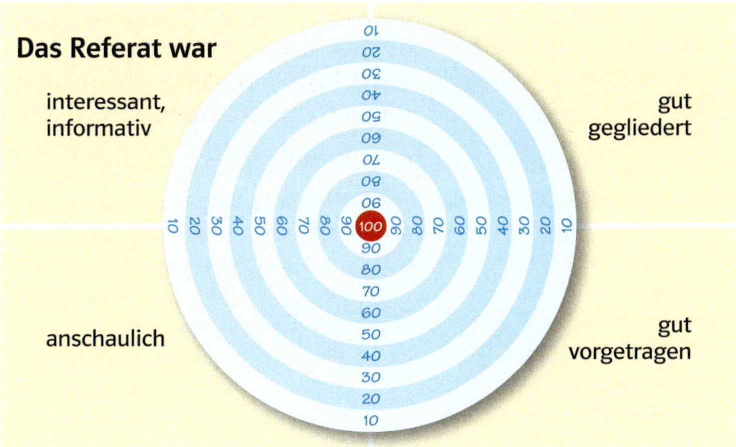

Die Schiffe der Wikinger

TIPP!
Kläre unbekannte Begriffe.

1 Hier findest du Informationen für ein Kurzreferat zum Thema „Die Schiffe der Wikinger". Lies und notiere dir die Informationen, die in deinem Kurzreferat eine Rolle spielen sollen.

Großartige Handwerker

① Das Geheimnis des Erfolges wikingischer Schiffbauer war ihr grandioses* handwerkliches Können. Sie achteten darauf, wie und in welcher Stärke jede Planke behauen war. Obwohl Sägen damals schon bekannt waren, arbeiteten die Wikinger lieber mit der Axt. In der Handhabung dieses Werkzeuges waren sie nahezu genial. Um die Spannkraft des Holzes in optimaler Weise zu erhalten, spalteten sie jeden Baumstamm der Länge nach in eine Reihe von Segmenten, die von der Rinde ins Kernholz reichten; diese dreieckigen Segmente wurden dann von den Schiffbauern mit dem Breitbeil zu einheitlichen Planken behauen, die alle die richtige Länge und Stärke hatten.

* grandios: großartig, ausgezeichnet, sehr gut

Schiffstypen für jedes Wetter

② Die Wikingerschiffe waren alle nach demselben Grundprinzip gebaut. Sie waren Spitzgattboote** mit überlappenden Eichenplanken, Ruderantrieb und einem einzigen rechteckigen Segel. Trotzdem bildeten sich im Laufe der Zeit verschiedene Größen und Formen heraus, je nachdem, welchem Zweck sie dienen und welchem Seegang sie standhalten sollten. In einer Zeit, in der alles von Hand und ohne formale Pläne gefertigt werden musste, gab es verständlicherweise keine zwei Schiffe, die gleich waren. Ungefähr um das Jahr 1000 lassen sich dennoch vier Grundtypen von Schiffsrümpfen unterscheiden, die die Wikinger in der Regel bauten:

** Spitzgattboot, das: Boot mit spitz zulaufendem Heck

Der große **Drakar**, auch Drachenschiff genannt, der Stolz von Königen und das Flaggschiff der Wikingerflotte, hatte eine Länge von mehr als 48 Metern und eine Breite von 7,50 Metern; er war mit bis zu 72 Riemen*** ausgerüstet. Neben der enormen Größe war der ungewöhnlich hohe Freibord das auffälligste Merkmal des Drakar, der der Besatzung von 300 Kriegern größtmögliche Vorteile im Kampf bot.

*** Riemen, hier: Ruder, die an Riemen befestigt waren

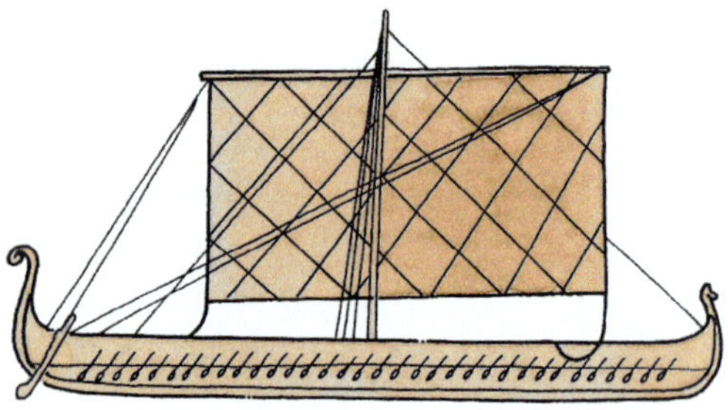

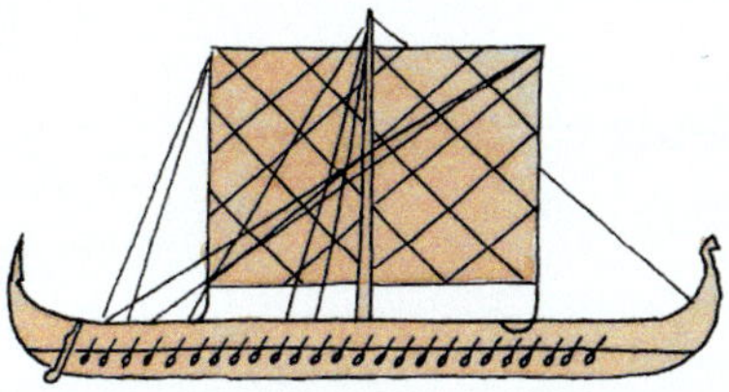

Schnell und leicht manövrierfähig war das niedrig gebaute, vielseitige **Langschiff** (für bis zu 200 Mann), das sowohl für Raubüberfälle als auch für den Küstenhandel eingesetzt wurde (rund 20 Tonnen Fracht). Es war etwa 30 Meter lang und 6 Meter breit und hatte etwa 50 Ruderlöcher.

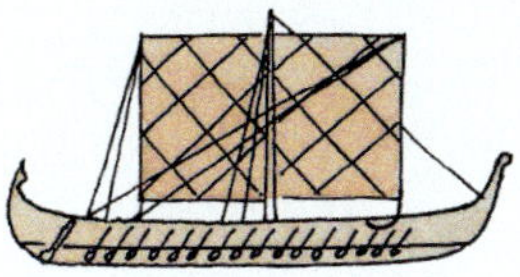

Die **Karvi** war kleiner als die Kriegsschiffe. Sie diente den Flotten als Hilfsfahrzeug und wurde in Friedenszeiten von Häuptlingen als „Luxusjacht" verwendet. Sie war 21 Meter lang, 5,10 Meter breit, konnte mit 32 Riemen gerudert werden und hatte einen Tiefgang von knapp einem Meter.

Der **Knorr** war das einzige Wikingerschiff, das sich in erster Linie zum Segeln eignete. Er war das ideale Schiff für Handels- und Entdeckungsfahrten. Der kurze (16,50 Meter) und breite (4,40 Meter) Schiffsrumpf fasste 15 Tonnen Fracht. Der tiefe Kiel erleichterte genaueres Kurshalten.

Bedeutung der Schiffe

③ Schiffe waren im Leben der Wikinger von größter Bedeutung. Deshalb ist es nicht verwunderlich, dass sie auch in den Vorstellungen vorkamen, die sich Wikinger von einem Leben nach dem Tod machten. Starb ein einflussreicher, angesehener Häuptling, wurde er deshalb in einem Boot bestattet, das eigens zu dem Zweck gebaut worden war. Dieses Totenschiff belud man mit Waffen, Kleidung und Hausrat, aber auch mit Nahrungsmitteln und geopferten Tieren, damit es dem Verstorbenen im Jenseits an nichts fehle. War die aufwändige Totenfeier beendet, wurde das Schiff mit Erde bedeckt, sodass ein mächtiger Grabhügel entstand.

TIPP!
Wenn du noch mehr Informationen in dein Referat einbauen willst, nutze den Online-Link.

Online-Link
zu Wikingerschiffen
313173-0187

2 Fertige einen Sprechzettel oder eine Mind-Map für dein Kurzreferat an. Lies auf Seite 182/183 nach, wie man das macht.

3 Übe dein Kurzreferat mit einem Partner oder vor einem Spiegel zu Hause. Beachte die Tipps zum Vortrag auf Seite 183.

Wörter unterwegs

1 Stelle fest, aus welchen Sprachen die folgenden Sätze kommen.

1. *Dans les anuées quarante, on mangeait de la margarine comme ersatz du beurre.*
2. *El kindergarten de mi hermana está en el centro de la ciudad.*
3. *On my school exchange trip to the Black Forest I tried sauerkraut.*
4. *A hinterlândia da costa é realmente espectacular.*

2 Übersetze die Sätze aus Aufgabe 1. Du kannst die folgende Wörterliste als Hilfe verwenden.

a (port.) – die
anuées (frz.) – Jahre
beurre (frz.) – Butter
black (engl.) – schwarz
centro (span.) – Zentrum
ciudad (span.) – Stadt
comme (frz.) – wie, als
costa (port.) – Küste
da (port.) – von der
dans (frz.) – in
de (frz.) – von
de (span.) – von
du (frz.) – der
é (port.) – ist
el (span.) – der
en (span.) – in
está (span.) – ist
to (engl.) – nach
trip (engl.) – Reise
forest (engl.) – Wald
hermana (span.) – Schwester
I (engl.) – ich
la (frz.) – die
la (span.) – die
les (frz.) – die
mangeait (frz.) – aß
margarine (frz.) – Margarine
mi (span.) – mein
my (engl.) – mein
on (engl.) – auf, bei
on (frz.) – man
quarante (frz.) – vierzig
realmente (port.) – wirklich
school exchange (engl.) – Schüleraustausch
the (engl.) – der, die, das
tried (engl.) – probierte aus
espectacular (port.) – atemberaubend

3 In jedem Satz aus Aufgabe 1 fehlt ein Wort aus der Wörterliste. Stelle fest, welches Wort das jeweils ist. Warum brauchen diese vier Wörter nicht in der Wörterliste aufgeführt zu werden?

4 Überlege, welche Wörter du im Deutschen kennst, die aus anderen Sprachen stammen.

5 Besprecht:
Welche Gründe könnte es dafür geben, dass Sprachen fremde Wörter aufnehmen?

6 Pommes frites kennst du. Aber wie würdest du erklären, was das ist, wenn du jemanden treffen würdest, der noch nie welche gesehen und gegessen hat? So könntest du beginnen:

Pommes frites sind in Streifen geschnittene …
Sie werden in … gegart.

Erkläre auf diese Weise auch die folgenden Wörter.

Ayran – Baguette – Croissant – Joghurt
Cheeseburger – Köfte – Camembert – Döner
Chips – Kebab – Donuts – Lahmacun
Lasagne – Minestrone – Pizza – Tiramisu
Steak – Spagetti – Popcorn – Crêpes

TIPP!
Wenn Wörter dabei sind, die du nicht kennst, schlage in einem Wörterbuch nach.

→ **Seite 238,** Rechtschreibstrategie „Besondere Schreibungen einprägen"

7 Die Wörter aus Aufgabe 6 kommen aus verschiedenen Sprachen. Lege eine Tabelle an und ordne die Wörter ein, z. B.:

französisch	**italienisch**	**englisch**	**türkisch**
Croissant	…	…	…

TIPP!
Du kannst auch im Internet nachforschen, woher die Wörter kommen. Nutze dazu den Online-Link.

Online-Link
zum Online-Lexikon
313173-0189

8 EXTRA Aus welchen Sprachen kommen die folgenden Wörter? Schlage in einem Herkunftswörterbuch nach.

Alkohol – Apfelsine – Bank – Fenster – Hängematte – Kaffee – Kajak – Kilometer – Kiosk – Mais – Makkaroni – Mathematik – Orkan – Quartett – Schi – Schokolade – Schaschlik – Tomate – Tee

Fremdwörter verstehen und verwenden

1 Viele bei uns verwendete Fremdwörter kommen aus den Bereichen „Mode“ und „Kleidung“. Erkläre, was sie bedeuten. Ordne ihnen die Erklärungen richtig zu, z. B.: Shorts → kurze Hose

Shorts | Windbreaker | Overall | Blazer | Bustier

Top | Sneakers | Basecap | Trenchcoat

Sweatshirt | Sakko | Pumps | Cardigan | Parka

Boots | Shirt | Pyjama | Accessoire

Erklärungen:
kurze Hose – Hemd – miederartige Unterwäsche für Damen – Damenschuh mit höherem Absatz – enges Oberteil mit Trägern – Stiefel – einteiliger Ganzkörperanzug – modernes Zubehör – Sportschuhe – Damenjackett – lange Strickweste – Regenmantel – Schirmmütze – Schlafanzug – Windjacke – Herrenjacke – knielanger Anorak – Pullover

2 Schreibe den Text ab. Ersetze dabei die unterstrichenen Wörter bzw. Wortgruppen durch passende Fremdwörter.

Ich habe ein <u>Treffen mit einer berühmten Person</u> gewonnen

Letzte Woche nahm ich an einem Radiogewinnspiel teil und gewann den ersten Preis. Ich war so <u>glücklich</u>. Der erste Preis waren nämlich <u>Eintrittskarten</u> für einen <u>Auftritt</u> meiner Lieblingsgruppe. Ich durfte sogar <u>hinter die Bühne</u>. Dort sah ich dann auch andere <u>berühmte und nicht ganz so berühmte Sänger und Sängerinnen</u>, deren Namen ganz oben in der <u>Liste der zehn meistverkauften Lieder</u> stehen. Bei der <u>Darbietung</u> meiner Lieblingsgruppe sang ich dann laut alle <u>sehr erfolgreichen Lieder</u> mit. Der <u>Klang</u> war <u>tadellos</u> und die <u>Kleidung</u> eine Augenweide.

Performance | Sound | Tickets | Outfits

Stars und Starlets | happy | backstage

Show | Hits | perfekt | Top Ten | Star-Meeting

3 Welche Erklärung ist richtig?

Schreibe sie auf, z. B.: 1. konstruieren → bauen

TIPP!
Du kannst in einem Wörterbuch nachschlagen, wenn du unsicher bist.

1. konstruieren: feststellen, bauen, befestigen
2. konsultieren: zu Rate ziehen, überlisten, bewerten
3. konjugieren: Gespräche führen, Satzglieder umstellen, Verbformen bilden
4. konkurrieren: wetteifern, stehlen, wiederherstellen
5. konsumieren: untersuchen, verbrauchen, zusammendrücken
6. konservieren: haltbar machen, veranschaulichen, schwieriger machen
7. konfrontieren: gegenüberstellen, erzwingen, flüchten
8. konferieren: erfinden, tagen, sich ausdenken

4 Ordne die folgenden Substantive/Nomen den Verben aus Aufgabe 3 zu. Schreibe die Substantive/Nomen mit Artikel auf, z. B.:
1. konstruieren → die Konstruktion

Konferenz – Konsum – ~~Konstruktion~~ – Konsultation – Konjugation – Konservierung – Konfrontation – Konkurrenz

5 Finde die richtige Erklärung zu den folgenden Fremdwörtern. Schreibe sie auf, z. B.: 1. kompetent → befähigt

1. kompetent: fleißig, befähigt, strebsam
2. kommunikativ: zur Unterhaltung bereit, interessiert, geschwätzig
3. kompliziert: schwierig, vollständig, unverständlich
4. aggressiv: verschwiegen, angriffslustig, stark
5. aktiv: streitsüchtig, redegewandt, tatkräftig
6. passiv: interesselos, listig, ungeschickt
7. objektiv: gefühlvoll, sachlich, rücksichtsvoll
8. subjektiv: unsachlich, taktvoll, geheimnisvoll

6 Finde zu jedem Adjektiv aus Aufgabe 5 ein Substantiv/Nomen aus derselben Wortfamilie. Schreibe es mit Artikel auf, z. B.:
1. kompetent → die Kompetenz

7 Finde zu den folgenden Fremdwörtern passende Verben oder Adjektive, z. B.: Explosion → explodieren

Explosion – Existenz – Export – Diskussion – Disziplin – Disqualifikation – Annonce – Camp – Balance – Zivilisation – Aggression – Abstraktion

15 Kinder der Straße

Blick auf Medellín

Hernán in seiner Behausung

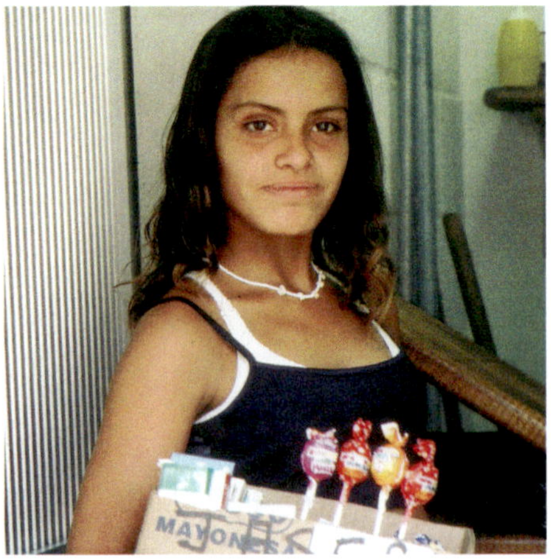

Die 14-jährige Enrica

1 Beschreibe, was auf den einzelnen Fotos auf Seite 192 zu sehen ist.

2 Kinder und Jugendliche, die auf sich gestellt sind und ständig auf der Straße leben, müssen sehr selbstständig sein. Tausche dich mit deinen Mitschülern darüber aus, welche Alltagsprobleme diese Kinder lösen müssen.

3 Eins der abgebildeten Kinder wird hier genauer vorgestellt.

→ **Seite 179, 249,** Arbeitstechnik „Einen Sachtext lesen und verstehen"

Online-Link Hörverstehen 313173-0193

Hernán

Jeden Tag so gegen 12 Uhr kann man Hernán an einer bestimmten Stelle der Uferböschung des Río Medellín* im Zentrum der Stadt treffen, wo eine Betonröhre ein kleines Rinnsal von fast sauberem Wasser, das von den Bergen herunterkommt, in den Fluss leitet. Dort wäscht er sich, seinen Hund und einmal in der Woche auch seine Jeans, das Hemd und die Socken, die dann auf den von der Sonne gewärmten Steinen getrocknet werden. Hernán ist 15 Jahre alt, ein freundlicher, liebenswürdiger Junge, der gerne lacht. Den Hund hat er aus dem Fluss gefischt, nachdem ihn seine vorherigen Besitzer dort ertränken wollten. Nun folgt ihm das Tier auf Schritt und Tritt. Eine Leine braucht er selbst im dichtesten Verkehrsgewühl nicht.
Um den Hals trägt Hernán einen kleinen Beutel mit seinen wenigen Habseligkeiten, darunter eine Zahnbürste und eine Tube mit Zahncreme. Täglich putzt er sich die Zähne. Deren Zustand ist ihm wichtiger als alles andere auf der Welt. Wenn er über seine Zähne spricht, drücken seine Augen Befriedigung und Stolz aus. Sein Gebiss, sagt er, müsse stets in einem perfekten Zustand sein. Das gibt ihm ein Gefühl von Würde, ja Überlegenheit. Wenn er sich im Kreis seiner Freunde und Bekannten umschaut, findet er kaum einen, dessen Zähne mit den seinen vergleichbar wären. Die meisten haben Lücken, faule oder ausgeschlagene Zähne. Einen Zahn zu verlieren, das wäre für Hernán eine fürchterliche Vorstellung. Diesen Gedanken teilen auch die meisten Straßenkinder. Solange alle Zähne vorhanden sind, ist nichts verloren. Gesunde Zähne bedeuten, die Chance zu haben, dem Leben auf der Straße eines Tages entrinnen zu können und von den anderen, den „normalen" Menschen, anerkannt zu werden. Eine Zahnlücke aber grenzt aus für immer und ewig. Wenn Hernán auch nur einen Zahn verlieren würde, so wäre er ein für alle Mal als Straßenkind gebrandmarkt, und die weiteren Folgen lägen auf der Hand. Dann bräuchte er auf sein äußeres Erscheinungsbild keinen Wert mehr zu legen. Es wäre ihm gleichgültig. Er würde sich nicht mehr regelmäßig waschen, die Haare kämmen, die Kleider flicken und sauber halten und würde zusehends die Farbe seiner Umgebung annehmen: grau.

TIPP!
Im Lexikon und im Internet findest du Informationen zur Lage, zum Klima und zu den Lebensumständen der Menschen in Medellín.

* Medellín [sprich: Medeljín] ist eine Großstadt in Südamerika

„Straßenkinder“

1 Versuche den Begriff „Straßenkinder“ zu erklären.

2 Lies die Zwischenüberschriften des folgenden Textes. Welche Informationen kann man vermutlich im Text finden?

→ **Seite 179, 249,** Arbeitstechnik „Einen Sachtext lesen und verstehen“

3 Lies den Text abschnittsweise und notiere dir nach jedem Abschnitt den Hauptgedanken in Stichworten.

Nach Beatrix S. Hell (UNICEF)*

Wer ist ein Straßenkind?

Straßenkinder gehören mehr und mehr zum Stadtbild der Großstädte. Sie leben und arbeiten auf Kreuzungen zwischen Autos, Lärm und Gestank – vor allem in den Ländern Südamerikas, Afrikas und Asiens, aber immer häufiger auch in Europa. Die meisten Straßenkinder sind zwischen acht und 15 Jahren alt. Und sie werden immer jünger.

Geschätzte Zahlen

Globale Schätzungen gehen von 100 bis 200 Millionen Kindern und Jugendlichen aus, die in Städten auf der Straße leben und arbeiten. In der äthiopischen Hauptstadt Addis Abeba gibt es zum Beispiel etwa 10.000 Straßenkinder. In Moskau leben nach einer Studie der Internationalen Arbeitsorganisation 30.000 bis 50.000 Jungen und Mädchen auf der Straße. Und für Deutschland schwanken die Schätzungen zwischen 20.000 und 50.000 Straßenkindern.

„Straßenkinder“ – ein umstrittener Begriff

Bei näherer Betrachtung zeigt sich, dass der Begriff „Straßenkinder“ nicht so eindeutig ist, wie er auf den ersten Blick scheint. Es ist ein Sammelbegriff, hinter dem sich eine Vielfalt von Lebens- und Arbeitsbedingungen von Kindern und Jugendlichen verbirgt. Und schon stellen sich die nächsten Fragen: Ist das Mädchen, das tagsüber Getränke oder Obst auf der Straße verkauft, ein Straßenkind? Oder ist es der Junge, der Schuhe putzt, um sein eigenes und/oder das Überleben seiner Familie zu sichern? Oder sind es jene Kinder, die sich mit Betteln, Stehlen und Prostitution alleine durchschlagen? UNICEF unterscheidet zwischen „Kindern auf der Straße“ und „Kindern der Straße“.

* UNICEF: Kinderhilfswerk der Vereinten Nationen; unterstützt in ca. 160 Staaten Kinder und Mütter in vielen Bereichen des Lebens

Online-Link
Hörverstehen
313173-0196

„Kinder auf der Straße“

„Kinder auf der Straße“ sind diejenigen Kinder und Jugendlichen, die sich tagsüber auf der Straße aufhalten, dort oftmals auch arbeiten, um für sich oder ihre Familien den Lebensunterhalt zu verdienen. Auf Marktplätzen und an Straßenecken bieten sie ihre Dienstleistungen an: Sie putzen Schuhe, bewachen Autos, verkaufen Zeitungen und sammeln Plastikabfälle. Diese Kinder haben ein Zuhause und übernachten mehr oder weniger regelmäßig bei ihren Eltern.

„Kinder der Straße“

Als „Kinder der Straße“ bezeichnet UNICEF dagegen diejenigen Kinder, für die die Straße zum vorwiegenden Lebensort geworden ist. Sie haben meist den Kontakt zur Familie ganz verloren und schlagen sich alleine durch. Sie schlafen in Parks, auf Bahnhöfen oder in Hauseingängen.

Übergänge

Die Wirklichkeit zeigt aber, dass diese beiden Gruppen nicht eindeutig voneinander abzugrenzen sind. Denn der Schritt auf die Straße erfolgt nicht von heute auf morgen. Die Übergänge vom sporadischen zum ständigen Aufenthalt auf der Straße sind fließend. Anders als bei uns müssen wir dabei bedenken, dass vor allem für die ärmere Stadtbevölkerung in den Entwicklungsländern die Straße ein ganz alltäglicher Lebensraum ist. Nehmen wir zum Beispiel Nigeria: Dort ist es üblich, dass Mädchen und Frauen im Straßenhandel tätig sind. Schon von klein auf begleiten die Mädchen ihre Mütter und helfen ihnen beim Verkauf von Waren am Straßenrand. Die Straße ist ein normaler Arbeitsplatz. Hier bieten viele ihre Dienstleistungen feil, wie Botengänge, Lastentragen o. Ä.

Die Straße: Ein normaler Ort zum Leben und Arbeiten?

Mit dieser Feststellung soll nichts beschönigt werden. Sie soll nur verdeutlichen, dass wir genau unterscheiden müssen zwischen Lebensbedingungen, die Kindern schaden, und Arbeit, die zum normalen Lebensalltag in diesen Ländern zählt. Es macht einen großen Unterschied, ob Kinder stundenweise Waren auf der Straße verkaufen, um damit das Familieneinkommen aufzubessern, oder ob sie mit Straßenhandel, Betteln, Prostitution oder Stehlen ganz alleine für sich sorgen müssen.

4 Notiere: Was wusstest du schon vorher über Straßenkinder? Was hast du im Text zusätzlich erfahren?

5 EXTRA UNICEF unterscheidet die Situation von „Kindern der Straße“ und „Kindern auf der Straße“. Zu welcher Gruppe gehört deiner Meinung nach Hernán? Begründe deine Meinung.

TIPP!
Informiere dich auch im Internet. Nutze dazu den Online-Link.

Online-Link
zum Thema „Straßenkinder“
313173-0197

Das Leben in der Stadt

1 Lies die Geschichte. Notiere dabei, was du über Pablo erfährst:

- Was für ein Junge ist er?
- Wo und wie lebt er?
- Welche Eigenschaften hat er und woran kann man diese erkennen?

Hans-Martin Große-Oetringhaus

Pablo und sein Vater

Pablo lebt weit weg von hier. Jenseits des großen Meeres, hoch oben in den Bergen Südamerikas, lebt er mit seinen Eltern und seinen fünf Geschwistern. „Aber Leben kann man dazu gar nicht sagen", meinte sein Vater. „Das ist nicht einmal ein Hundeleben", schimpfte er oft lautstark. Und er hatte allen Grund zu schimpfen. Denn als seine zwei Ziegen starben und die Preise für die Saat immer teurer wurden, musste er sich Geld leihen. Doch was gaben die Felder bei der Ernte schon her? Das war nicht viel. Es reichte nicht einmal aus, um alle sechs Kinder satt zu bekommen. […]
Was blieb ihm anderes übrig, als mit seiner Familie in die Stadt zu ziehen, in der Hoffnung, dort eine Arbeit zu finden? […]
Pablos Vater ging von Tür zu Tür. Doch überall schüttelte man nur den Kopf oder schlug ihm gleich die Tür vor der Nase zu. Jedes Mal kam er am Abend enttäuscht und traurig mit leeren Händen wieder zu seiner Familie an den Rand der Stadt zurück.
[…] „Wir werden es als Schuhputzer versuchen", sagte er eines Morgens zu Pablo. Der Vater holte sein letztes Geld hervor, das er unter dem Nachtlager aus Pappen verborgen gehalten hatte. Dann gingen sie auf den Markt und kauften sich zwei Bürsten, zwei Dosen Schuhcreme und zwei kleine Holzkästchen.
[…] „Lass uns auf den großen Platz gehen", sagte er zu Pablo. „Da kommen die meisten Leute vorbei." Doch kaum waren sie dort angekommen und hielten nach Kunden Ausschau, da kamen drei junge Männer auf sie zu. „Was wollt ihr denn hier?", fragte der eine von ihnen. „Das ist unser Revier. Hier putzen wir die Schuhe. Dass ihr uns keine Kunden wegnehmt! Verstanden?"
Pablo und sein Vater blickten die Männer erstaunt an.
„Ob ihr verstanden habt?", wiederholte der Mann energischer. Der Vater nickte schweigend.
„Dann verschwindet endlich! Und lasst euch hier nicht mehr blicken!"
Schweigend verließen die beiden den Platz.
„Wir werden es in der Hauptstraße vor den Geschäften versuchen", sagte der Vater.

Doch kaum hatten sie begonnen, mit ihren Bürsten gegen die Holzdeckel zu schlagen, um die Kunden auf sich aufmerksam zu machen, da traten zwei Männer auf sie zu.
„Sucht euch eine andere Stelle", sagten sie wirsch, „hier putzen wir!" […]
„Ob wir es einmal vor dem weißen Hotel versuchen?", überlegte der Vater. „Dort sollen immer viele Fremde vorbeikommen." Pablo nickte, obwohl er noch nie ein Hotel gesehen hatte. Sie zogen mit ihren Holzkästen zum Hotel und warteten auf den Treppenstufen. Da kam ein Herr in einem dunklen Anzug vorbei, blieb vor Pablos Vater stehen und setzte seinen rechten Fuß auf das Kästchen. Der erste Kunde! […]
Da lief plötzlich ein Mann die Treppe hinunter und fuchtelte aufgeregt mit seinen Armen durch die Luft. „Hey! Hier habt ihr nichts verloren! Hier putze ich Schuhe! Und sonst keiner! Einen alten Mann ums Brot bringen! Und wovon soll ich meine Kinder satt bekommen, wenn ihr mir einfach die besten Brocken wegschnappt? Meine kleine Maria ist krank. Und nur weil ihr mir die besten Kunden fortnehmt, kann ich ihr keine Medizin kaufen." Er griff Pablos Vater erregt am Arm und gab ihm einen leichten Stoß. Der Vater strauchelte und stürzte vier Stufen hinunter. Als er auf den Steinplatten vor der Treppe lag, spürte er in seinem rechten Handgelenk einen stechenden Schmerz. Erst nach vielen Tagen gingen die Schmerzen langsam zurück. Aber das Handgelenk blieb steif. Schuhe putzen konnte Pablos Vater jetzt nicht mehr. Pablo aber meinte, er würde schon noch eine Arbeit finden. Tagelang streifte Pablo durch die Straßen der Stadt. Dabei stieß er auf Carlos, Jaime, Alfredo, Pedro und Jos. Die fünf Jungen waren etwa so alt wie er selbst. „Du bist klein und wendig", stellten sie fest. „Kannst du auch schnell rennen?" Pablo nickte.
„Dann kannst du bei uns mitmachen." Pablo wusste nicht, worum es dabei ging. Aber er war froh, dass er vielleicht bald Geld verdienen könnte.
Am nächsten Abend musste er sich an eine Straßenecke hinstellen. Alfredo hatte ihm gesagt, dass er zweimal kurz pfeifen sollte, wenn jemand die Straße hinaufkommen würde. Dann waren die fünf Jungen in der Dunkelheit verschwunden. Alles blieb ruhig. Als sie dann in der Nacht hinter einem verlassenen Lagerhaus hockten und genau aufteilten, was Alfredo in seinem Sack trug, ahnte Pablo, womit er seinen Anteil verdient hatte. Erst wollte er etwas sagen. Doch dann musste er plötzlich an seine Geschwister, an die weinende Mutter und an Vaters steife Hand denken. Da schwieg er.

2 Verfasse einen kurzen Text über Pablo. Nutze dazu deine Notizen aus Aufgabe 1.

3 Was denkst du, was aus Pablo später geworden ist? – Notiere deine Gedanken in Stichworten.

TIPP!
Erinnere dich auch an das, was du in diesem Kapitel über die Kinder der Straße gelesen hast.

16 Alt – Enter – Esc – Strg

In diesem Kapitel schreibst du Texte am PC, speicherst sie ab, veränderst das Layout, erstellst Tabellen und vieles mehr. Dabei hast du die Möglichkeit, frei nach einem individuellen Plan zu arbeiten. Wie das geht, erfährst du auf Seite 202.

Beispiel für eine Homepage

1 Besprecht, wann ihr am Computer arbeitet und was ihr mit einem Textverarbeitungsprogramm alles machen könnt.

2 Sucht im Internet nach Homepages* von Schulen und Klassen. Vergleicht sie. Welche sind gut gelungen, welche gefallen euch nicht? Begründet.

* Die Abbildung auf Seite 200 ist ein frei erfundenes Beispiel.

3 Überlegt gemeinsam, was die Vor- und Nachteile von Anzeigen, Flugblättern, Homepages sind.

4 Besprecht, zu welchen Themen ihr in eurer Klasse Informationen sammeln und welche ihr weitergeben könntet.

5 Gib deinen Informationstexten eine übersichtliche Ordnung. Überlege, in welchen Ordnern du Texte mit folgenden Inhalten ablegen könntest:

Geburtstagsliste der Klasse | Das neueste Klassenfoto | Der Witz der Woche | Aktuelle Tabelle der Fußballbundesliga | Termine für Klassenarbeiten und Überprüfungen | Besondere Aktionen in der Schule | Sportangebote | Nachrichten aus der Region | Filmtipps | Cartoon

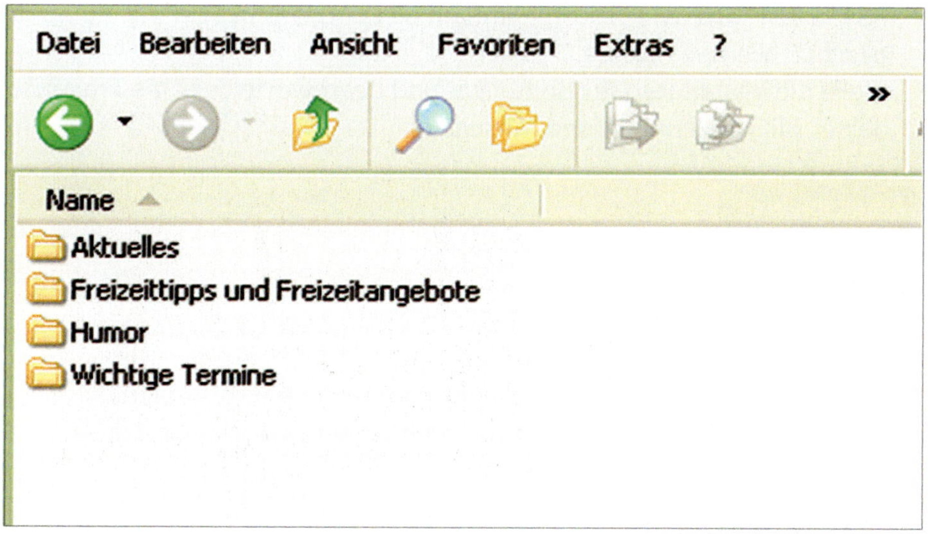

Projektarbeit

Hier bestimmst du selbst,
- welche Informationen du weitergeben willst,
- mit welchem Arbeitsblatt du beginnen willst,
- in welchem Tempo du vorgehen willst,
- welche Zusatzaufgaben du bearbeiten willst,
- ob du mit anderen zusammen oder alleine arbeiten willst,
- ob du nur in der Schule oder auch zu Hause arbeiten willst.

1 **Triff die Vorbereitungen**
1. Bearbeitungszeitraum festlegen
2. festen PC-Platz bestimmen
3. Unterverzeichnis mit deinem Namen erstellen
4. Kontroll-Ablagekasten oder Projektmappe einrichten

2 Stelle deinen **Arbeitsplan** für die Arbeit am PC auf. Gehe dabei so vor:
1. Ein Arbeitsblatt auswählen:
   - *Arbeitsblatt 1* Kleine Texte schreiben, speichern, laden und ausdrucken
   - *Arbeitsblatt 2* Texte formatieren und überarbeiten
   - *Arbeitsblatt 3* Verschiedene Gestaltungsmöglichkeiten nutzen (Layout)
   - *Arbeitsblatt 4* Zeichensetzung wiederholen
2. Die Aufgaben auf dem ausgewählten Arbeitsblatt bearbeiten.
3. Seiten ausdrucken, in den Kontroll-Ablagekasten legen oder abheften.
4. Eine der Zusatzaufgaben auf Seite 215 bearbeiten.

3 **Auswertung** Präsentiere die Ergebnisse deiner Arbeit in der Klasse.
- Nenne das Arbeitsblatt, das du bearbeitet hast.
- Beschreibe kurz, wie du vorgegangen bist und was bei der Arbeit beachtet werden musste.
- Stelle die gestalteten Textseiten vor und beantworte dazu die Fragen deiner Mitschülerinnen und Mitschüler.

Arbeitstechnik

Regeln für Projektarbeit
1. Arbeite selbstständig und frage nur, wenn es nötig ist.
2. Störe die anderen nicht bei der Arbeit.
3. Beende erst eine Aufgabe, bevor du mit einer neuen beginnst.
4. Speichere alle Aufgaben unter einem vorher festgelegten Namen ab, damit du sie wiederfindest.
5. Drucke die fertigen Blätter aus, lege sie in den Kontroll-Ablagekasten oder hefte sie in einer Projektmappe ab.

Arbeitsblatt 1 A

Kleine Texte schreiben, speichern, laden und ausdrucken

1 Schalte den Computer ein und starte das Textverarbeitungsprogramm.

2 Schreibe den folgenden Text ab. Achte darauf, dass du am Zeilenende einfach weiterschreibst und nicht auf die **Enter-Taste (⟵┘)** drückst. Beobachte, was mit dem Text passiert.

> Das **Schreiben** am **Computer** macht **Spaß**, wenn man weiß, wie es funktioniert. Die Arbeit, eigene Texte zu verfassen, kann der Computer einem zwar nicht abnehmen, aber mithilfe eines *Textverarbeitungsprogramms* kann man Texte übersichtlich und ordentlich schreiben. Man kann auch die **Schriftart** und die Schriftgröße verändern und man kann bestimmte Textstellen farbig hervorheben.

3 Wenn du dich verschrieben hast, kannst du so vorgehen:
- Setze den Cursor hinter den Buchstaben oder das Satzzeichen, das du verändern willst.
- Drücke die **Backspace-Taste (⟵)**.
- Schreibe jetzt den richtigen Buchstaben oder das richtige Satzzeichen.
- Versuche, auch im Überschreibmodus Fehler zu korrigieren. Markiere mit dem Cursor die Stelle, die du überschreiben möchtest. Drücke nun auf die **‹Einfg›-Taste** und tippe die neuen oder die richtigen Buchstaben oder Zeichen ein. Zum Beenden des Überschreibmodus drücke einfach wieder auf die **‹Einfg›-Taste**.

4 Speichere den Text ab:
- Öffne in der Menüleiste **Datei**.
- Wähle dort den Unterpunkt **Speichern unter …**
- Lege einen Ordner mit deinem Namen an.
- Erstelle einen Unterordner mit dem Namen „Arbeitsblatt 1 A".
- Gib deinem Text einen Dateinamen, unter dem du ihn wiederfindest.

5 Beende das Programm, starte es wieder neu und öffne die Datei mit dem Text, den du geschrieben und abgespeichert hast.

6 Drucke den Text aus und lege ihn – mit deinem Namen versehen – in den Kontroll-Ablagekasten oder hefte ihn in deiner Projektmappe ab.

Arbeitsblatt 1 B

7 Schreibe den kleinen Text ab oder verfasse selbst einen Text und bearbeite ihn: Drücke nach jedem Satz zweimal die Enter-Taste. Was passiert? Kannst du jetzt erklären, wie Leerzeilen entstehen?

> Der Lehrer sagt verärgert zu Adrian: „So geht das aber nicht mehr weiter. Du kannst doch nicht einfach jeden Morgen eine halbe Stunde zu spät in die Schule kommen!“
> Adrian: „Ich verstehe gar nicht, warum Sie sich so aufregen. Sie haben doch selbst gesagt, ich soll meine Zeitung zu Hause lesen!“

8 Schreibe den folgenden Satz ab.

> Das Schreiben am Computer macht Spaß, wenn man weiß, wie es funktioniert.

Füge nun ein Wort ein. Setze dazu den Cursor an die Stelle, an der ein Wort eingefügt werden soll. Schreibe dann das Wort, z. B.: *endlich*.

> Das Schreiben am Computer macht Spaß, wenn man endlich weiß, wie es funktioniert.

Achtung: Mit der <**Einfg**>**-Taste** kannst du wählen, ob ein Wort überschrieben oder ein neues eingefügt werden soll. Probiere es aus.

9 Schreibe jetzt einen eigenen Text.
Wähle dazu in der Menüleiste **Datei** den Unterpunkt **Neu ...**
Jetzt wird dir eine neue Seite gezeigt. Schreibe auf, was du davon hältst, eine eigene Homepage aufzubauen.

10 Entscheide, wie und wo du deinen Text abspeicherst.

11 Drucke den neuen Text aus.
Wähle dazu in der Menüleiste **Datei** den Unterpunkt **Drucken ...**
Lege das Blatt in den Kontroll-Ablagekasten oder hefte es in deiner Projektmappe ab.

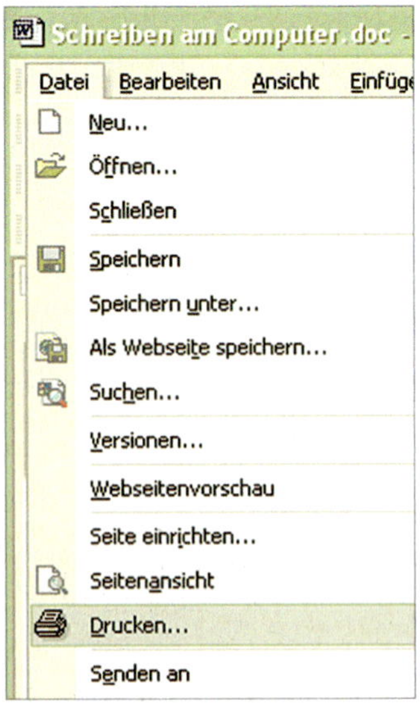

Arbeitsblatt 2 A

Texte formatieren und überarbeiten

1 Hier ist ein kleiner Text zum Üben. Schreibe ihn ab und speichere ihn.

> Die Klasse 7c informiert
> Wir haben uns entschlossen, eine eigene Homepage aufzubauen. Dazu brauchen wir auch eure Ideen und Anregungen. Wir stellen vor allem Schülertexte ins Netz, die uns gefallen: Witze, Rätsel und Informationen. Wir wollen über vier verschiedene Gebiete schreiben: Sport, Musik, Schule und Sonstiges. Neben der Pinnwand befindet sich ein Briefkasten, in den ihr eure Beiträge einwerfen könnt.
> Wir hoffen, dass euch die Idee gefällt und dass ihr uns viele Briefe schreibt. Wir freuen uns besonders über eure E-Mails. Unsere Adresse lautet:
> abds_klasse7c@web.de
> Lisa Schwanengel, Klassensprecherin der Klasse 7c

2 Füge zwischen Überschrift und Text zwei Leerzeilen ein, ebenso zwischen Text und Unterschrift.

3 Schreibe die Überschrift mindestens 20 Punkt groß und fett. Markiere dazu die erste Zeile mithilfe der Maus:
- Fahre mit dem Cursor an den Anfang der Textstelle.
- Halte die linke Maustaste gedrückt.
- Fahre mit gedrückter Maustaste ans Ende der Textstelle.
- Klicke jetzt in der Menüleiste die gewünschte Schriftgröße und Schriftstärke an.
- Mit einem weiteren Mausklick wird der Vorgang abgeschlossen.

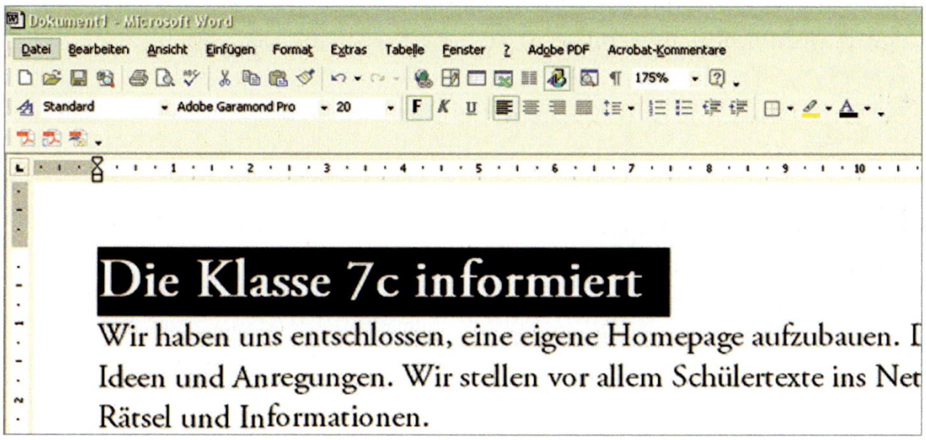

Arbeitsblatt 2 B

TIPP!
Formatieren kann man auch mit Mausklick auf der Symbolleiste.

4 Hebe bestimmte Wörter im Text (Arbeitsblatt 2 A) durch Fettdruck hervor.

5 Gliedere den Text in Absätze.

6 Formatiere jeden Absatz anders:
Blocksatz – linksbündig – zentriert – rechtsbündig:
- Markiere den Absatz.
- Wähle in der Menüleiste **Format** und dort den Unterpunkt **Absatz**.
- Wähle dann die Ausrichtung des Textes: links, zentriert, rechts, Block.

7 Speichere den Text unter einem Dateinamen, drucke ihn aus und lege das Blatt in den Kontroll-Ablagekasten oder hefte es in deiner Projektmappe ab.

8 Schreibe eine Namensliste eurer Klasse. Ordne jeder Zeile eine andere Schriftart zu. Drucke die Seite aus und beurteile, welche Schrift man am besten lesen kann. Du kannst die Seite dazu an die Wand hängen, z. B.:

Thorsten Schneider	**Ekrem Akiasi**	**Paula Becker**
Selina Magar	***Claudia Lombardi***	MIRIAM BÖHM
Birika Güglü	Igor Michailow	*Gregor Schmidt*
Andrea Müller	**Kemal Pamuk**	Annett Voigt
Philipp Franke	**SONG HEPING**	**Oliver Schwarz**

9 Entscheide dich für eine Schrift. Schreibe in dieser Schrift eine kurze Information, z. B. über das Vorhaben, eine Homepage einzurichten:

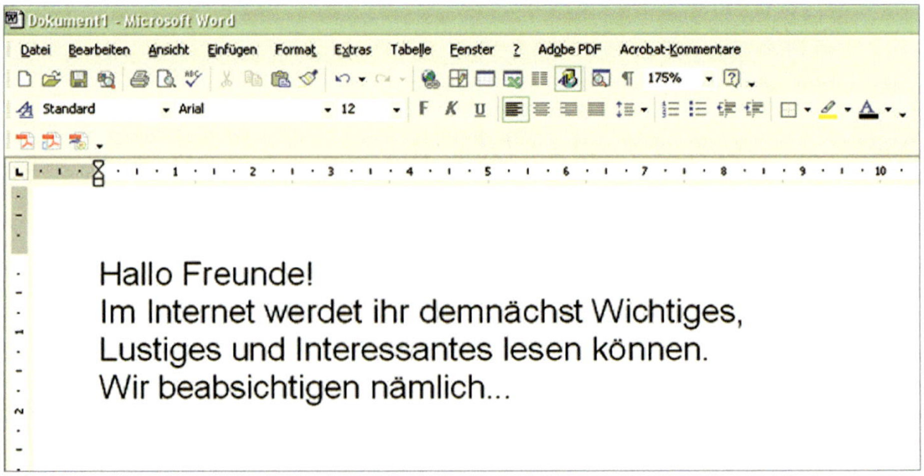

Arbeitsblatt 3 A

Verschiedene Gestaltungsmöglichkeiten nutzen (Layout)

1 Gestalte die Überschrift für ein Infoblatt eurer Klasse:
- Denke dir eine Überschrift aus und schreibe sie auf.
- Markiere die Wörter, die du hervorheben willst, wähle **Schriftart** sowie **Schriftgrad** und klicke **Fett** an.
- Markiere die gesamte Überschrift.
- Rahme die Überschrift ein. Öffne dazu in der Menüleiste **Format** das Untermenü **Rahmen . . .**
- Bestimme eine **Linienart** für den Rahmen.
- Speichere die eingerahmte Überschrift ab.

TIPP!
Infoblätter, die du immer wieder verwenden willst, kannst du nach deinen Ideen gestalten, abspeichern und jeweils aktualisieren.

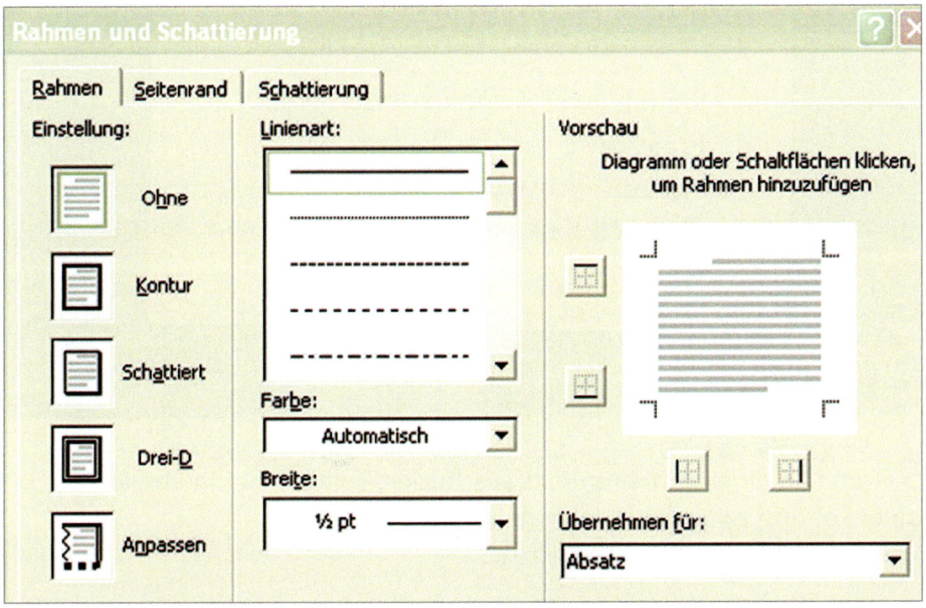

info – info – info – info – **Klasse 7c** – info – info – info – info

2 Füge eine Grafik auf dem Infoblatt ein:
- Wähle in der Menüleiste **Einfügen** den Unterpunkt **Grafik**.
- Wähle eine Grafikdatei im Verzeichnis **ClipArt** aus und klicke auf **OK**.

3 Speichere die Grafik ab, drucke das Blatt mit der Überschrift und der Grafik aus. Lege es in den Kontrollablagekasten oder hefte es in deiner Projektmappe ab.

Arbeitsblatt 3 B

4 Gestalte eine Witzseite für die Wandzeitung.
Überlege, wie ein solches Blatt aussehen könnte.

- Entscheide, ob du ein Symbol **(Sonderzeichen)** oder eine Grafik **(ClipArt)** einfügen willst.
- Versuche nun, mit dem Textverarbeitungsprogramm eine Witzseite zu entwerfen. Nimm dafür deinen Lieblingswitz. Schreibe den Text so groß, dass man ihn gut lesen kann.
- Drucke den Text zur Probe aus.

Witz der Woche

Stehen zwei Ziegen auf der Wiese. Fragt die eine: „Du, gehen wir tanzen?" Antwortet die andere: „Nö, ich hab keinen Bock."

5 Wenn du einen größeren Text ausdruckst, solltest du ihn ähnlich wie in einer Zeitung zweispaltig formatieren.
Versuche es an diesem Übungstext:

Ein Lehrer aus Norddeutschland zieht nach Bayern. Weil er die bayerischen Namen nicht kennt, fragt er einen Jungen: „Wie heißt du denn?" – „Sepp", antwortet er. – „Das heißt nicht Sepp, sondern Joseph", sagt der Lehrer. Dann fragt er einen anderen Jungen, wie er heiße. Der Junge antwortet: „Ich heiße Hannes." – „Das heißt nicht Hannes, sondern Johannes!" Dann fragt der Lehrer noch ein drittes Kind nach seinem Namen. Es antwortet: „Eigentlich heiße ich Kurt. Aber wie ich Sie kenne, heiße ich bestimmt Joghurt."

- Schreibe den Text zunächst ab.
- Markiere den Text.
- Wähle in der Menüleiste **Format** den Unterpunkt **Spalten . . .**
- Bestimme, wie viele Spalten du haben willst.

Arbeitsblatt 4 A

Zeichensetzung wiederholen – Was der Computer noch nicht kann

TIPP!
Beachte: Aufzählungen werden durch Kommas getrennt; „und“ oder „oder“ ersetzen das Komma.

1 Lies den Text durch. Warum fällt dir das Lesen schwer?
Lies den Text noch einmal. Achte auf die richtige Betonung.
Klopfe beim Lesen immer dann auf den Tisch, wenn im Text ein Satzzeichen fehlt.

→ **Seite 239,** Komma bei Aufzählungen (Wiederholung aus Klasse 5)

Eure Erfahrungen beim Schreiben mit dem Computer werden sehr unterschiedlich sein   zunächst ist das Schreiben mit der Tastatur sicher für viele sehr mühselig   damit muss sich jeder abfinden   die Vorteile eines solchen Programms zeigen sich aber erst bei den weiteren Schritten der Texterstellung   nicht umsonst ist der Fachausdruck dafür Textverarbeitungsprogramm   was bedeutet das   zunächst einmal kann man das Geschriebene löschen   überschreiben   umformulieren und neue Textstellen einfügen   das geht ohne Durchstreichen   Radieren oder Neuschreiben   natürlich muss man die Befehle kennen   darüber hinaus können alle Programme Textstellen hervorheben   unterstreichen   oder in verschiedenen Farben darstellen   auch Kursivschrift   Fettdruck und eine Vielzahl von Schriftarten kann man verwenden und auf dem Bildschirm erscheinen lassen   anschließend kann man den fertigen Text beliebig oft verändern und ausdrucken   probiert es aus   aber das Wichtigste für viele Schüler ist bis jetzt noch nicht erwähnt worden   alle Textverarbeitungsprogramme können zusätzlich die Rechtschreibung prüfen   nur eins können sie nicht   wisst ihr es

2 Schreibe den Text mit dem Computer ab und füge die Satzzeichen ein:
- einen Punkt am Ende eines Aussagesatzes (13-mal)
- ein Fragezeichen am Ende eines Fragesatzes (2-mal)
- ein Ausrufezeichen am Ende eines Ausrufes, einer Aufforderung, eines Wunsches (2-mal).

3 Schreibe den folgenden Text in der richtigen Schreibweise auf und setze die fehlenden Satzzeichen ein.

NICHTS IST SO SCHWER WIE RICHTIGE ENTSCHEIDUNGEN ZU TREFFEN VOR ALLEM WENN ES UM DIE BERUFSWAHL GEHT VIELE UNTERNEHMEN BIETEN DESHALB SCHÜLERINNEN UND SCHÜLERN DIE CHANCE EIN PRAKTIKUM ZU MACHEN SO KÖNNEN SIE BERUFE KENNEN LERNEN

Arbeitsblatt 4 B

4 Fehlende Kommas Im folgenden Text stehen zwar die Satzschlusszeichen, aber die Kommas fehlen. Die Rechtschreibprüfung des Computers findet sie nicht.
Lies den Text laut vor und überlege, wo Kommas stehen müssen (es fehlen 6 Kommas).

> Wenn ihr einen Text mit einem Schreibprogramm erstellt solltet ihr die wichtigsten Symbolleisten verwenden. Symbolleisten haben alle modernen Textverarbeitungsprogramme weil sie die Erstellung und Bearbeitung der Texte spürbar erleichtern. Häufig benötigte Befehle die für die Textverarbeitung unverzichtbar sind können ohne Umweg direkt aufgerufen werden. Damit man die Befehle schneller ausführen kann sind diese bildlich in kleinen Fenstern dargestellt die man nur noch mit der Maus anklicken muss.

→ **Seite 235 f.,** Satzgefüge, Konjunktionen, Relativpronomen, Kommasetzung

5 Suche in dem Text nach den Konjunktionen und Relativpronomen, die die Nebensätze einleiten. Es sind 3 Konjunktionen und 2 Relativpronomen. Schreibe den Text mit allen Kommas richtig auf. Benutze den Computer.

6 Kennst du diese Schaltflächen?
Schreibe die Erklärungen mit dem Computer ab. Ergänze dabei die passenden Einleitewörter (Konjunktionen oder Relativpronomen) und setze die Kommas. Es sind 8.

wenn | wenn | die | dass | das | damit

1 
Diese Schaltfläche benutzt man ☐ man die Zeilen am linken Seitenrand ausrichten will.

2 
☐ eine Textstelle ausgeschnitten und gespeichert werden soll wird die Schaltfläche ☐ eine Schere symbolisiert angeklickt.

3 
Das schräge K auf dieser Schaltfläche bedeutet ☐ man den Text leicht nach rechts geneigt (kursiv) schreiben kann.

4 
Dieses Symbol ☐ „kopieren“ bedeutet sollte man verwenden ☐ der Originaltext noch erhalten bleibt.

Zusatzaufgaben

1 Ergebnistabelle Lege für ein Sport-Informationsblatt eine Ergebnistabelle an, die du wöchentlich aktualisieren kannst.
Wähle in der Menüleiste **Tabelle** den Unterpunkt **Einfügen ...** und klicke an, wie viele Spalten und Zeilen sie haben soll. Fülle die Tabelle aus, z. B.:

Handballverein	Spiele	Torverhältnis	Punktestand
1. Wallau-M.	7	200:164	11:3
2. THW Kiel	8	191:166	11:5
3. Flensburg-H.	7	164:147	10:4

TIPP!
Du kannst die Standard-Tabstopps (⟶|) nutzen, um schnell immer die richtige Position für die Zahlen zu finden.

2 Aktuelle Nachrichten Informiere dich über aktuelle Tagesereignisse. Schaue in die Zeitung oder sieh dir die Nachrichten im Fernsehen an. Schreibe die Nachrichten auf, die dir am wichtigsten erscheinen, z. B.:

Die Schulzeit soll verkürzt werden. In dieser Absicht sind sich die Kultusminister einig. Wie und wo jedoch Schulzeit eingespart werden soll, ist noch strittig.

3 Wochentipps Gestalte eine Seite mit Musik-, Fernseh- und Kinotipps oder mit Tipps zu Veranstaltungen eurer Schule, die du wöchentlich aktualisieren kannst. Füge passende Grafiken ein.

4 Sprüche der Woche Sammle Gedichte, Sprüche, Gedanken oder kurze Texte. Gestalte sie mithilfe des Textverarbeitungsprogramms für eine Wandzeitung oder deine Homepage, z. B.:

Was auch geschieht:
Nie dürft ihr so tief sinken,
von dem Kakao, durch den man euch zieht,
auch noch zu trinken!

Erich Kästner

Jede Minute, die man lacht, verlängert das Leben um eine Stunde.

Lebensweisheit aus China

17 Eine Theateraufführung entsteht

Bei einer Aufführung stehen die Schauspielerinnen und Schauspieler im Mittelpunkt. Sie werden bewundert und erhalten Applaus. Bis zu diesem Moment haben aber noch viele andere Leute zum Gelingen beigetragen.

Online-Link
zu Theaterberufen
313173-0212

1 Sieh dir die Fotos genau an. Finde heraus, welche Theaterberufe und Tätigkeiten zu sehen sind.

2 Kannst du dir vorstellen, später selbst einen solchen Beruf auszuüben? Begründe deine Meinung.

Eier-Meier verwandelt sich

von Frank Lion

Darsteller:
- Fabrikant Heinz Meier, Besitzer einer Hühnerfabrik
- Elfriede, seine Frau
- Edwin und Erwin, Arbeiter in der Hühnerfabrik
- mehrere Hühner
- Moderator

Bild 1

Moderator:
Wir befinden uns hier im Frühstückszimmer von Herrn Meier. Herr Meier ist Fabrikant. Er fabriziert Hühner. Die Hühner fabrizieren Eier. Wenn sie lange genug Eier gelegt haben und bevor sie zu zäh werden, werden sie geschlachtet. Dann finden sie ihren Weg in die Tiefkühltruhen unserer Kaufhäuser. Herr Meier liebt Hühner. Er liebt sie gegrillt, gebraten und gekocht. Und fast noch mehr liebt er Eier. Von den vielen Eiern, die er täglich verspeist, ist das Frühstücksei sein liebstes Ei. Er hat sein Frühstücksei so lieb, dass er es nur alleine essen kann. Jede Gesellschaft, und wäre es auch nur die seiner Frau Elfriede, würde diesen Genuss schmälern. Heute wollen wir Herrn Meier bei seinem morgendlichen Ritual zusehen.

Herr Meier:
(sitzt am Frühstückstisch)

Ich wollt, ich wär ein Huhn.
Ich braucht nicht viel zu tun.
Ich legte jeden Tag ein Ei
und sonntags auch mal zwei!
Heute ist Freitag. Wie wird am Freitag mein Lieblingsfrühstücksei geöffnet? … Freitags stets mit einem kurzen Schlag eines mit der rechten Hand geführten Messers. Und zwar so.

(Er öffnet das Ei wie beschrieben und beginnt, es genüsslich auszulöffeln. Er gibt Laute und Geräusche von sich, die keinen Zweifel daran lassen, dass es ihm schmeckt.)

Zum Schluss das Deckelchen.
Das Deckelchen ist der Höhepunkt meines Freitagsfrühstücks. Und dann den Mund abwischen, damit meine Frau Elfriede nicht meckert. Sie sagt immer: Nur ein sauberer Chef ist ein richtiger Chef!

(Er nimmt die Serviette, führt sie zum Mund, hält inne, legt sie sich über den Kopf. Herr Meier verwandelt sich langsam in ein Huhn. Seine Haut verändert sich. Er bekommt Federn. Seine Arme werden zu Flügeln. Seine Füße zu Krallen. Seine Stimme verändert sich. Er kann nur noch gackern. Herr Meier gackert und hüpft aufgeregt in seinem Frühstückszimmer herum. Sein letzter Satz, bevor es ihm endgültig die menschliche Sprache verschlägt, lautet:)

Ich glaub, ich bin ein Huhn!
(Auf dem Flur hört man die Stimme seiner Frau.)

Der Inhalt

1 Besprecht, wie das Stück auf euch wirkt: An welchen Stellen habt ihr gelacht? Warum?

2 Was sagt ihr zu dem Problem, das in dem Stück angesprochen wird?

TIPP!
Die folgenden Aufgaben zeigen euch, wie ihr das Stück für eine Aufführung vorbereiten könnt.

3 Besprecht, wann und vor welchem Publikum ihr das Stück aufführen wollt.

4 Verdeutlicht euch zuerst den Inhalt und den Aufbau des Stückes. Gliedert das Stück dazu in kleine Szenen. So entsteht gleichzeitig ein Szenenplan, z. B.:

Szenenplan

Szene 1

Der Moderator stellt den Fabrikanten vor.

Herr Meier sitzt am Tisch und isst ein Ei.

Szene 2

...

5 Besprecht, ob euch alle Szenen gut gefallen oder ob ihr an einigen Stellen etwas ändern möchtet.
- Sammelt alle Ideen und legt fest, wie ihr das Stück aufbauen wollt.
- Ändert euren Szenenplan und den Text entsprechend, z. B.:

Weitere Rollen:
- Andere Tiere melden sich zu Wort, z. B. ein Schwein.
- Tierschützer treten auf.
- ...

Der Schluss:
- Änderungen werden zusammen mit Herrn Meier beschlossen.
- Die Zuschauer sollen befragt werden.
- ...

Merke

Eine Szene ist ein Abschnitt eines Theaterstückes. Eine Übersicht über die Abfolge einzelner Szenen nennt man einen Szenenplan. Er kann Angaben zu den handelnden Personen, zum Inhalt sowie zu Ort und Zeit der Handlung enthalten.

Das Casting

1 Um herauszufinden, wer welche Rolle am besten spielen könnte, könnt ihr die folgenden Übungen ausprobieren:

1. Pantomime
Der Spielleiter bestimmt, was dargestellt werden soll:
- Wie bewegt sich ein Huhn?
- Wie bewegen sich andere Tiere?
- Wie öffnet man ein Frühstücksei?
- …

2. Anspielen einer Rolle
Jeder lernt einen kleinen Teil einer Rolle auswendig, von der er glaubt, dass diese Rolle zu ihm passen könnte.
Dabei übt er auch die passenden Gesten ein.

→ **Seite 245,** Arbeitstechnik „Einen Rollentext auswendig lernen“

2 Spielt in der Klasse die eingeübten Pantomimen oder Rollen vor.
Achtung:
- Lache niemanden bei diesen ersten Versuchen aus!
- Ermuntere die, die noch unsicher sind!
- Gib den Darstellern Tipps, wie sie ihr Spiel verbessern können.

3 Wenn alle ihre Rolle vorgespielt haben, beratet in der Klasse, wer welche Rolle übernehmen könnte.

4 Verteilt die Rollen. Beachtet:
Die Darsteller müssen ihre Rolle auch mögen.

Merke

Körperbewegungen, die etwas ausdrücken sollen, nennt man **Gestik**. Gesichtsbewegungen, die etwas ausdrücken sollen, nennt man **Mimik**. Ein Spiel, bei dem alles nur mit Gestik und Mimik ausgedrückt wird, nennt man **Pantomime**.

Die Vorbereitung – Wer macht was?

TIPP!
Denkt daran:
- Laut sprechen!
- Deutlich sprechen!
- Langsam sprechen!
- Zum Publikum wenden!
- Gestik und Mimik einsetzen!

1 Bis zur Aufführung ist noch viel zu tun. Entscheidet euch für eine Arbeitsgruppe. **Wählt A, B, C, D oder E:**

A: Ihr wollt eine Rolle übernehmen
B: Ihr wollt Masken und Kostüme herstellen
C: Ihr wollt das Bühnenbild herstellen
D: Ihr wollt Requisiten bereitstellen/herstellen
E: Ihr wollt euch um die Beleuchtung, Musik und Effekte kümmern

A Eine Rolle übernehmen (Darsteller)

→ **Seite 245,** Arbeitstechnik „Einen Rollentext auswendig lernen"

1. Zunächst müsst ihr euren Text auswendig lernen. Seht euch den Szenenplan an. Mit welcher Szene wollt ihr beginnen?
2. Überlegt, wie Tiere und Menschen sprechen und sich bewegen sollen. Versucht, euch in die Rollen hineinzuversetzen.
3. Sprecht den Text immer wieder, Mimik und Gestik gehören stets dazu.
4. Probiert mit Partnern, so lernt man den Text leichter.
5. Beim Proben der Szenen könnt ihr den Text auch noch verändern. Ihr müsst nur die anderen Mitspieler über Änderungen informieren.

TIPP!
Schlagt in Bastelbüchern nach und fragt eure Kunstlehrerin oder euren Kunstlehrer wie ihr am einfachsten Masken herstellen könnt.

B Masken und Kostüme herstellen (Maskenbildner/Kostümbildner)

1. Sprecht mit der Schauspielergruppe ab, welche Tiere und welche Menschen in dem Stück auftreten.
2. Besprecht mit den Darstellern, welche Kostüme sie tragen sollen, z. B. alle Hühner weiße T-Shirts, ...
3. Stellt für die „Tiere" einfache Masken her.

C Das Bühnenbild herstellen (Bühnenbildner)

Klärt, wo die Aufführung stattfinden soll. Wenn ihr keine eigene Bühne an eurer Schule habt, könnt ihr sie mit einfachen Mitteln herstellen.

1. Manegenbühne

Zuschauer sitzen in einem Kreis um eine Spielfläche. Bis zu drei Reihen Stühle lassen sich stellen, damit alle noch etwas sehen. Mit kleinen Kästen aus der Turnhalle könnt ihr die Spielfläche abtrennen. Jede Manegenbühne braucht einen schmalen offenen Gang, durch den die Spieler auf- und abtreten. Dort kann sich auch ein Vorhang befinden.

2. Hoftheater

Ihr müsst zunächst eine geeignete Stelle auf dem Schulhof suchen. Die Spielfläche könnt ihr mit Kreidestrichen markieren. Für das Auf- und Abtreten der Spieler eignet sich auch ein aufgespanntes Tuch.

D Requisiten* bereitstellen/herstellen (Requisiteur)

Überlegt, welche Requisiten notwendig sind und mit welchen Mitteln ihr sie herstellen könnt, z. B.:

- *Waschmaschinenkartons* und *Turnstäbe* werden zu Hühnerkäfigen.
- „Hühner" können *unter Stühlen* kauern.
- …

Legt fest, wer die Requisiten beschaffen oder herstellen soll.

* Requisit, das: Gegenstand, den man für die Aufführung benötigt

E Beleuchtung, Musik und andere Effekte (Beleuchter/Tontechniker)

Beleuchtung und Musik unterstützen die Wirkung der Szenen. Sie können helfen, den Zuschauern Stimmungen und Gefühle zu vermitteln. Auch kann man damit den Anfang und das Ende einer Szene verdeutlichen. Bevor der Moderator die Bühne betritt, kann eine Eingangsmusik das Stück eröffnen. Eventuell spielt oder singt ihr das Lied „Ich wollt, ich wär ein Huhn".

TIPP!
Sprecht euch immer wieder mit den anderen Gruppen ab.

2 Probt das gesamte Stück auf eurer Bühne mit Beleuchtung, Musik und allen Effekten so oft wie möglich. Auch jetzt könnt ihr an einigen Stellen noch Änderungen vornehmen, z. B. wie ein Darsteller sprechen oder sich bewegen soll, welche Kostüme und Masken, welche Requisiten verwendet werden sollen oder welche Musik gespielt werden soll.

Die Werbung

→ **Seite 248,** Arbeitstechnik „Eine Einladung schreiben“

→ **Seite 247,** Arbeitstechnik „Etwas mit Schrift gestalten“

1 Um möglichst viele Zuschauer für euer Stück zu interessieren, könnt ihr Plakate und Handzettel an der Schule oder in eurem Ort verteilen. Überlegt gemeinsam,
- wie das Plakat oder die Handzettel aussehen sollen: Größe, Material, Farbe, Schrift, ...
- welche Informationen auf dem Plakat und welche auf den Handzetteln stehen sollen.

2 Legt fest, welche Schülerinnen und Schüler Plakate und welche Handzettel herstellen sollen.

Aufgabe für die Plakatgestalter:
Stellt zuerst ein verkleinertes Musterplakat her. Kontrolliert euch gegenseitig und fertigt dann möglichst viele Plakate an.

Aufgabe für die Handzettelhersteller:
Stellt zunächst einen Musterhandzettel her. Überlegt, wie viele Handzettel benötigt werden. Vervielfältigt das Muster dann.

Von der Hauptprobe zur Premiere

1 Probt das Stück vom Anfang bis zum Ende so, als wäre das Publikum bereits da. Diese Proben nennt man Hauptproben. Die letzte Hauptprobe ist dann die Generalprobe. Die erste Aufführung nennt man Premiere.

Premiere – Tipps für den großen Augenblick

Vor der Aufführung:

1. Alle müssen einige Zeit vor Beginn der Vorstellung da sein.
2. Kontrolliert, ob sich alles am richtigen Platz befindet.
3. Prüft auch die Technik noch einmal.
4. Führt einige Entspannungsübungen durch, z. B.:
   - Bewegt euch nach leiser Musik durch den Raum. Wenn die Musik gestoppt wird, versucht ihr, euch sanft auf den Boden gleiten zu lassen. Bleibt eine Weile entspannt liegen, bis die Musik wieder einsetzt. Wiederholt diese Entspannungsübung mehrmals.
   - Ihr liegt entspannt auf dem Boden. Auf Zuruf des Spielleiters spannt ihr bewusst eine Muskelgruppe an: ein Bein, das Gesicht, eine Hand, … Anschließend entspannt ihr genau diese Muskelgruppe wieder ganz bewusst.
5. Das Einsprechen:
   Jeder Darsteller erhält einen Korken. Alle halten ihren Korken mit den Vorderzähnen. Der Spielleiter/die Spielleiterin sprechen Wörter und Sätze vor, die alle Darsteller wiederholen:
   - sehr laut
   - sehr leise
   - mit unterschiedlichen Betonungen.

   Alle sprechen dann Teile ihres eigenen Textes.
   Wiederholt jetzt die Übung ohne Korken.

Nach der Aufführung:

1. Verbeugt euch vor dem Publikum.
2. Wartet mit der Kritik bis zum nächsten Tag.
3. Übrigens: Eine Premierenfeier gehört unbedingt dazu!

2 EXTRA Schreibe einen Bericht über die Premiere für eure Schulzeitung, Wandzeitung oder eure Homepage.

→ **Seite 57, 247,** Arbeitstechnik „Einen Bericht schreiben“

Kinderwahlrecht – Ja oder nein?

1 Immer wieder wird über das Wahlrecht von Kindern nachgedacht und diskutiert. Lies dazu den Diskussionsbeitrag von Leon (15 Jahre). Schreibe auf, ob er für oder gegen das Kinderwahlrecht ist.

Wahlrecht für Kinder?

Leon So allgemein gestellt, kann man die Frage eigentlich nicht diskutieren. Man müsste ja mindestens sagen, Kinder welchen Alters hier gemeint sind. Ich gehe mal davon aus, dass es Jugendliche sind. Viele Politiker glauben, dass Jugendliche, sagen wir mit 14, 15 oder 16 Jahren, noch zu dumm zum Wählen seien, dass ihnen das politische Wissen fehle. Sie sagen einfach, Kinder sind noch nicht reif genug, basta. Aber wer legt das fest? Gibt es einen Reifetest für die Erwachsenen? Ich kenne zum Beispiel eine Reihe von Erwachsenen, die sich überhaupt nicht um Politik kümmern und auch nicht aktuell informiert sind, worum es bei den Wahlen geht. Allein schon wenn man bedenkt, wie viele Erwachsene nicht einmal zur Wahl gehen! Vor Kurzem habe ich Gegner des Wahlrechts für Kinder auch sagen hören, dass Kinder ganz leicht beeinflussbar seien und sowieso nur so wie ihre Eltern wählen würden. Ich denke, dass die jungen Wähler unterschätzt werden. Wir Jugendlichen unterhalten uns viel untereinander, in der Schule, im Verein oder zu Hause. Wir könnten ja im Vorfeld der Wahlen auch Veranstaltungen besuchen, wo man über die Wahlprogramme aufgeklärt wird und Fragen stellen kann. Und dann vergleichen wir die Meinungen mit den Wahlversprechungen. Es wird sich herumsprechen, wer die jungen Wähler hinters Licht führen will, nur um deren Stimmen zu bekommen.
Ach, überhaupt: Geht es eigentlich um Bundestagswahlen oder Kommunalwahlen?
Heutzutage brauchen die Politiker überhaupt nicht auf die Kinder Rücksicht zu nehmen, auch wenn es sich, z. B. bei den Kommunalwahlen, um Probleme der Kinder handelt, z. B. um den Bau eines Sportplatzes. Aber die tun lieber etwas für die ältere Generation, denn da geht es um Stimmen.

2 Übernimm die folgende Tabelle in dein Heft. Wende die PMI-Methode an.

P (PLUS)	M (MINUS)	I (INTERESSANT)
…	…	…

3 Trage die Argumente, die Leon zum Kinderwahlrecht in seinem Diskussionsbeitrag angeführt hat, in die Tabelle ein: Was spricht dafür? Was spricht dagegen?
Schreibe in die dritte Spalte, welche Fragen noch geklärt werden müssen. Formuliere sie mit eigenen Worten.

4 Besonders wirkungsvoll ist ein Diskussionsbeitrag dann, wenn man seine Meinung zu Beginn formuliert und die Argumente abschließend noch einmal zusammenfasst.
Schreibe zu Leons Beitrag einen passenden Anfangs- und Schlusssatz.

5 Überarbeite den Diskussionsbeitrag von Lena so,
- dass er an bereits Gesagtes anschließt, ohne es zu wiederholen,
- dass ihre Meinung klar zum Ausdruck kommt und begründet wird.

Lena Ich schließe mich dem Beitrag von Leon an. Viele Politiker denken wirklich, dass Jugendliche zu dumm zum Wählen sind. Leon hat Recht: Viele Erwachsene wissen ja auch nicht mehr als Jugendliche über Politik. Wie Leon habe ich auch schon Leute sagen hören, dass Kinder sowieso nur so wie ihre Eltern wählen. Auch ich glaube das nicht. Also, wie gesagt, ich bin ganz der Meinung von Leon. Und Politiker beschließen, das wollte ich auch noch sagen, oft Gesetze, die sich erst auswirken, wenn wir erwachsen sind. Sie machen zum Beispiel riesige Schulden, die wir später bezahlen müssen. Oder nehmt mal die Zerstörung der Umwelt. Also da hätten Kinder schon was zu sagen! Zumindest bei Kommunalwahlen müssten wir wählen dürfen, wenn es zum Beispiel auch darum geht, welche Arten von Schulen es künftig geben soll.

6 Notiere, was du von Cindys Diskussionsbeitrag hältst.

Cindy Also ich bin dafür, denn dann könnten Kinder auch wählen. Nein, eigentlich bin ich dagegen – das ist Quatsch, ich würde ja bestimmt sowieso nicht zur Wahl gehen. Meine Eltern gehen auch nie zur Wahl. Aber eigentlich ist das Wählen durch Kinder ja auch cool. Dann hätte unsere Familie nicht nur zwei Stimmen, sondern mit uns vier Kindern sechs! Dann müssten die Politiker mehr für Familien mit Kindern tun, wenn sie die Stimmen haben wollen. Trotzdem, das geht ja alles überhaupt nicht …

7 Schreibe Cindy einige Ratschläge für die Diskussion auf.

8 Formuliere einen eigenen Diskussionsbeitrag zu dem Thema „Kinderwahlrecht – Ja oder nein?".
Du kannst alle Argumente verwenden, die in den Diskussionsbeiträgen auf dieser Doppelseite genannt werden.

Seltsame Gefühle

1 Lies den folgenden Text und beantworte die Fragen zum Inhalt auf Seite 225.

Eva Polak

Henrik macht einen Umweg

Der Schulweg ist nicht lang. Henrik hat ihn sogar mal gemessen: zwölf Minuten bei normalem Gehen, sechs Minuten beim Rennen. Also, wenn man den direkten Weg nimmt.
Heute wird Henrik allerdings einen kleinen Umweg machen. Gerade deswegen ist er ja auch früher aufgestanden. Weil er Tobi dabei nicht brauchen kann. Er wird nicht, wie üblich, gleich zur Hauptstraße laufen, sondern erst links einbiegen und ungefähr drei Häuserblocks in die Gegenrichtung rennen.
Dieser Umweg ist notwendig, um jemanden zu treffen. Also es geht um diejenige, deren Name mit „J" anfängt und mit „a" endet. Und in der Mitte gibt's ein „i". Kann man ja schon fast raten, wie die heißt.
Die geht nämlich mit Henrik in eine Klasse. Und hat denselben Schulweg. Na ja, fast. Wenn Henrik den Umweg macht und ein bisschen zurückläuft, dann haben sie denselben Schulweg. Dann können sie sich begegnen und gemeinsam zur Schule gehen.
Es muss natürlich wie ein Zufall aussehen. Sie werden sich treffen und unterhalten. Nur sie zwei, ganz alleine. Das ist wichtig. Es ist nämlich noch nie vorgekommen, dass Henrik allein mit dieser Person geredet hat. Immer sind irgendwelche Typen dazwischengekommen. Das Mädchen, von dem die Rede ist – und das ist ja wohl klar, dass es sich um ein Mädchen handelt – war beim Wandertag auch dabei. Im Völkerkundemuseum. Und sie kletterte, genauso wie Henrik, in das Indianerboot. Und als Herr Schneider sagte, sie sollten weitergehen, und Henrik das Boot verließ, da reichte sie plötzlich Henrik die Hand und stieg mit seiner Hilfe raus. Das hat Henrik sehr überrascht. Bis dahin jedenfalls hatte Jessika … Also gut, es ist raus. Sie heißt Jessika.
Henrik späht vorsichtig um die Ecke. Es ist genau zwanzig vor acht. Von hier aus kann er die Haustür gut sehen. Sobald sie aufgeht und Jessika auftaucht, wird er sich verstecken. Er wird ein bisschen warten – bis zwanzig zählen vielleicht – und dann losmarschieren. In Richtung Ampel. Dabei werden sie sich irgendwo treffen, irgendwo in der Straßenmitte. Ganz zufällig.
Noch ist es nicht so weit. Wer Henrik jetzt entgegenkommt, sind Basti und Grille, zwei beknackte Typen aus seiner Klasse. Das Blödeste, was Henrik jetzt passieren kann.

„Na?", grüßt Basti und spuckt in großem Bogen vor sich hin. Basti ist der Spuckbeste in der Klasse.
„Was ist?", fragt Basti. „Kommst du nicht mit?"
„Ich muss auf meinen Bruder warten", sagt Henrik. „Leider!" Basti und Grille glauben es und hauen ab – und das ist auch höchste Zeit, denn Jessikas Haustür geht gerade auf. Henriks Herz beginnt schneller zu schlagen. Er versteckt sich rasch hinter der Hausecke, zählt bis zwanzig und dann geht er los. Natürlich schaut er dabei nicht zu Jessika, sondern auf die andere Seite.
„Henrik!", ruft Jessika. Lächelnd kommt sie auf ihn zu. Heute hat sie ihre rote Jeansjacke an. Die steht ihr wahnsinnig gut, findet Henrik. Keine Frage, sie ist das schönste Mädchen in der Klasse.
„Wieso bist du hier?", fragt Jessika. „Du wohnst doch woanders, oder?"
Auf diese Frage ist Henrik gut vorbereitet. „Training", sagt er lässig, „jeden Morgen fünf Runden um die Blocks rum."
Jessika sagt „Ach so" und fragt nicht weiter.
Sie überqueren die Straße. Es nieselt. [...]
„Mistwetter", sagt Henrik.
„Ja", sagt Jessika und runzelt die Stirn. „Und es wird garantiert auch am vierten Juni regnen!"
Henrik will wissen, was am vierten Juni ist.
„Mein Geburtstag", seufzt Jessika. „Und da will ich ja diesmal 'ne MIX-FETE machen! Mädchen und Jungen!" [...]

Fragen zum Inhalt:
1. Welche Personen kommen in diesem Erzählausschnitt vor?
2. Wo und wann spielt die Handlung?
3. Was plant Henrik?
4. Warum will Henrik auf keinen Fall, dass ihn seine Klassenkameraden dabei sehen?
5. Was erfährt Henrik unterwegs?

2 Schreibe auf, wie die Geschichte weitergehen könnte.

3 Wie erklärst du dir, dass Henrik einen solchen Aufwand betreibt, damit sein Zusammentreffen mit Jessika wie ein Zufall aussieht?

4 Stell dir vor, Henrik trägt am Abend in sein Tagebuch ein, was er erlebt hat.
Schreibe einen solchen Eintrag aus Henriks Sicht. Beschreibe ausführlich die Gedanken und Gefühle, die er am Morgen gehabt hat und die ihn beim Schreiben am Abend immer noch bewegen.

Rauchen – nein, danke!

1 Lies die Informationen über das Rauchen. Bearbeite folgende Aufgaben:
1. Erkläre die Überschrift.
2. Welche anderen Wörter werden im Text für das „Rauchen" verwendet?
3. Welches Schlüsselwort könnte man im zweiten Abschnitt hervorheben? Begründe deine Entscheidung.

Je früher, desto schlimmer!

1. Je früher das Einstiegsalter in den Nikotinkonsum liegt, desto schwerwiegender sind die gesundheitlichen Schädigungen und desto wahrscheinlicher ist die Entstehung einer Abhängigkeit.

2. Nikotin ist meist auch für andere Substanzen eine Einstiegsdroge; fast alle Schüler, die übermäßig Alkohol und illegale Drogen konsumieren, haben zuvor mit dem Tabakkonsum begonnen.

2 Lies die folgenden Informationen. Vereinfache den letzten Absatz (Zeilen 3–9). Gib seinen Inhalt in mehreren kurzen, leicht verständlichen Sätzen wieder, z. B.: *Rauchende Jugendliche sind anfälliger für … Sie leiden häufiger an … Ihre Lunge …*

„Krebs hab ich erst später"

Wer glaubt, die Folgen des Rauchens würden sich erst nach Jahrzehnten bemerkbar machen, der irrt:
Das Rauchen steht bei Kindern und Jugendlichen im direkten Zusammenhang mit einer erhöhten Anfälligkeit und einem stärkeren Ausmaß an Atemwegserkrankungen, eingeschränkter Lungenfunktion und vermindertem Wachstum der Lunge, häufigerem Auftreten von Lungenreizsymptomen (Husten, Auswurf) sowie einer erhöhten Wahrscheinlichkeit des Auftretens von Kurzatmigkeit, verminderter körperlicher Belastbarkeit und eingeschränkter Ausdauer.

3 Schreibe auf, welche Fragen hier wahrscheinlich gestellt worden sind.

Ein Interview mit einem Raucher

… So mit 14, glaub ich.
… Ganz unterschiedlich. Wenn ich viel Stress habe, kann es schon eine Schachtel werden.
… Schon mehrmals, aber dann bin ich immer wieder rückfällig geworden.
… In unserer Clique wurde oft geraucht. Mir wurden Zigaretten angeboten, und es wäre absolut uncool gewesen, nicht mitzurauchen.

4 Lies den Text und beantworte schriftlich folgende Fragen:
1. Was sind die wichtigsten Schadstoffe im Tabakrauch?
2. Was versteht man unter „Tabakteer"? Welche Auswirkungen hat er im Organismus?
3. Was bewirkt Nikotin im Körper?
4. Was versteht man unter „Raucherbeinen"?

Gesundheitliche Risiken

Die wichtigsten Schadstoffe im Tabakrauch sind: Nikotin, spezielle Kohlenwasserstoffe und Kohlenmonoxid.
Nikotin ist ein starkes pflanzliches Gift, das die Herztätigkeit beschleunigt, die Blutgefäße verengt und damit den Blutdruck erhöht. Es begünstigt Ablagerungen an den Gefäßwänden und kann daher zur dauerhaften Verengung der Blutgefäße führen. Dadurch werden Teile des Organismus schlechter mit Sauerstoff versorgt.
Wenn Tabak abkühlt, schlagen sich spezielle Kohlenwasserstoffe als Kondensat nieder („Tabakteer"). Die Teerstoffe lagern sich an den Wänden der Luftröhre, der Bronchien und im Inneren der Lungenbläschen ab.
Kohlenmonoxid, ein farb- und geruchloses Gas, gelangt durch die Wände der Lungenbläschen ins Blut und bewirkt, dass der Organismus nicht ausreichend mit Sauerstoff versorgt wird.
Das Zusammenwirken der genannten Schadstoffe bedeutet für den Raucher ein deutlich erhöhtes Risiko, folgende Krankheiten zu bekommen:

- Krebserkrankungen, insbesondere der Lunge, des Kehlkopfes, der Mundhöhle und der Speiseröhre
- Verengung der Herzkranzgefäße und dadurch erhöhtes Herzinfarktrisiko
- Durchblutungsstörungen in den Beinen („Raucherbeine")
- Beeinträchtigung der Atemleistung („Raucherhusten")
- Zerfall der Lungenbläschen
- Entzündungen und Geschwüre an Magen und Zwölffingerdarm.

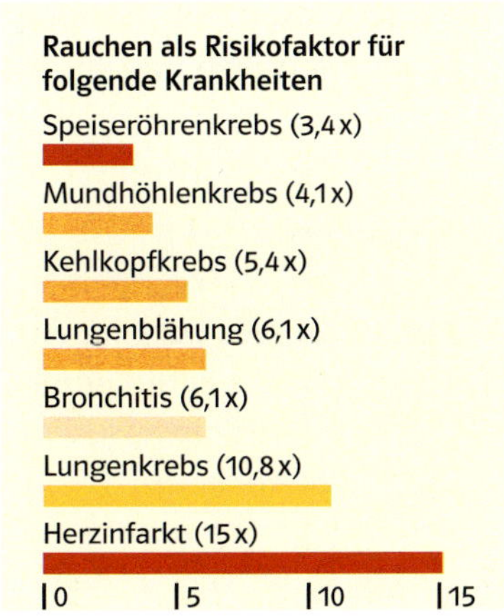

5 Schau dir das Diagramm an und schreibe in Sätzen auf, um wie viel höher das Risiko von Rauchern ist, bestimmte Krankheiten zu bekommen.

6 Schreibe einen kurzen Informationstext, mit dem du einen Freund oder eine Freundin überzeugen willst, das Rauchen aufzugeben. Nutze dafür die Informationen aus den Aufgaben 1, 2 und 4.

Was machen Jugendliche in ihrer Freizeit?

1 Stelle den folgenden Satz so oft wie möglich um. Unterstreiche jeweils das Prädikat und umrahme die Satzglieder.

Kürzlich wurden Jugendliche in Deutschland zu ihren Freizeitbeschäftigungen befragt.

2 Forme die folgenden Sätze um. Verwende dazu die gegebenen Satzanfänge.

1. Die liebste Freizeitbeschäftigung der Jugendlichen ist das gesellige Zusammensein mit Gleichaltrigen. → Am liebsten …
2. Auch das Hören von Musik ist eine beliebte Freizeitbeschäftigung von ihnen. → Sehr gerne …
3. Sehr unbeliebt jedoch sind bei ihnen politische Betätigungen, zum Beispiel in politischen Parteien. → Sehr ungern …

3 Schau dir die Ergebnisse einer Umfrage unter Jugendlichen an und vervollständige folgende Sätze:
1. Die Umfrage hat ergeben, …
2. Es wurde ebenfalls festgestellt, …
3. Interessant ist auch, …

Unterschiede in der Beliebtheit von Freizeitbeschäftigungen bei Mädchen und Jungen (*von je 100 Befragten*)

(Quelle: Shell Jugendstudie)

Freizeitbeschäftigung	Mädchen	Jungen
Fernsehen	76	81
Mit Freunden/Freundinnen zusammen sein	80	73
Mit der Familie zusammen sein	72	61
Etwas mit den Eltern unternehmen	47	37
Videos oder Filme anschauen	47	59
Sport treiben	49	57
In der Gegend herumfahren	37	59
Einkaufsbummel machen	71	34
Mal ganz für sich alleine sein	58	49
Am Computer spielen	19	49
Bücher lesen	59	38
In die Disco gehen	49	40
Malen, fotografieren, filmen	43	22
Ins Theater oder Museum gehen	16	10
An Spielautomaten spielen	4	10
Briefe oder Tagebuch schreiben	37	9

4 Erweitere das Substantiv/Nomen „Freizeitbeschäftigung" durch sinnvolle Attribute.

… Freizeitbeschäftigung …, … Freizeitbeschäftigung …, … Freizeitbeschäftigung …

5 Bilde mit dem Wort „Freizeit" drei weitere zusammengesetzte Substantive/Nomen.

6 Bilde zu den folgenden Verben Substantive/Nomen mit denselben Grundbausteinen. Schreibe sie mit einem Begleiter auf.

beteiligen, mitarbeiten, erleben, befragen

7 Setze den begonnenen Satz fort. Verwende das Perfekt.

„Noch heute lese ich sehr viel in meiner Freizeit", erzählt die Großmutter ihrem Enkel. „Schon in meiner Jugend …"

8 Setze den begonnenen Satz fort. Verwende das Präteritum.

„In meiner Freizeit schreibe ich gerne Briefe", erzählt der Großvater seiner Enkelin. „Auch in meiner Jugend …"

9 Ersetze die unterstrichenen Substantive/Nomen durch Pronomen.

Laut Umfrage würden Jugendliche oft gerne auf das Fernsehen verzichten, wenn den Jugendlichen andere Freizeitangebote gemacht würden. Die Freizeitangebote müssten allerdings interessanter als die Fernsehsendungen sein.

10 Fasse die Aussagen jeweils in einem Satz zusammen.

1. Sehr gern treffen sich Jugendliche mit Gleichaltrigen.
   Sehr gern hören Jugendliche Musik.
   Sehr gern unternehmen Jugendliche etwas mit der Familie.

2. Im Fernsehen schauen Schülerinnen und Schüler häufig Comedy-Serien an.
   Im Fernsehen schauen Schülerinnen und Schüler häufig neue Spielfilme an.
   Im Fernsehen schauen Schülerinnen und Schüler häufig Musiksendungen an.
   Im Fernsehen schauen Schülerinnen und Schüler häufig täglich laufende Serien an.

Grammatik, Rechtschreibung und Sprachbetrachtung

Wörter

→ Seite 16 f., 28 f., 167 ff.

Woraus bestehen Wörter? (Wortbildung)

- Wörter bestehen aus Sprachlauten. Man unterscheidet Vokale (*Selbstlaute: a, ä, e, i, …*) und Konsonanten (*Mitlaute: b, c, d, f, g, h, …*).
- Wörter bestehen aus Sprechsilben (*Bü - cher - schrän - ke, Klei - dun - gen, le - sen, schö - ner*).
- Wörter bestehen aus einem oder mehreren Wortbausteinen. Man unterscheidet zwischen den Wortstämmen (***schön*** *+ er,* ***Kleid*** *+ ung + en, ich* ***les*** *+ e*), den Endbausteinen (*Kleid +* ***ung****, Krank +* ***heit****, ess +* ***bar***) und verschiedenen Endungen (*les +* ***e****, schön +* ***er****, Kleid + ung +* ***en***).
- Zusammengesetzte Substantive/Nomen bestehen aus einem Grundwort (*Berufs**schule**, Bücher**tasche**, Fuß**ball***) und einem Bestimmungswort (***Berufs**schule, **Bücher**tasche, **Fuß**ball*).
- Zusammengesetzte Verben bestehen aus einem davorgestellten Wortbaustein und dem Verb. Sie können trennbar (*herkommen – du kommst her; weitersprechen – du sprichst weiter; abschreiben – du schreibst ab*) oder nicht trennbar sein (*übersetzen – du übersetzt, vollbringen – du vollbringst; wetteifern – du wetteiferst*).

→ Wiederholung aus Klasse 5

Wortfamilien – Wortfelder

- Wörter, die denselben Wortstamm enthalten, gehören zur selben Wortfamilie (***lehr**en, **Lehr**er, **Lehr**e, **lehr**haft, **Lehr**ling, **Lehr**buch, …*).
- Wörter mit ähnlicher Bedeutung bilden ein Wortfeld (*gehen, laufen, rennen, schlendern, spazieren, schleichen, …*).

→ Seite 16 f., 28 ff., 86 ff., 151, 167 ff.

Wortarten

Die wichtigsten Wortarten sind Substantiv/Nomen, Verb, Adjektiv, Adverb, Artikel, Pronomen, Präposition und Konjunktion.
Sie sind einzeln in der Tabelle auf den folgenden zwei Seiten erläutert.

Wortarten	Beispiele	Merkmale
Substantive/Nomen	Kind, Hund, Tisch, Feuer, Beginn, Idee, Rechnung, Freude, Energie	– bezeichnen Lebewesen, Dinge, Gedanken, Zustände – stehen im Singular (Einzahl) ➜ *Hund* oder im Plural (Mehrzahl) ➜ *Hunde* – werden im Satz oft von Artikeln begleitet (***der*** *Hund,* ***ein*** *Hund*) – haben ein Genus (grammatisches Geschlecht): maskulin (männlich) ➜ *der Hund*; feminin (weiblich) ➜ *die Rechnung*; Neutrum (sächlich) ➜ *das Feuer* – stehen im Satz in einem bestimmten Kasus (Fall): Nominativ (erster Fall) ➜ *der Tisch*; Genitiv (zweiter Fall) ➜ *des Tisches*; Dativ (dritter Fall) ➜ *dem Tisch*; Akkusativ (vierter Fall) ➜ *den Tisch* – können von einem Adjektiv begleitet werden (*der* ***neue*** *Tisch, ein* ***kleines*** *Kind*)
Verben	lachen, schwimmen, regnen, liegen, lassen, vergessen, können, haben	– bezeichnen Tätigkeiten, Vorgänge oder Zustände – werden konjugiert (gebeugt): *ich lache, du lachst, er/sie/es lacht, wir lachen, ihr lacht, sie lachen* – können verschiedene Zeitformen bilden: *ich lache, ich lachte, ich habe gelacht, ich hatte gelacht, ich werde lachen* (siehe Seite 232 unten)
Adjektive	süß, ängstlich, spät, afrikanisch, heiter, rot, quadratisch, essbar	– bezeichnen Eigenschaften oder Merkmale – können zwischen Artikel und Nomen stehen: *der* ***süße*** *Apfel, ein* ***heiterer*** *Film* – haben Beugungsendungen: *der süße Apfel, ein heiterer Film* – können meist gesteigert werden: Grundform: *klein*; erste Vergleichsform: *kleiner*; zweite Vergleichsform: *der kleinste, am kleinsten*
Adverbien	heute, immer, dort, gestern, einmal, gern, mittwochs, darauf	– sind nicht veränderbar – können an den Anfang eines Satzes gestellt werden: *Sie kommt* ***heute.*** ➜ ***Heute*** *kommt sie.* – können mit einem W-Fragewort erfragt werden: *Wann kommt sie? Sie kommt* ***heute.***
Artikel	der, die, das, dem, den, ein, eine, einen, einem	– begleiten ein Substantiv/Nomen: ***der*** *Hund,* ***einem*** *Hund* – können bestimmt (*der, die, das*) oder unbestimmt sein (*ein, eine …*) – passen sich dem Geschlecht, der Zahl und dem Fall des Substantiv/Nomens an
Pronomen	ich, du, mein, alle, man, Wer? Was? Welcher?	**Es gibt verschiedene Arten von Pronomen.** Manche Pronomen stehen für ein Substantiv/Nomen: – Personalpronomen (*der Hund* ➜ ***er***) – Anredepronomen (*Kommst* ***du*** *mit? Kommen* ***Sie*** *mit? Ist das* ***Ihr*** *Hund?*) – Fragepronomen (*der Hund* ➜ ***Wer?***) – Relativpronomen (*der Hund,* ***der*** *dort bellt; der Hund,* ***welcher*** *dort bellt*) – Indefinitpronomen (unbestimmte Pronomen): *manche, alle, etwas, nichts* Manche Pronomen begleiten ein Substantiv/Nomen: – Demonstrativpronomen (hinweisendes Pronomen): *der, die, das, dieser, diese, dieses;* ***dieser*** *Hund,* ***dieses*** *Jahr,* ***diese*** *Straße* – Indefinitpronomen (unbestimmte Pronomen): ***manche*** *Kinder,* ***alle*** *Spieler,* ***etwas*** *Besonderes,* ***nichts*** *Neues* – Possessivpronomen (besitzanzeigende Pronomen): ***mein*** *Hund,* ***unser*** *Verein*

Wortarten	Beispiele	Merkmale
Präpositionen	in, auf, nach, von, mit, wegen, bis, statt	**Präpositionen** (Verhältniswörter) fordern einen bestimmten Kasus (Fall), vergleiche Seite 242 f. „Verben mit festen Präpositionen". Es gibt: – Präpositionen, die immer den Akkusativ fordern: ***für** die Klasse, **durch** das Gebäude, **ohne** seine Eltern, **wider** (gegen) das Vergessen, **bis** nächste Woche, **um** die Ecke* – Präpositionen, die immer den Dativ fordern: ***aus** der Stadt, **bei** meinem Freund, **mit** dem Fahrrad, **nach** dem Spiel, **seit** unserem Fest, **von** diesem Tag an, **zu** deinem Geburtstag* – Präpositionen, die mal den Akkusativ (Frage: „Wohin?"), mal den Dativ (Frage: „Wo?") fordern: **Akkusativ ➜** *Ich gehe in unseren Jugendklub.* (Wohin gehe ich?) **Dativ ➜** *Ich bin in unserem Jugendklub.* (Wo bin ich?) Ebenso: an, auf, hinter, neben, über, unter, vor, zwischen
Konjunktionen	und, aber, denn, sondern weil, wenn, dass, damit, sodass, bevor	– **Die nebenordnenden Konjunktionen** können Hauptsätze oder gleichrangige Satzteile miteinander verbinden: *Ich suche ein Hemd **und** einen Pulli. Ich lerne Englisch **und** ich gehe in den Fußballverein.* – Die **unterordnenden Konjunktionen** können einen Hauptsatz und einen Nebensatz miteinander verbinden: *Unterbrechen Sie die Stromversorgung, **bevor** Sie die Rückwand öffnen.*

➜ Seite 60 ff.

Zeitformen des Verbs

Verben haben verschiedene Formen:

- einen Infinitiv (eine Grundform): *fragen, springen, heimkommen*
- ein Partizip I und ein Partizip II: *fragend/gefragt; springend/gesprungen; heimkommend/heimgekommen*
- eine Personalform: *ich frage, du springst, er kam heim, …*

Verben bilden Zeitformen:

Präsens	Perfekt	Präteritum
ich frage du fragst …	ich habe gefragt du hast gefragt …	ich fragte du fragtest …
ich springe du springst …	ich bin gesprungen du bist gesprungen …	ich sprang du sprangst …
ich komme heim du kommst heim …	ich bin heimgekommen du bist heimgekommen …	ich kam heim du kamst heim …

Plusquamperfekt	Futur
ich hatte gefragt du hattest gefragt ...	ich werde fragen du wirst fragen ...
ich war gesprungen du warst gesprungen ...	ich werde springen du wirst springen ...
ich war heimgekommen du warst heimgekommen ...	ich werde heimkommen du wirst heimkommen ...

Im **Präsens** und **Präteritum** bilden die Verben einfache Formen:

(ich) frag-	**e**	**(ich) frag-**	**te**
Verbstamm	Endung	Verbstamm	Endung
(du) frag-	**st**	**(du) frag-**	**test**
Verbstamm	Endung	Verbstamm	Endung

Im **Perfekt, Plusquamperfekt** und **Futur** bilden die Verben zusammengesetzte Formen:

(ich) habe/bin	**gefragt/gesprungen**
Präsens von haben/sein	Partizip II
(ich) hatte/war	**gefragt/gesprungen**
Präteritum von haben/sein	Partizip II
(ich) werde	**fragen/springen**
Präsens von werden	Infinitiv

Zeitstufen

→ Seite 61

Man kann über Ereignisse auf den Zeitstufen Gegenwart, Zukunft und Vergangenheit sprechen:

Gegenwart:
- *Manuel **kauft** gerade eine CD.* (Präsens)

Zukunft:
- *Manuel **kauft** morgen die CD.* (Präsens)
- *Manuel wird morgen die CD **kaufen**.* (Futur)

Vergangenheit:
- *Manuel hat gestern die CD **gekauft**.* (Perfekt)
- *Manuel **kaufte** gestern die CD.* (Präteritum)
- *Manuel **hatte** die gleiche CD vorgestern schon **gekauft**, die Moritz ihm gestern zum Geburtstag schenken wollte.* (Plusquamperfekt. Das erste Ereignis war schon vorbei, als das zweite eintrat.)

Satzarten

Man unterscheidet:

→ Wiederholung aus Klasse 5

1. Aussagesätze

Sie werden verwendet, wenn man etwas mitteilen will *(Sarah geht ins Kino.)*.

→ Wiederholung aus Klasse 5

2. Aufforderungssätze

Sie werden verwendet, wenn man jemanden um etwas bitten oder jemanden zu etwas auffordern will. Nach Aufforderungssätzen steht ein Ausrufezeichen oder ein Punkt *(Gib den Ball ab! Lest den Text.)*.

→ Seite 78 Wiederholung aus Klasse 5

3. Fragesätze

Sie werden verwendet, wenn man etwas wissen will.
Bei den Fragesätzen unterscheidet man:

- **Entscheidungsfragen** *(Treibst du gern Sport?)*
- **W-Fragen** mit den Fragewörtern *Wer? Was? Wessen? Wem? Wen? Welcher? Wo? Woher? Wohin? Wann? Wie? Warum?…*
  (Was ist deine Lieblingssportart?)

→ Seite 57 Wiederholung aus Klasse 5

4. Direkte/wörtliche Rede

In Texten wird ein Gespräch in direkter/wörtlicher Rede wiedergegeben und mit Anführungszeichen gekennzeichnet. Wer etwas sagt und wie es gesagt wird, steht im Begleitsatz, z. B:

Sebastian sagt leise: *„Jetzt bin ich an der Reihe."*
Begleitsatz : *„direkte/wörtliche Rede"*

Der Begleitsatz kann vor, nach und zwischen der direkten/wörtlichen Rede stehen. Die Anführungszeichen stehen immer am Anfang der direkten/wörtlichen Rede unten und am Schluss der direkten/wörtlichen Rede oben:

1. Begleitsatz **vor** der direkten/wörtlichen Rede:

________: „~~~~~~."
________: „~~~~~~?"
________: „~~~~~~!"

2. Begleitsatz **nach** der direkten/wörtlichen Rede:

„~~~~~~", ________.
„~~~~~~?", ________.
„~~~~~~!", ________.

3. Begleitsatz **zwischen** der direkten/wörtlichen Rede:

„~~~~~~", ________, „~~~~~~."

Zusammengesetzte Sätze

→ Seite 110 ff., 137 ff.

Man unterscheidet **Satzreihen** und **Satzgefüge**.

Satzreihen bestehen aus zwei oder mehreren Hauptsätzen. Jeder Hauptsatz könnte auch für sich allein stehen, z. B.:
In den Sommermonaten werden die Vorräte an Blutkonserven oft knapp, das Rote Kreuz sucht dann intensiv nach Spendern.

Auch möglich:
In den Sommermonaten werden die Vorräte an Blutkonserven oft knapp. Das Rote Kreuz sucht dann intensiv nach Spendern.
In den Sommermonaten werden die Vorräte an Blutkonserven oft knapp und das Rote Kreuz sucht dann intensiv nach Spendern.

Satzgefüge bestehen aus einem Hauptsatz und einem Nebensatz (oder mehreren Nebensätzen). Der Nebensatz könnte nicht für sich allein stehen, er ist unselbstständig, z. B.:
Das Rote Kreuz sucht intensiv nach Spendern, da die Vorräte an Blutkonserven knapp sind.

Nebensätze können Konjunktionalsätze oder Relativsätze sein.

Konjunktionalsätze

→ Seite 126, 137 f.

Konjunktionalsätze werden durch Konjunktionen eingeleitet (dass, weil, ob, falls, wenn, da, sodass, obwohl, damit, als,…), z. B.:
*Zu einer längeren Testfahrt fehlte Benz der Mut, **weil** er noch mit vielen Fehlern an seiner Erfindung rechnete.*

Konjunktionalsätze können Adverbialsätze sein. Ein Adverbialsatz ist ein Satzglied des Hauptsatzes. Z. B.:

→ Seite 126

HS ______ , NS ~~~~~~ , HS ______ . Adverbialsatz – Wann?

Der Erfolg der Jugendmannschaft hat, als die Saison begann, den sportlichen Durchbruch bedeutet.

Nach Adverbialsätzen kann man wie nach Adverbialbestimmungen fragen:

Sie stiegen auf, weil die Mannschaft so erfolgreich war. Warum?

Sie trainierten besonders hart, als die Saison begann. Wann?

Sie gewannen die wichtigsten Spiele, indem sie besonders kooperativ spielten. Wie?

→ Seite 112 f.

Relativsätze

Relativsätze werden durch Relativpronomen eingeleitet (welche, welcher, welches, welchen, der, die, das, dem, den, ...). Vor dem Relativpronomen kann eine Präposition stehen.
Relativsätze sind Teil eines Satzgliedes und bestimmen ein Substantiv/Nomen näher. Relativsätze sind Attributsätze, z. B.:

- *Die Biologin fand eine **Korallenschlange**, **welche** nicht besonders groß wird, und brachte sie ins Institut.*
- *Das **Gift** der Korallenschlange, **das** die Biologen erforschen, ist sehr gefährlich.*
- *Das Gift der **Korallenschlange**, **die** durch ihre auffällige Färbung gut zu erkennen ist, bedeutet eine tödliche Gefahr für das Opfer.*
- *Der **Biss** einer Korallenschlange, gegen **den** man sich durch festes Schuhwerk schützen kann, führt zu ernsten gesundheitlichen Problemen.*

→ Seite 122 ff.

Satzglieder

→ Seite 122, Umstellprobe

Die Wörter im Satz, die beim Umstellen zusammenbleiben, bilden ein Satzglied. Mithilfe der **Umstellprobe** kann man herausfinden, was alles zu einem Satzglied gehört. Danach kann man durch Fragen bestimmen, um welches Satzglied es sich handelt. Das Prädikat kann einfach oder mehrteilig sein.

Ein früherer Schriftsetzer	erklärt	der Klasse 7a	die neue Druckmaschine	zum Abschluss der Betriebsbesichtigung.
Subjekt Wer oder was?	einfaches Prädikat	Dativobjekt Wem?	Akkusativobjekt Wen oder was?	Adverbialbestimmung Wo? Wohin? Woher? Wann? Seit wann? Wie lange? Wie? Warum? Wozu?

Ein früherer Schriftsetzer	hat	der Klasse 7a	die neue Druckmaschine	zum Abschluss der Betriebsbesichtigung	erklärt.
Subjekt Wer oder was?	Mehrteiliges Prädikat: Teil 1	Dativobjekt Wem?	Akkusativobjekt Wen oder was?	Adverbialbestimmung Wo? Wohin? Woher? Wann? Seit wann? Wie lange? Wie? Warum? Wozu?	Mehrteiliges Prädikat: Teil 2

Man kann Satzglieder **umstellen** und durch andere Ausdrücke **ersetzen**, z. B.:
- *Ein früherer Schriftsetzer hat der Klasse 7a die neue Druckmaschine zum Abschluss der Betriebsbesichtigung erklärt.*
- *Zum Abschluss der Betriebsbesichtigung hat ein früherer Schriftsetzer der Klasse 7a die neue Druckmaschine erklärt.*
- *Er hat sie ihr zum Abschluss der Betriebsbesichtigung erklärt.*

→ Seite 123, Ersatzprobe

Attribute

→ Seite 236, Relativsätze

Attribute sind Teile von Satzgliedern. Sie bestimmen ein Substantiv/Nomen näher. Attribute können dem Substantiv/Nomen vorangestellt oder nachgestellt sein, z. B.:
- Satzglied ohne Attribut: *Anja und Silke hören das **Pausenradio**.*
- Satzglied mit einem **vorangestellten** Attribut:
  *Anja und Silke hören das neue **Pausenradio**.*
- Satzglied mit zwei **vorangestellten** Attributen:
  *Anja und Silke hören das neue, lautstarke **Pausenradio**.*
- Satzglied mit einem **nachgestellten** Attribut:
  *Anja und Silke hören das **Pausenradio** ihrer Schule.*

Attribute können durch weitere Attribute näher bestimmt werden, z. B.:
*Anja und Silke hören das neue, lautstarke **Pausenradio** ihrer modernen Schule.*
Auch Nebensätze können Attribute sein. Solche Nebensätze heißen Attributsätze, z. B.: *Anja und Silke hören das neue, lautstarke **Pausenradio** ihrer modernen Schule, die viele Medienprojekte fördert.*

Rechtschreibstrategien

Großschreibung von Wörtern

→ Seite 38 ff., 231 Wiederholung aus Klasse 5

So kann man testen, ob ein Wort großgeschrieben wird:
- Kann man es mit einem Artikel kombinieren *(der, die, das, dem, den, ein, eine, …)?*
- Endet das Wort auf *-heit, -keit, -ung, -schaft, -nis* oder *-tum?*
- Steht vor dem Wort eine Präposition (*auf* Biegen und Brechen)?
- Lässt sich direkt vor das Wort ein Adjektiv setzen, welches sich dabei verändert (*schöner* Baum, *langes* Leben)?
- Stehen vor dem Wort Wörter wie *alles, wenig, nichts, etwas, viel?*
- Ist das Wort ein Anredepronomen für eine Person, die mit Sie angesprochen wird?

Eigennamen bezeichnen eine bestimmte Person oder eine bestimmte Sache, z. B.: Straßen, Gebäude, Flüsse, Institutionen *(Braunstraße, Fernsehturm, Elbe, Universität).* Wenn Adjektive und Präpositionen als Teile von Eigennamen verwendet werden, schreibt man sie groß *(Breite Straße, Vor dem Alten Tor, Grünes Gewölbe, Gasthof Zum Goldenen Löwen).*

→ Wiederholung aus Klasse 6

Unregelmäßige Verben

Grundform	Präsens	Präteritum	Perfekt
befehlen	du befiehlst	ich befahl	ich habe befohlen
beißen	du beißt	ich biss	ich habe gebissen
biegen	du biegst	ich bog	ich habe gebogen
binden	du bindest	ich band	ich habe gebunden
bitten	du bittest	ich bat	ich habe gebeten
blasen	du bläst	ich blies	ich habe geblasen
bleiben	du bleibst	ich blieb	ich bin geblieben
brechen	du brichst	ich brach	ich habe gebrochen
brennen	es brennt	es brannte	es hat gebrannt
bringen	du bringst	ich brachte	ich habe gebracht
denken	du denkst	ich dachte	ich habe gedacht
dürfen	du darfst	ich durfte	ich habe gedurft
essen	du isst	ich aß	ich habe gegessen
fahren	du fährst	ich fuhr	ich bin gefahren
fallen	du fällst	ich fiel	ich bin gefallen
fangen	du fängst	ich fing	ich habe gefangen
finden	du findest	ich fand	ich habe gefunden
fliegen	du fliegst	ich flog	ich bin geflogen
fliehen	du fliehst	ich floh	ich bin geflohen
fließen	es fließt	es floss	es ist geflossen
fressen	es frisst	es fraß	es hat gefressen
frieren	du frierst	ich fror	ich habe gefroren
geben	du gibst	ich gab	ich habe gegeben
gehen	du gehst	ich ging	ich bin gegangen
geschehen	es geschieht	es geschah	es ist geschehen
gewinnen	du gewinnst	ich gewann	ich habe gewonnen
gießen	du gießt	ich goss	ich habe gegossen
graben	du gräbst	ich grub	ich habe gegraben
greifen	du greifst	ich griff	ich habe gegriffen
haben	du hast	ich hatte	ich habe gehabt
halten	du hältst	ich hielt	ich habe gehalten
hauen	du haust	ich haute	ich habe gehauen
heißen	du heißt	ich hieß	ich habe geheißen
helfen	du hilfst	ich half	ich habe geholfen
kennen	du kennst	ich kannte	ich habe gekannt
klingen	es klingt	es klang	es hat geklungen
kommen	du kommst	ich kam	ich bin gekommen
können	du kannst	ich konnte	ich habe gekonnt
kriechen	du kriechst	ich kroch	ich bin gekrochen
lassen	du lässt	ich ließ	ich habe gelassen
laufen	du läufst	ich lief	ich bin gelaufen
lesen	du liest	ich las	ich habe gelesen
liegen	du liegst	ich lag	ich habe gelegen
lügen	du lügst	ich log	ich habe gelogen
messen	du misst	ich maß	ich habe gemessen
mögen	du magst	ich mochte	ich habe gemocht
müssen	du musst	ich musste	ich habe gemusst

Grundform	Präsens	Präteritum	Perfekt
nehmen	du nimmst	ich nahm	ich habe genommen
pfeifen	du pfeifst	ich pfiff	ich habe gepfiffen
raten	du rätst	ich riet	ich habe geraten
reißen	du reißt	ich riss	ich habe gerissen
reiten	du reitest	ich ritt	ich bin geritten
rennen	du rennst	ich rannte	ich bin gerannt
riechen	du riechst	ich roch	ich habe gerochen
rufen	du rufst	ich rief	ich habe gerufen
schieben	du schiebst	ich schob	ich habe geschoben
schießen	du schießt	ich schoss	ich habe geschossen
schlafen	du schläfst	ich schlief	ich habe geschlafen
schlagen	du schlägst	ich schlug	ich habe geschlagen
schleichen	du schleichst	ich schlich	ich bin geschlichen
schließen	du schließt	ich schloss	ich habe geschlossen
schneiden	du schneidest	ich schnitt	ich habe geschnitten
schreiben	du schreibst	ich schrieb	ich habe geschrieben
schreien	du schreist	ich schrie	ich habe geschrien
schweigen	du schweigst	ich schwieg	ich habe geschwiegen
schwimmen	du schwimmst	ich schwamm	ich bin geschwommen
sehen	du siehst	ich sah	ich habe gesehen
sein	du bist	ich war	ich bin gewesen
singen	du singst	ich sang	ich habe gesungen
sinken	du sinkst	ich sank	ich bin gesunken
sitzen	du sitzt	ich saß	ich habe gesessen
sprechen	du sprichst	ich sprach	ich habe gesprochen
springen	du springst	ich sprang	ich bin gesprungen
stechen	du stichst	ich stach	ich habe gestochen
stehen	du stehst	ich stand	ich habe gestanden
stehlen	du stiehlst	ich stahl	ich habe gestohlen
steigen	du steigst	ich stieg	ich bin gestiegen
sterben	er stirbt	er starb	er ist gestorben
stinken	es stinkt	es stank	es hat gestunken
stoßen	du stößt	ich stieß	ich habe gestoßen
streichen	du streichst	ich strich	ich habe gestrichen
streiten	du streitest	ich stritt	ich habe gestritten
tragen	du trägst	ich trug	ich habe getragen
treffen	du triffst	ich traf	ich habe getroffen
trinken	du trinkst	ich trank	ich habe getrunken
tun	du tust	ich tat	ich habe getan
vergessen	du vergisst	ich vergaß	ich habe vergessen
verlieren	du verlierst	ich verlor	ich habe verloren
verzeihen	du verzeihst	ich verzieh	ich habe verziehen
wachsen	du wächst	ich wuchs	ich bin gewachsen
waschen	du wäschst	ich wusch	ich habe gewaschen
werden	du wirst	ich wurde	ich bin geworden
werfen	du wirfst	ich warf	ich habe geworfen
wissen	du weißt	ich wusste	ich habe gewusst
ziehen	du ziehst	ich zog	ich habe gezogen
zwingen	du zwingst	ich zwang	ich habe gezwungen

→ Wiederholung aus Klasse 6

Eine Einladung schreiben

1. **Inhalt:**
Nenne das Ereignis, zu dem du einlädtst. Gib an, wer das Ereignis veranstaltet und wer einlädt. Informiere über das Datum, die Uhrzeit und den Veranstaltungsort. Gib an, ob man sich anmelden und ob man Eintritt bezahlen muss.

2. **Form:**
Entscheide, welche Form die Einladung haben soll (Einladungskarte, Einladungsbrief, Plakat, Flyer, E-Mail, Anzeige in einer Zeitung).

3. **Gestaltung:**
Ordne die Inhalte klar und übersichtlich an (Tabelle, fortlaufender Text). Hebe wichtige Inhalte hervor (Überschrift als Blickfang, Unterstreichungen, große Schrift, Farben). Entscheide, ob Zeichnungen oder Fotos verwendet werden sollen.

Lernbereich: Lesen und Literatur – Umgang mit Texten und Medien

→ Seite 67

Ein Lesetagebuch führen

In einem Lesetagebuch kannst du
- aufschreiben, was du bei einer Textstelle gedacht oder gefühlt hast,
- notieren, was du wann gelesen hast,
- eine Textstelle, die dir besonders gut gefallen hat, notieren,
- ein Bild zu einer Textstelle malen,
- Textstellen mit einem Foto oder einer Collage gestalten,
- aufschreiben, was dir an einer Textstelle gut oder nicht gut gefällt.

→ Seite 103

Ein Gedicht auswendig lernen

1. Lerne das Gedicht strophenweise.
2. Wiederhole die bereits gelernten Strophen immer wieder.
3. Mache zwischen den Lernphasen Pausen, damit das Gelernte im Gedächtnis verankert wird.
4. Lies das Gedicht noch einmal vor dem Schlafengehen oder sage es in Gedanken auswendig auf. So behältst du es besser.
5. Wiederhole den Text in immer größer werdenden Zeitabständen an mehreren Tagen, bis du ihn nicht mehr vergisst.

Einen Text genau lesen und verstehen

→ Seite 117

1. Immer, wenn du beim Lesen zu einer wichtigen Information kommst, stelle dir dazu eine kurze W-Frage:
   - Wer tut etwas?
   - Was geschieht?
   - Wann ereignet es sich?
   - Wo passiert es?
   - Warum kommt es dazu?
2. Beantworte die Frage, notiere die Antwort in Stichworten und lies weiter bis zur nächsten Information.
3. Wenn zu dem Text Bilder oder Grafiken gehören, prüfe, ob diese weitere Informationen enthalten.
4. Ordne deine Notizen beim Aufschreiben.
5. Fasse den Text nach dem Lesen anhand deiner Notizen mit eigenen Worten zusammen.

Einen Sachtext lesen und verstehen

→ Seite 174 ff., 193 ff.

Vor dem Lesen
Stelle anhand der Überschrift und eventuell vorhandener Diagramme und Bilder fest, um welches Thema es geht.

Überblickslesen
Verschaffe dir einen Überblick über den Textinhalt:
- Erfasse den Aufbau des Textes (Ist er in Abschnitte gegliedert, enthält er Zwischenüberschriften, Hervorhebungen, ...).
- Lies die einzelnen Abschnitte kurz an und überlege, was du vermutlich aus dem Text erfahren wirst.

Genaues abschnittsweises Lesen
Lies nun Abschnitt für Abschnitt genau, schlage Unbekanntes nach. Beantworte nach jedem Abschnitt für dich die Frage, was in dem Abschnitt steht. Notiere das Wichtigste.

Nach dem Lesen
Denke über den gesamten Text nach: Was habe ich erfahren? Was weiß ich jetzt mehr? Was sehe ich jetzt anders?

→ Seite 155 ff.

Sich schnell über den Inhalt eines Buches informieren

1. Sieh dir den Titel und die äußere Gestaltung des Buches an. Überlege, was du daraus über den Inhalt erfährst.
2. Lies den Klappentext des Buches. Er enthält meist eine kurze Inhaltsangabe.
3. Überfliege das Inhaltsverzeichnis des Buches. Daraus erfährst du zum Beispiel, ob es um eine zusammenhängende Geschichte geht oder ob das Buch mehrere Geschichten enthält.
4. Prüfe, ob das Buch am Anfang oder Ende kurze Informationen zum Autor/zur Autorin enthält. Auch diese Informationen verraten oft etwas über den Inhalt.

→ Seite 154 ff.

Ein Buch vorstellen

1. Suche ein Buch aus, das dir gefällt.
2. Suche eine geeignete Textstelle aus, die du vorlesen willst. Prüfe beim ersten lauten Lesen, wie viel Zeit du dafür benötigst.
3. Übe nun das Lesen. Lies mehrmals, auch einzelne schwierige Textstellen. Achte auf deutliche Aussprache, angemessenes Lesetempo und passende Betonung.
4. Überlege, mit welchen Worten du deine Buchvorstellung beginnen kannst und wie du zu dem ausgewählten Textausschnitt hinleiten willst. Übe diese Einleitung in Form eines Kurzvortrags.

→ Seite 159

Das Vorlesen eines Textes vorbereiten

1. Lies den Text einige Male halblaut.
2. Mache bei jedem Satzzeichen eine Pause.
3. Senke bei einem Punkt die Stimme.
4. Entscheide, wo du laut und wo du eher leise sprechen willst.
5. Überlege, welche Stellen du besonders betonen willst.

Projektarbeit

→ Seite 202

Regeln für Projektarbeit

1. Arbeite selbstständig und frage nur, wenn es nötig ist.
2. Störe die anderen nicht bei der Arbeit.
3. Beende erst eine Aufgabe, bevor du mit einer neuen beginnst.
4. Speichere alle Aufgaben unter einem vorher festgelegten Namen ab, damit du sie wiederfindest.
5. Drucke die fertigen Blätter aus und lege sie in den Kontroll- Ablagekasten. Du kannst die fertigen Seiten auch in einer Projektmappe abheften.

Autorenverzeichnis

Ballinger, Erich wurde 1943 in Graz geboren und wohnt in Stainz (Österreich). Seit 1992 arbeitet er freiberuflich als Illustrator und Buchautor.

Geheimschrift, Seite 115

Brednich, Rolf Wilhelm wurde 1935 geboren, lehrt an der Universität Göttingen als Professor für Volkskunde. Er ist der Herausgeber der „Enzyklopädie des Märchens".

Gurt- und Helmpflicht, Seite 32
Monopoly, Seite 32
Interview, Seite 33

Busch, Wilhelm wurde 1832 in Wiedensahl bei Hannover geboren und starb 1908 in Mechtshausen/Harz. Er ist der wohl volkstümlichste deutsche Humorist, wobei insbesondere seine Bildergeschichten (zum Beispiel „Max und Moritz" oder „Die fromme Helene") weltweit bekannt sind. Aber auch verschiedene Kalendergeschichten werden heute noch gern gelesen.

Anekdote, Seite 132
Eine Nachtgeschichte, Seite 149

Claudius, Matthias wurde 1740 in Reinfeld/Holstein geboren und starb 1815 in Hamburg. Er war ein berühmter Dichter. Viele seiner Gedichte wurden auch vertont.

Abendlied, Seite 102

Frei, Frederike wurde 1945 in Brandenburg/Havel geboren. Sie studierte an der Universität in Hamburg, arbeitete später als Film- und Fernsehschauspielerin. Heute ist sie eine erfolgreiche Schriftstellerin und schreibt Lyrik, Prosa und Hörspiele.

Selbstporträt, Seite 93

Funke, Cornelia wurde 1958 in Dorsten geboren und lebt heute mit ihrer Familie in den USA. Sie ist eine der bekanntesten und erfolgreichsten Kinder- und Jugendbuchautorinnen.

Tintenherz (Klappentext und Ausschnitt), Seite 155–157

Große-Oetringhaus, Hans-Martin wurde 1948 im Sauerland geboren, absolvierte ein Lehrerstudium und promovierte 1977 über das Schulsystem der schwarzen Bevölkerung in Südafrika. Er ist freiberuflicher Journalist und Schriftsteller und arbeitet seit 1984 beim Kinderhilfswerk *terre des hommes* in Osnabrück. Seit 1980 veröffentlicht er vor allem Kinder- und Jugendbücher, schreibt aber auch für Erwachsene.

Pablo und sein Vater, Seite 198–199

Guggenmos, Josef wurde 1922 in Irsee/Allgäu geboren, wo er auch Ende 2003 starb. Er schrieb seit den 1950er-Jahren Gedichte und Texte für Kinder, die auch in vielen Schulbüchern abgedruckt wurden und für die er etliche literarische Auszeichnungen erhielt. Vor allem mit dem Gedichtband „Was denkt die Maus am Donnerstag?" (1967) fand er großen Anklang bei seinen kleinen und großen Lesern.

Du Satansröhrling, Seite 7

Hebel, Johann Peter wurde 1760 in Basel geboren und starb 1826 in Schwetzingen. Er war Pfarrer und Schulleiter und führte die alemannische Mundart in die Dichtung ein. Bekannt und beliebt machten ihn seine einfachen und humorvollen Kalendergeschichten und Anekdoten, die er vor allem in dem Jahreskalender „Der Rheinländische Hausfreund" und später in der Sammlung „Schatzkästlein des Rheinischen Hausfreunds" veröffentlichte.

Das Mittagessen im Hof, Seite, 144
Der kluge Richter, 148
Das seltsame Rezept, 147

Heine, Heinrich wurde 1797 in Düsseldorf geboren und starb 1856 in Paris. Er gilt als einer der wichtigsten Lyriker des 19. Jahrhunderts. Seine Schriften waren zu seinen Lebzeiten wegen seiner politischen Haltung in Deutschland verboten.

Anekdote, Seite 132
Ich weiß nicht, was soll es bedeuten, Seite 104

Ihering, Herbert wurde 1888 in Springe geboren und starb 1977 in Berlin. Er arbeitete als Dramaturg an der Wiener Volksbühne, war Lektor und Theaterkritiker.

Die schlechte Zensur, Seite 130

Jandl, Ernst wurde 1925 in Wien geboren, wo er 2000 auch starb. Bekannt sind seine experimentellen, vor allem die sprachspielerischen und lautmalerischen Gedichte.

my own song, Seite 93

Kästner, Erich wurde 1899 in Dresden geboren und starb 1974 in München. Er schrieb viele Werke für Erwachsene, zählt aber vor allem zu den beliebtesten und berühmtesten Kinder- und Jugendbuchautoren in Deutschland. Zu seinen bekanntesten Werken gehören „Emil und die Detektive", „Das doppelte Lottchen" und „Das fliegende Klassenzimmer", die auch alle verfilmt wurden. Auch seine Schelmengeschichten werden heute noch gern gelesen.

Was auch geschieht …, Seite 211

Kersten, Detlef wurde 1948 in Berlin geboren und lebt bei Hannover. Er ist ein bekannter Autor und Illustrator.

Kommissar Kniepel, Seite 116

Korschunow, Irina wurde 1925 in Stendal/Altmark geboren und lebt in der Nähe von München. Sie schreibt Drehbücher, zahlreiche Romane für Erwachsene und ist eine der erfolgreichsten deutschen Kinderbuchautorinnen. Zu den bekanntesten Werken gehören unter anderem „Die Wawuschels mit den grünen Haaren" (1967), „Hanno malt sich einen Drachen" (1978) und „Er hieß Jan" (1979).

Ich werde Automechanikerin, Seite 46 – 47

Lion, Frank gründete 1982 die „Theater Compagnie Lion". Mit ihr führt er seitdem äußerst erfolgreich zahlreiche, zum Teil auch selbst geschriebene Theaterstücke sowohl für Kinder und Jugendliche als auch für Erwachsene auf.

Eier-Meier verwandelt sich, Seite 213 – 215

Lutz, Herbert wurde 1950 in Calw (Schwarzwald) geboren und lebt in Bad Teinach. Er ist Verlagslektor und Autor. Bekannt sind vor allem seine Geschichte „Die fremden Schafe" und die Erzählungen über Till Eulenspiegel und die Bürger von Schilda.

Christoph Kolumbus, Seite 134

Manz, Hans wurde 1931 in Wila/Zürcher Oberland geboren und lebt in Zürich. Er ist vor allem bekannt durch seine Sprachbücher („Sprachbuch für Kinder und Neugierige: Die Welt der Wörter") und Sprachgedichte (wie zum Beispiel „Ich" oder „Was Wörter alles können"). Der vielseitige Schriftsteller veröffentlichte aber auch schon Erzählungen, einen Roman und verschiedene Kinderbücher.

Ich, Seite 93
Sprachschwierigkeiten, Seite 71

Nöstlinger, Christine wurde 1936 in Wien geboren. Sie zählt zu den erfolgreichsten Kinder- und Jugendbuchschriftstellerinnen. Für viele ihrer Bücher wie zum Beispiel „Maikäfer, flieg" oder „Das Austauschkind" erhielt sie hohe literarische Auszeichnungen.

Oh, du Hölle! Julias Tagebuch, Seite 68 – 69

Oppel, Kenneth Der kanadische Autor lebt in Toronto und veröffentlichte bereits mit 14 Jahren sein erstes Kinderbuch. Inzwischen hat er zahlreiche Romane und Drehbücher geschrieben.

Silberflügel (Klappentext und Ausschnitt), Seite 158–159

Polak, Eva wurde 1948 in Prag geboren. Sie studierte an der Prager Film- und Fernsehakademie und emigrierte nach Deutschland, da sie ein Berufsverbot erhielt. Heute schreibt sie vor allem Hörspiele, Filmdrehbücher und Kinderbücher.

Henrik macht einen Umweg, Seite 224–225

Pressler, Mirjam wurde 1940 in Darmstadt geboren und lebt in der Nähe von München. Bereits für ihren ersten Jugendroman „Bitterschokolade" (1980) erhielt sie den Oldenburger Jugendbuchpreis. Seitdem hat sie mehr als 30 Kinder- und Jugendbücher sowie Romane für Erwachsene veröffentlicht. Auch als Übersetzerin machte sie sich einen Namen. 2004 wurde ihr der Deutsche Bücherpreis für ihr Lebenswerk verliehen.

Bitterschokolade (Klappentext), Seite 66

Sachar, Louis wurde 1954 in East Meadow/New York geboren und studierte Wirtschaftswissenschaften und Jura, arbeitete als Rechtsanwalt. 1976 schrieb er sein erstes Kinderbuch, inzwischen sind über 20 erschienen. Sein Jugendroman „Löcher – Die Geheimnisse von Green Lake" erhielt mehrere Literaturpreise und wurde 2003 erfolgreich verfilmt.

Löcher – Die Geheimnisse von Green Lake (Klappentext und Ausschnitt), Seite 162–165

Scheuermann, Erich wurde 1878 in Hamburg geboren und starb 1957. 1914 reiste er nach Samoa. Nach seiner Rückkehr schrieb er die Europa-Erfahrungen des Südseehäuptlings Tuiavii nieder, eine deutliche Kritik an der europäischen Zivilisation.

Der Papalagi (Ausschnitt), Seite 166

Schiller, Friedrich wurde 1759 in Marbach am Neckar geboren und starb 1805 in Weimar. Ab 1794 verbindet ihn eine Freundschaft mit Johann Wolfgang Goethe. Seine Balladen und Theaterstücke (unter anderem „Die Räuber" und „Wilhelm Tell") gehören auch heute noch zu den bedeutendsten deutschen Dichtungen. Er gilt neben Johann Wolfgang Goethe als einer der führenden Repräsentanten des Sturm und Drang und begründete mit ihm auch die Weimarer Klassik.

Der Handschuh, Seite 106–107

Sklenitzka, Franz Sales wurde 1947 in Lilienfeld (Österreich) geboren. Er unterrichtete an einer Volksschule und schrieb zahlreiche Kinder- und Jugendbücher. Heute zählt er zu den bekanntesten Kinderbuchautoren Österreichs.

Delle im Blech, Seite 118–119

Tock, Annelies wurde 1951 in Sint-Gillis-Waas/Belgien geboren. Sie ist in ihrem Land eine bekannte Kinder- und Jugendbuchautorin.

Blume im Wind (Klappentext und Ausschnitt), Seite 160–161

Tucholsky, Kurt wurde 1890 in Berlin geboren und beging 1935 in Schweden aus Verzweiflung über die politischen Verhältnisse in Deutschland Selbstmord. Er war ein erfolgreicher Schriftsteller und Journalist. Als Demokrat und Pazifist warnte er schon frühzeitig vor dem Nationalsozialismus. Vor allem seine satirischen Werke sind heute noch bekannt.

Der Floh, Seite 146

Welsh, Renate wurde 1937 in Wien geboren. Sie arbeitete als Übersetzerin, ab 1970 als freiberufliche Schriftstellerin. Ihr Jugendbuch „Drachenflügel" und der Jugendroman „Johanna" zählen zu den bekanntesten ihrer Werke.

Drachenflügel, Seite 12–13

Textarten

Anekdote: Anekdoten erzählen häufig über bereits verstorbene oder auch noch lebende berühmte Personen (Künstler, Politiker, ...). Dabei wird entweder von einem besonderen Ereignis aus deren Leben oder über bestimmte Charaktereigenschaften berichtet. Dies geschieht oftmals in sehr knapper Form, wobei am Ende fast immer eine Pointe steht. Dadurch soll das Besondere der Persönlichkeit noch stärker betont werden. Die Verfasser von Anekdoten sind, ähnlich wie bei Witzen, meistens unbekannt.

Brigitte Bardot, 132
Christoph Kolumbus, Herbert Lutz, 134
Der Handschuh, 109
Die schlechte Zensur, Herbert Ihering, 130
Ernest Hemingway, 133
Franz Beckenbauer, 133
Heinrich Heine, 132
Konrad Adenauer, 132
Konrad Duden, 132
Theodor Fontane, 133
Wie bezwingt man einen König, Georg Friedrich Händel, 135
Wilhelm Busch, 132

Ballade: Die Ballade ist eine Form des Gedichts, sie wird auch Erzählgedicht genannt. Das Wort selbst stammt aus dem Italienischen und bedeutet so viel wie „Tanzlied". Balladen haben meist viele gereimte Strophen, erzählen eine Geschichte und enthalten oft auch Dialoge. Bereits im Mittelalter gab es Balladen; in Deutschland wurden vor allem Ende des 18. Jahrhunderts zahlreiche Erzählgedichte verfasst. Zu den bekanntesten deutschen Balladendichtern gehören Johann Wolfgang Goethe, Friedrich Schiller, Heinrich Heine und Theodor Fontane.

Der Handschuh, Friedrich Schiller, 106–107
Ich weiß nicht, was soll es bedeuten, Heinrich Heine, 104

Fragebogen: Mithilfe von Fragebögen können im Gegensatz zum Interview viele Personen gleichzeitig zu einem Thema befragt werden. Ziel ist es, ein möglichst umfassendes und genaues Meinungsbild zu erhalten. Ein Fragebogen enthält meist Entscheidungsfragen oder auch Vorgaben, bei denen man sich für eine Aussage entscheiden muss, die dann nur noch angekreuzt wird. Die Vorgaben dürfen dabei nur eindeutige Antworten zulassen.

Frauensport – Männersport (Muster), 80
Lieblingssportarten (Muster), 76

Gedicht: Gedichte sind literarische Texte in einer besonderen Gestaltung (zum Beispiel ein bestimmter Sprechrhythmus, Einteilung in Strophen/Verse, Wiederholungen oder Wörter, die sich reimen). Oft verwenden die Autoren dabei eine bildreiche Sprache. Gedichte sind aus Liedern hervorgegangen. In der Antike begleiteten fahrende Sänger ihren Vortrag auf der „Lyra", einem Saiteninstrument. Man spricht deshalb als Oberbegriff für alle Gedichtformen von der Lyrik.

Abendlied, Matthias Claudius, 102
Der Handschuh, Friedrich Schiller, 106–107
Du Satansröhrling, Josef Guggenmos, 7
Ich weiß nicht, was soll es bedeuten, Heinrich Heine, 104
Ich, Hans Manz, 93
my own song, Ernst Jandl, 93
Selbstporträt, Frederike Frei, 93
Sprachschwierigkeiten, Hans Manz, 71

Geschichte/Erzählung: In der Literatur versteht man unter Erzählungen, im Gegensatz beispielsweise zum Roman, kürzere literarische Texte, die in einer Gruppe mit Märchen, Kurzgeschichten und Novellen erfasst werden. Inhaltlich gibt es dabei keine Einschränkungen. Eine genaue Zuordnung der Erzählung ist aber oft sehr schwer. So sollte sie zum Beispiel einen Umfang von etwa sechs bis sechzig Seiten haben. Häufig spricht man deshalb bei kürzeren Texten auch von einer Geschichte, die erzählt wird.

Der Papalagi, Erich Scheuermann, 166
Eine unruhige Nacht in der Jugendherberge, 122, 127
Henrik macht einen Umweg, Eva Polak, 224–225
Ich werde Automechanikerin, Irina Korschunow, 46–47
Schule verkehrt, 26
Schussfahrt, 58–59

Gespräch (Dialog): Wenn sich zwei oder mehrere Personen in ständigem Wechsel (Rede und Gegenrede) miteinander unterhalten, spricht man meist von einem Dialog. In diesem Sinne zählen auch alle Formen von Alltagsgesprächen dazu. In der Literatur ist der Dialog das Hauptgestaltungsmittel des Theaterstücks/Dramas, er findet sich aber auch in Balladen und natürlich in der erzählenden Literatur.

Alltagskonflikte, 10

Interview: Ein Interview ist eine meist öffentliche Befragung einer Person. Diese kann sowohl spontan (unvorbereitet) erfolgen, sie kann aber auch zwischen den beiden Gesprächspartnern vereinbart worden sein. Um ein interessantes Gespräch mit einer anderen Person führen zu können, sollte sich der Interviewer über die Person, die er befragen will, gut informieren. Der Erfolg eines Interviews hängt oft wesentlich von der Art der Gesprächsführung ab, vor allem vom Einsatz verschiedener Fragetechniken und Fragetypen (Entscheidungsfrage, Ergänzungsfrage, provozierende Frage usw.).

Ein Interview mit Birgit Prinz (Fußballerin), 77–78
Interview mit einem Raucher, 226
Moderne Sagen – Wandersagen, Rolf W. Brednich, 33
Sascha – Wie hältst du es mit dem Sport?, 83
Speisewagenkellnerin Katrin Faller, 43

Jugendbuch: Als Kinder- und Jugendliteratur bezeichnet man Bücher, die für junge Menschen zwischen drei und etwa achtzehn Jahren geschrieben werden. Allerdings gibt es nicht immer eine klare Alterstrennung. So lesen auch viele Erwachsene zum Beispiel gerne Märchen oder Fantasy-Romane, während Jugendliche durchaus auch Gedichte oder Erzählungen verstehen, die ursprünglich nicht für sie geschrieben wurden. Im 18. und 19. Jahrhundert dienten Jugendbücher nahezu ausschließlich der Erziehung. Die heutige Jugendliteratur möchte unterhalten, spannende und interessante Geschichten erzählen, die natürlich auch zum Nachdenken anregen. Das Zusammenleben der Menschen, schulische und familiäre Probleme, geschichtliche Ereignisse, Freundschaft und erste Liebe, humorvolle Begebenheiten, abenteuerliche Expeditionen und kriminalistische Ermittlungen sind nur einige der vielfältigen Themen heutiger Kinder- und Jugendliteratur.

Blume im Wind (Ausschnitt), Annelies Tock, 160–161
Drachenflügel (Ausschnitt), Renate Welsh, 12–13
Löcher – Die Geheimnisse von Green Lake (Ausschnitt), Louis Sachar, 162–165
Silberflügel (Ausschnitt), Kenneth Oppel, 158–159
Tintenherz (Ausschnitt), Cornelia Funke, 156–157

Kalendergeschichte: Bereits seit der Erfindung des Buchdrucks im 15. Jahrhundert gibt es Jahreskalender. In ihnen wurden schon damals kurze Geschichten oder Anekdoten abgedruckt. Man nennt diese Textart deshalb Kalendergeschichten. Sie sollten den Leser vor allem unterhalten. Gleichzeitig wurden ihm dabei aber auch nützliche Ratschläge erteilt oder eine bestimmte Lehre vermittelt. Solche Geschichten findet man auch noch in den heutigen Jahreskalendern.

Das Mittagessen im Hof, Johann Peter Hebel, 144
Das seltsame Rezept, nach Johann Peter Hebel, 147
Der Floh, Kurt Tucholsky, 146
Der kluge Richter, Johann Peter Hebel, 148
Eine Nachtgeschichte, Wilhelm Busch, 149

Klappentext: Verlage stellen ihre Bücher oft in kurzen Inhaltsangaben (Klappentexten) vor. Der Ausgang der Handlung wird dabei nicht verraten. Der Klappentext soll neugierig machen und zum Kauf des Buches anregen. Klappentexte stehen entweder auf der Umschlagklappe oder auf der Rückseite des Buches.

Kriminalkurzgeschichte: In einer Kriminalkurzgeschichte wird oftmals mit nur wenigen Sätzen ein Verbrechen und seine Aufklärung dargestellt. Die Kurzgeschichte kann auch humorvolle Züge tragen. Am Schluss steht meistens die Aufklärung des Falls (z.B. durch einen Detektiv oder durch die Polizei). Eine besondere Form dabei ist der Rätselkrimi. Hier soll der Leser selbst am Ende herausfinden (durch logisches Denken oder auch durch aufmerksames Lesen), wer der Täter ist.

Sachtext: Sachtexte bezeichnet man oft auch als Gebrauchstexte. Sie befassen sich meist mit einem Thema (z.B. Geschichte, Geografie, Sport). Sachtexte sind also keine „erfundenen" Geschichten, sondern in erster Linie Informationsquellen für den Leser und es gibt sie in vielfältiger Art – vom Lexikonartikel bis hin zum Fachbuch, von Gesetzestexten bis hin zu Protokollen, Anleitungen oder Unfallberichten. Sie können Fotos, Illustrationen oder grafische Übersichten enthalten. Auch Diagramme gehören zu den Sachtexten.

Sage (moderne)/Wandersage: Märchen und Sagen haben manche Gemeinsamkeiten, wie zum Beispiel die mündliche Überlieferung. Sagen sind jedoch fast immer an einen bestimmten Ort gebunden oder spielen in einer mehr oder weniger genau bestimmten Zeit. Geschichtliche Ereignisse oder Gestalten stehen im Mittelpunkt der Handlung, die im Gegensatz zum Märchen weniger ausschmückend ist. Oft wird so sachlich erzählt, dass der Leser selbst die unglaubwürdigsten Ereignisse als wahr empfindet. So entstehen auch heute immer wieder neue Geschichten, die weitererzählt werden. Diese so genannten modernen Sagen werden auch als Wandersagen bezeichnet, weil dabei häufig die Motive von Personen oder die Örtlichkeiten einfach auf andere übertragen werden, ohne dass sich die Handlung der Geschichte ändert.

Gurt- und Helmpflicht, nach Rolf W. Brednich, 32
Monopoly, nach Rolf W. Brednich, 32

Schilderung: Da jeder Mensch seine Umwelt, ein Ereignis oder eine Situation anders empfindet, schildert er sie auch entsprechend unterschiedlich. Dabei versucht er seine Gefühle, Gedanken und Sinneswahrnehmungen mithilfe unterschiedlicher sprachlicher Mittel darzustellen. Eine wichtige Rolle spielt dabei auch die Erzählperspektive (zum Beispiel die Ich-Form).

Besoffen vor Glück, Susi Romahn, 71

Spruch (Ausspruch): Früher wurden vor allem Gedichte oder Dramen durch Sinn- und Denksprüche (auch Sentenz) unterbrochen oder beendet. Viele dieser „geflügelten Worte" sind auch heute noch bekannt.

Was auch geschieht ..., Erich Kästner, 211

Tagebuch: Wenn eine Person – egal ob es sich dabei um einen Erwachsenen oder einen Jugendlichen handelt – regelmäßig (meist täglich) ihre Erlebnisse und Erfahrungen, ihre unterschiedlichen Gefühlszustände und die Auseinandersetzungen mit anderen Menschen und der Umwelt aufschreibt, führt sie ein Tagebuch.
Viele berühmte Persönlichkeiten führten solche Tagebücher, in die sie zusätzlich auch philosophische Betrachtungen, künstlerische Gedanken, politische Haltungen und vieles mehr einbrachten. Diese Tagebücher sind heute oft sehr wertvoll für die Geschichtsforschung.

Oh, du Hölle! Julias Tagebuch, Christine Nöstlinger, 68–69

Theaterstück: Theaterstücke (Dramen) werden auf einer Bühne von Schauspielern vor Publikum aufgeführt. Man unterscheidet u. a. Komödien (Lustspiele) und Tragödien (Trauerspiele). Die Stücke können sowohl in Versform als auch in freier Sprache verfasst sein. Monologe und Dialoge sind dabei die wichtigsten Gestaltungsmittel. Wenn Personen (Figuren) in einem Theaterstück die Bühne neu betreten oder sie verlassen, spricht man von einer Szene. Mehrere zusammenhängende Szenen werden dann oft auch Akt genannt. Spielszenen sind daher in gewissem Sinne sehr kurze Theaterstücke, zu ihnen zählt man z. B. die Pantomime (Szene ohne Worte), das Stegreifspiel (Szene, die vorher nicht geprobt wurde) oder einen Dialog.

Eier-Meier verwandelt sich, Frank Lion, 213–215

Witz: Ein Witz ist in der Regel ein kurzer spaßiger Text. Ein Witz kann intelligent, derb, naiv, politisch oder auch einfach nur doof sein – immer soll er aber zum Lachen reizen. Oftmals nur mit sparsamen Mitteln (je nachdem, ob es sich um einen Wortwitz oder Bilderwitz handelt) wird ein Geschehen dargestellt, das mit einer Pointe endet.

Lehrerwitze, 204, 208

Zeitungsmeldung: Wenn Ereignisse kurz, sachlich und ohne eine persönliche Meinung wiedergegeben werden, spricht man von einem Bericht. Meist steht dieser im Präteritum. Eine Form des Berichts sind Zeitungsmeldungen (wie z. B. Sportberichte oder Schadensmeldungen). In ihnen wird neben dem Präteritum auch das Präsens verwendet.

„Einbrecher" waren eine Schulkasse, 34
30-Euro-Schein, 38
Abnehmen auf heißen Socken, 41
Bananenkraftwerk sorgt für Strom, 37
Das Rad neu erfunden 41
Katze zwingt Pilot zur Umkehr, 36
Kinofilm erstmals auch zum Riechen, 39
Knast – Mobil, 41
Monegasse taucht 123 Meter tief, 36
Morgengrauen, 41
Peinlich, 37
Rekord bei Handyweitwurf 37
Ganz schön leichtsinnig, 35
Urlaubssteuer, 39
Weihnachtsmänner fahren kostenlos, 38
Wut am Auto ausgelassen, 36

Kleines Computerlexikon

Cursor

Mithilfe der Maus kannst du den Cursor auf der Bildschirmoberfläche bewegen. In den meisten Fällen handelt es sich dabei um ein Pfeil-Symbol. Wenn du zum Beispiel die Maus von dir wegschiebst, bewegt sich der Cursor nach oben, wenn du sie zu dir heranziehst, nach unten.

Datei

Alle Informationen (Daten) mit jeweils ähnlichem Inhalt werden in einem „Speicher" aufbewahrt, damit man sie wieder lesen oder auch verändern kann. Das können zum Beispiel Zeichen, Texte oder Bilder sein. Ein Computer kann über mehrere tausend solcher Dateien verfügen. Sie sind die grundlegende Einheit eines Computers zur Speicherung. Damit du sie schnell findest bzw. mit ihnen arbeiten kannst, ist es sinnvoll, sie in Ordnern zusammenzufassen. Der Begriff Datei ist von dem Wortpaar Karte/Kartei abgeleitet. Man spricht deshalb von einem Kunstwort.

Dateiname

Um Dateien voneinander zu unterscheiden, werden sie mit einem Namen versehen. Damit du aber auch weißt, um welche Art von Datei es sich handelt, erhält jede (getrennt durch einen Punkt) noch eine Drei-Buchstaben-Erweiterung (Dateinamenerweiterung). Ein Word-Dokument hat zum Beispiel die Erweiterung „.doc", eine Nur-Text-Datei „.txt" und eine Bild-Datei oft „.jpg".

Formatieren

Um einen Text in die „richtige Form" zu bringen, bietet das Textverarbeitungsprogramm deines Computers viele Möglichkeiten an. So kannst du die Schriftart, den Zeichenabstand und die Anzahl der Spalten festlegen. Du kannst auch entscheiden, wann du einen Absatz einfügen willst und wie der Text ausgerichtet sein soll oder ob du ihn einrahmen willst. Dazu klickst du in der Menüleiste den Begriff „Format" an, der dich zu weiteren Untermenüs führt.
Aber auch über die Symbolleiste ist es dir möglich, bestimmte Formatierungen durchzuführen.
Die gesamte Text- und Bildgestaltung eines Textes nennt man Layout.

Homepage

Die Homepage ist die Startseite (Auftaktseite), mit der sich die Benutzer (zum Beispiel Firmen, Institutionen, Privatpersonen) im Internet vorstellen. Von dort aus gelangt man zumeist zu einer ganzen Reihe weiterer Seiten dieses Benutzers: Die Gesamtheit aller dieser Seiten nennt man Website. Oft gibt es aber auch so genannte Links (Querverweise) zu anderen Websites.

Internet

Das Internet ist ein weltweiter Verbund von Computersystemen. Den Inhalt des Internets bestimmen seine Dienste. Das World Wide Web (WWW) oder auch kurz nur Web, ist der wichtigste und bekannteste Dienst. Häufig wird er daher auch als Bezeichnung für das Internet gebraucht.

Layout (siehe „Formatieren")

Link/Online-Link

Auf vielen Internetseiten befinden sich Querverweise. Ein solcher Hyperlink (Kurzform: Link) verknüpft verschiedene Dokumente unterschiedlicher www-Seiten. Dies geschieht mithilfe einer besonderen Programmiersprache (HTML). Durch Anklicken eines solchen Links gelangst du direkt zu dem auf der entsprechenden www-Seite angebotenen Dokument.
Auch in diesem Buch findest du viele Online-Links. Sie ermöglichen es dir, im Internet schnell und ohne Umwege zu den Themen im Buch zusätzliche Informationen zu finden sowie Texte aus dem Buch anzuhören.

Menü

Wenn du eine Schaltfläche (zum Beispiel „Start") oder ein Wort (bei dem Word-Programm zum Beispiel unterhalb der Titelleiste das Wort „Datei") anklickst, öffnet sich ein so genanntes Menü. Oft findest du dort verschiedene Möglichkeiten (Optionen) eingeblendet, aus denen du wählen kannst (welche Handlung du zum Beispiel als Nächstes ausführen möchtest). Wenn du neben dem Menü einen Pfeil siehst, weißt du, dass sich dort noch weitere Untermenüs befinden.

Ordner

In einem Ordner kannst du mehrere Dateien zusammenfassen. Dies erleichtert dir die Suche nach einer bestimmten Datei, aber auch das Arbeiten zum Beispiel mit einer ganzen Gruppe von Dateien (wenn du sie zum Beispiel alle gleichzeitig kopieren, an einen anderen Ort verschieben oder sie löschen willst). Ein Ordner kann auch wieder einen oder mehrere Ordner beinhalten (man nennt diese dann Unterordner).

Rechtschreibprüfung

Wenn du in einem Textverarbeitungsprogramm arbeitest, hilft dir die Rechtschreibprüfung, viele Rechtschreib-, Grammatik- und Tipp-Fehler zu erkennen und zu korrigieren. Du kannst sie so einstellen, dass sie dir schon während des Schreibens Fehler anzeigt, oder du verwendest sie zur Überprüfung nach Beendigung des Schreibens. Dennoch solltest du aber deinen Text am Ende unbedingt immer selbst lesen und kontrollieren, da die Rechtschreibprüfung nicht alle Fehler und Schreibbesonderheiten (zum Beispiel Groß- und Kleinschreibung) erkennt.

Symbolleiste

Nicht von allen, aber von den wichtigsten Menübefehlen gibt es auch Symbole, die in einer Leiste angeordnet sind. So ist es dir zum Beispiel möglich, anstatt über das Menü „Datei/Speichern" zu gehen, einfach in der Symbolleiste die Schaltfläche „Speichern" anzuklicken. So kannst du manchmal einfacher und schneller arbeiten.

Textverarbeitungsprogramm

Diese Programme ermöglichen dir das Schreiben und Verändern von Texten im Computer. Der von dir über die Tastatur eingegebene Text wird auf dem Bildschirm angezeigt. So kannst du während des Schreibens jederzeit zum Beispiel Wörter ändern, einen Satz an eine andere Stelle setzen, Text löschen oder an jeder beliebigen Stelle einfügen. Häufig ist auch eine Rechtschreibprüfung möglich.

Thesaurus-Funktion

Die meisten Textverarbeitungsprogramme enthalten ein Wörterbuch. Mithilfe dieser Wortschatzsammlung (= Thesaurus) kannst du nicht nur die Rechtschreibung überprüfen, sondern dir auch Wörter ähnlicher Bedeutung für einen Text vorschlagen lassen (zum Beispiel für die Ersatzprobe).

Register

Lösungen zu Rätseln und Ratekrimis

Lernbereich Rechtschreibung, Grammatik, Sprachbetrachtung, Kapitel 6 „Gedanken und Gefühle":

S. 72, Aufg. 1

Die Redewendungen haben folgende Bedeutung:

1. sehr glücklich sein (L)
2. einer Sache überdrüssig sein; von ihr genug haben (I)
3. sehr große Angst haben (E)
4. begeistert sein (B)
5. schlecht gelaunt und unglücklich blicken (E)
6. aus Mitleid etwas nicht tun können (S)
7. angestrengt nachdenken (K)
8. völlig erschöpft sein (U)
9. so verliebt sein, dass man nicht klar denken kann (M)
10. etwas verstanden haben (M)
11. sich heimlich über den Nachteil, den ein anderer hat, freuen (E)
12. zornig werden (R)

S. 72, Aufg. 2

Die Buchstaben in den Klammern in Aufgabe 1 ergeben das Wort: LIEBESKUMMER

S. 73, Aufg. 3

In dem Bild sind fünf Redensarten versteckt:

1. Die Flinte ins Korn werfen.
2. Jemandem auf der Nase herumtanzen.
3. Sich etwas hinter die Ohren schreiben.
4. Für jemanden die Hand ins Feuer legen.
5. Sich die Rosinen aus dem Kuchen picken.

S. 73, Aufg. 4

Die Redensarten aus Aufgabe 3 haben folgende Bedeutung:

1. e); 2. a) ; 3. c); 4. d); 5. b)

S. 74, Aufg. 1

1. Katze; 2. Katzen; 3. Katzensprung; 4. Katz; 5. Hühner; 6. Hahn; 7. Hühnchen; 8. Hahn; 9. Schäfchen; 10. Wolf im Schafspelz

S. 75, Aufg. 2

Die Redensarten müssen so zugeordnet werden:

1. c); 2. d); 3. b); 4. g); 5. e); 6. f); 7. h); 8. a)

S. 75, Aufg. 3/4

1. Besser einen Spatzen in der Hand als eine Taube auf dem Dach. → Es ist besser, etwas Kleines als gar nichts zu erreichen.
2. Er benimmt sich wie ein Elefant im Porzellanladen.
   → Er stellt sich sehr ungeschickt an.
3. Da hat er sich eine Laus in den Pelz gesetzt.
   → Er bereitet sich viel Ärger.
4. Ein blindes Huhn findet auch einmal ein Korn.
   → Auch ein Pechvogel kann einmal Glück haben.
5. Eine Schwalbe macht noch keinen Sommer.
   → Es ist leichtsinnig, voreilig zu handeln.

S. 75, Aufg.5

1. Ein Vogel in der Hand ist besser als zwei im Busch.
   → Es ist besser, etwas Kleines als gar nichts zu erreichen. (wie im Deutschen: Besser einen Spatzen in der Hand als eine Taube auf dem Dach)
2. Der frühe Vogel fängt den Wurm.
   → Wer früh aufsteht, erreicht mehr, ist zuerst dran. (wie im Deutschen: Wer zuerst kommt, malt zuerst.)

Lernbereich Lesen und Literatur – Umgang mit Texten und Medien, Kapitel 10 „Denksport":

S. 114, Aufg. 2

Der 5. und der 8. Drache sind völlig gleich.

S. 114, Aufg. 3

Der Pudel gehört Michael.

S. 115, Aufg. 4 EXTRA, Geheime Botschaft:

Ja, du hast es fein gemacht, so wirst du auch nicht ausgelacht, logisches Denken ist sehr recht, Ungeduld ist immer schlecht.

S. 116/117 „Kommissar Kniepel", Aufg. 2

Kommissar Kniepel hatte sich aufmerksam das eingeschlagene Fenster angesehen und das Beet im Garten unter dem Fenster. Dabei stellte er fest, dass die Scheibe von innen eingeschlagen worden war, denn auf dem Beet lagen große Scherben, während auf dem Fensterbrett in der Wohnung nur kleine Splitter zu finden waren.

S. 118/119 „Delle im Blech", Aufg. 4

Der Kassenzettel, der noch zwischen den Gitterstäben klemmte, zeigte, wer der letzte Benutzer des Wagens war.

S. 120 „Kassenraub", Aufg. 2

Eine Neonröhre wird nicht heiß.

Quellenverzeichnis

Textquellennachweis

S.7 Guggenmos, Josef: Du Satansröhrling! Aus: Der bunte Hund, Nr. 16/1987; **S.12/13** Aus: Welsh, Renate: Drachenflügel. dtv, München 2002, S.96–99; **S.26** Dahms, Nicole/Seifert Larissa: Schule verkehrt. Aus: Kreienbaum, Maria Anna/Metz-Göckel, Sigrid: Koedukation und Technikkompetenz von Mädchen. Der heimliche Lehrplan der Geschlechtererziehung und wie man ihn ändert. Juventa Verlag, Weinheim/München 1992, S.168; **S.32** Gurt- und Helmpflicht Nach: Brednich, Rolf W.: Die Spinne in der Yucca-Palme. Sagenhafte Geschichten von heute. Verlag C.H. Beck oHG, München 1990, S.52 f; Monopoly. Nach: Brednich, Rolf W.: Die Ratte am Strohhalm. Allerneueste sagenhafte Geschichten von heute. C.H. Beck, München 1996, Text 1, S.15; **S.33** Moderne Sagen – Wandersagen: Interview mit Professor Rolf W. Brednich Aus: geradeaus Nr. 7. Ernst Klett Verlag, Stuttgart 1997, S.21; **S.34** „Einbrecher" waren eine Schulklasse. Aus: Rhein-Neckar-Zeitung vom 17./18.6.2000; **S.36** Katze zwingt Pilot zur Umkehr. AP-/AFP-Meldung aus: Freie Presse vom 28.7.2004/11.8.2004; Wut am Auto ausgelassen. AP-/AFP-Meldung aus: Freie Presse vom 28.7.2004/11.8.2004; Monegasse taucht 123 Meter tief. AP-/AFP-Meldung aus: Freie Presse vom 28.7.2004/11.8.2004; **S.37** Bananenkraftwerk sorgt für Strom. AP-/AFP-Meldung aus: Freie Presse vom 28.7.2004/11.8.2004; Rekord beim Handyweitwurf; AP-/AFP-Meldung aus: Freie Presse vom 28.7.2004/11.8.2004; **S.38** Weihnachtsmänner fahren kostenlos. Nach: Reichardt, Anne und Ingo: Hund beißt Flugzeug. Tausend kuriose Meldungen aus aller Welt. Stamm Verlag, Essen 2001, S.131 [bearbeitet]; 30-Euro-Schein. Nach: Reichardt, Anne und Ingo: Hund beißt Flugzeug. Tausend kuriose Meldungen aus aller Welt. Stamm Verlag, Essen 2001, S.63 [bearbeitet]; **S.39** Kinofilm erstmals auch zum Riechen. Nach: Reichardt, Anne und Ingo: Hund beißt Flugzeug. Tausend kuriose Meldungen aus aller Welt. Stamm Verlag, Essen 2001, S.98 [bearbeitet]; Urlaubssteuer. Nach: Reichardt, Anne und Ingo: Hund beißt Flugzeug. Tausend kuriose Meldungen aus aller Welt. Stamm Verlag, Essen 2001, S.127 [bearbeitet]; **S.41** Nach: Reichardt, Anne und Ingo: Hund beißt Flugzeug. Tausend kuriose Meldungen aus aller Welt. Stamm Verlag, Essen 2001, S.66f [bearbeitet]; **S.46/47** Korschunow, Irina: Ich werde Automechanikerin. Aus: Korschunow, Irina: Der Silberpfeil und andere Autogeschichten. Arena Verlag, Würzburg 1999; **S.66/67** Aus: Pressler, Mirjam: Bitterschokolade. Beltz & Gelberg, Weinheim 2006; **S.68/69** Aus: Nöstlinger, Christine: „Oh, du Hölle!" Beltz & Gelberg, Weinheim 1986, S.37–43; **S.71** Manz, Hans: Sprachschwierigkeiten. Aus: Manz, Hans: Sprachschwierigkeiten. Die Welt der Wörter. Sprachbuch für Kinder und Neugierige. Beltz & Gelberg, Weinheim 1961; Romahn, Susi: Besoffen vor Glück. Aus: Das Rowohlt Lesebuch für Mädchen. Hrsg. v. Renate Boldt und Gisela Krahl. Rowohlt Taschenbuch Verlag, Reinbek bei Hamburg 1984, S.251; **S.77/78** Interview mit Birgit Prinz. Auf TV- Sender „xxp" am 13.10.2003; **S.84/85** Frauen erobern den Sport. © Andrea C. Busch. Nach: http://www.sportsfrauen.de/historisches/antike.html; **S.88** Ulrike Gräßler gewinnt Silbermedaille bei den 1. Weltmeisterschaften im Damen-Skispringen. Nach: http://www.bundespolizei.de/cln_116/nn_251812/DE/Home/01___Aktuelles/2009/0902/090203___skispringen___frauen.html (21.07.2009) [bearbeitet]; Gewichtheben-Europameisterschaft. Nach: sid (Sport-Informations-Dienst), Gewichtheben – EM: Damen-Duo sammelt Punkte für Olympia, aus: FOCUS Online vom 16.04.2008 (http://www.focus.de/sport/mehrsport/gewichtheben-em-damen-duo-sammelt-punkte-fuer-olympia_aid_295664.html) [bearbeitet]; **S.93** Jandl, Ernst: my own song. Aus: Jandl, Ernst: Werkausgabe in drei Bänden. Luchterhand Literaturverlag, Frankfurt/Main 1985; **S.93** Manz, Hans: Ich. Aus: Großer Ozean. Gedichte für alle. Hrsg. von H.-J. Gelberg. Beltz & Gelberg, Weinheim/Basel 2000, S.77; **S.93** Frei, Frederike: Selbstporträt. Aus: Gedichte für Anfänger. Hrsg. von Joachim Fuhrmann. Rowohlt Verlag, Reinbek bei Hamburg 1980, S.11. [gespiegelte Darstellung]; **S.102** Claudius, Matthias: Abendlied. Aus: Claudius, Matthias: Werke. Hrsg. von Urban Roedl. J.G. Cotta´sche Buchhandlung, Stuttgart 1957; **S.104** Heine, Heinrich: Ich weiß nicht, was soll es bedeuten. Aus: Heine, Heinrich: Werke. Bd. 1: Gedichte. Hrsg. von C. Siegrist. Insel Verlag, Frankfurt/Main. [bearbeitet]; **S.106/107** Schiller, Friedrich von: Der Handschuh. Aus: Schiller, Friedrich: Sämtliche Werke. Bd. 1. Hrsg. v. Gerhard Fricke und Herbert Göpfert. Hanser Verlag, München 1958; **S.109** Der Handschuh. Anekdote. Aus: Schiller: Werke in 3 Bänden. Hanser-Verlag, München 1966, Band 2, S.73; **S.115** Aus: Spürnasen in Aktion. 13 Kriminalrätsel. Lesehefte für den Literaturunterricht. Zusammengestellt von Friedhelm Brinkmeier. Ernst Klett Verlag, Stuttgart 1998, S.18f; **S.116** Kersten, Detlef: Kommissar Kniepel / Der Einbruch. Aus: Spürnasen in Aktion. 13 Kriminalrätsel. Lesehefte für den Literaturunterricht. Zusammengestellt von Friedhelm Brinkmeier. Ernst Klett Verlag, Stuttgart 1998, S.14ff; **S.118/119** nach Sklenitzka, Franz S.: Delle im Blech. Aus: Sklenitzka, Franz S./Wagerer, W.: Krimi-Rallye. Krimispaß & Rätselcomics. Arena Taschenbuchverlag, Würzburg 1995, S.13ff; **S.120** Kassenraub. Aus: Spaß für freie Stunden. Rätsel, Spiele, Denkaufgaben. Hrsg. von Viktor N. Bolchowitinow/Bronislaw I. Koltowoi/Igor K. Lagowski. Verlag MIR/Verlag für die Frau, Moskau/Leipzig 1980, S.74; **S.130** Ihering, Herbert: Die schlechte Zensur. Aus: Die Schaubude. Deutsche Anekdoten, Schwänke und Kalendergeschichten aus sechs Jahrhunderten. Hrsg. v. Karl Heinz Berger u. Walter Püschel. Verlag Neues Leben, Berlin 1964, S.341; **S.132** Franz Beckenbauer. Aus: Das große Anekdotenlexikon. Die witzige Würze für Rede, Vortrag und Konversation. Hrsg. v. Doris Kunschmann. Niedernhausen/Ts., Bassermann Verlag, S.33; Konrad Adenauer. Aus: Anekdotensammlung Harenberg. Harenberg Lexikon Verlag, Dortmund, S.16; Brigitte Bardot. Aus: Das große Anekdotenlexikon. Die witzige Würze für Rede, Vortrag und Konversation. Hrsg. v. Doris Kunschmann. Bassermann Verlag, Niedernhausen/Ts. 1999, S.25; Ernest Hemingway. Aus: Das große Anekdotenlexikon. Die witzige Würze für Rede, Vortrag und Konversation. Hrsg. v. Doris Kunschmann. Niedernhausen/Ts., Bassermann Verlag, Niedernhausen/Ts. 1999, S.146; Theodor Fontane. Aus: Das große Anekdotenlexikon. Die witzige Würze für Rede, Vortrag und Konversation. Hrsg. v. Doris Kunschmann. Bassermann Verlag, Niedernhausen/Ts. 1999, S.114; **S.133** Wilhelm Busch. Aus: Anekdotensammlung Harenberg. Harenberg Lexikon Verlag, Dortmund, S.172; Heinrich Heine. Aus: Anekdotensammlung Harenberg. Harenberg Lexikon Verlag, Dortmund, S.489; Konrad Duden. Aus: Anekdotensammlung Harenberg. Harenberg Lexikon Verlag, Dortmund, S.293; **S.134** Lutz, Herbert: Christoph Kolumbus. Aus: Leo Lesebuch Kl. 8. Ernst Klett Verlag, Stuttgart 2001, S.72; **S.139/140** Die Erfindung. Aus: geradeaus 7. Ernst Klett Verlag, Stuttgart 1997, S.101 [bearbeitet]; **S.144** Hebel, Johann Peter: Das Mittagessen im Hof. Aus: Hebel, Johann Peter: Schatzkästlein des Rheinischen Hausfreundes. Neu zusammengestellt v. Heide Joran-Nikel. Vollmer Verlag, Wiesbaden o. J., S.15 bzw. 27; **S.146** Tucholsky, Kurt: Der Floh. Aus: Tucholsky, Kurt: Gesammelte Werke in 10 Bänden. Rowohlt Taschenbuch Verlag, Reinbek bei Hamburg 1975, Bd. 10, 1932, S.7; **S.147** Nach Hebel, Johann Peter: Das seltsame Rezept. Nach: Hebel, Johann Peter: Poetische Werke. Winkler, München 1961, S.140–141; **S.148** Hebel, Johann Peter: Der kluge Richter. Aus: Hebel, Johann Peter: Kalendergeschichten. Ausgew. v. Lothar Wittmann. Insel Verlag, Frankfurt/Berlin/München/Bonn 1968, S.71ff; **S.149** Busch,

Wilhelm: Eine Nachtgeschichte. Aus: Busch, Wilhelm: Historisch-Kritische Gesamtausgabe. Hrsg. von Friedrich Bohne. Vollmer Verlag, Wiesbaden/Berlin o. J.[1960], Bd. 1, S. 15; **S. 155** Funke, Cornelia: Tintenherz. Aus: Funke, Cornelia: „Tintenherz". Cecilie Dressler Verlag, Hamburg 2003, Klappentext/Inhaltsverzeichnis, S. 567; **S. 156/157** Aus: Funke, Cornelia: Tintenherz. Cecilie Dressler Verlag, Hamburg 2003, S. 151ff; **S. 158/159** Aus: Oppel, Kenneth: Silberflügel. Aus d. Engl. v. Klaus Weimann. Beltz Verlag, Weinheim/Basel 2000, U1, U2, S. 7f; **S. 160/161** Aus: Tock, Anneliese: Blume im Wind. Aus d. Niederl. v. Sylke Hachmeister. Carlsen Verlag, Hamburg, S. 2003, U1, U4, S. 8–10; **S. 162** Aus: Sachar Louis: Löcher. Die Geheimnisse von Green Lake. Beltz & Gelberg, Weinheim 2002, Klappentext; **S. 162–165** Aus: Sachar, Louis: Löcher. Die Geheimnisse von Green Lake. Beltz & Gelberg, Weinheim 2002, S. 7ff., 10ff., 17ff; **S. 166** Nach: Der Papalagi. Ein Südseehäuptling erlebt unsere Zivilisation. Zusammengestellt v. Winfried Hermann. Ernst Klett Verlag, Stuttgart 1982, S. 13ff; **S. 174/175** Christoph Kolumbus. Nach: Hintermeyer, Hellmut: Die See war ihr Zuhause. Pietsch Verlag, Stuttgart 2000, S. 31ff; **S. 176/177** Nach: Hintermeyer, Hellmut: Die See war ihr Zuhause. Pietsch Verlag, Stuttgart 2000, S. 31ff; **S. 178** 500 Jahre vor Cabot und Kolumbus. Nach: Donat, Peter: Rund um die Archäologie. Kinderbuchverlag, Berlin 1988, S. 108f; **S. 186/187** Großartige Handwerker. Aus: Wernick, Robert: Die Wikinger. Bechtermünz Verlag, Eltville 1992, S. 79; Schiffstypen für jedes Wetter. Aus: Wernick, Robert: Die Wikinger. Bechtermünz Verlag, Eltville 1992, S. 44f; **S. 187** Bedeutung der Schiffe. Aus: Lewis, Brenda Ralph: Die Wikinger. Was ist Was, Bd. 58. Übers. v. Hans Reichardt. Neuer Tessloff Verlag, Hamburg 1976, S. 24–26; **S. 193** Hernán. Aus: Hartwig Weber, Sor Sara Sierra Jaramillo: Narben auf meiner Haut. Straßenkinder fotografieren sich selbst. Frankfurt/Main, Wien, Zürich: Büchergilde Gutenberg 2003, S. 68 f.; **S. 196/197** Nach: Hell, Beatrix S.: Wer ist ein Straßenkind? [Vortrag anlässlich des Workshops „Datenbanksystem für das Internationale Straßenkinder-Archiv" der Technischen Universität Berlin. Fachbereich Informatik. 26. Mai 2000) http://www2.gibb.h/bms/geschich/bmp/Strassenkinder6.pdf (27.10.2009) **S. 198/199** Große-Oetringhaus, Hans-Martin: Pablo und sein Vater. Aus: Große-Oetringhaus, Hans-Martin: Kein Platz für Tränen – Geschichten von Kindern in der „Dritten Welt". Peter Hammer Verlag, Wuppertal 1987; **S. 211** Kästner, Erich: „Was auch geschieht!". Aus: Kästner, Erich: Die Zeit fährt Auto. Gedichte. Hrsg. von Gerhard Seidel. Philipp Reclam jun., Leipzig 1968, S. 228. © Atrium Verlag; **S. 213–215** Lion, Frank: „Eier-Meier verwandelt sich". Aus: gerade-aus 7. Ernst Klett Verlag, Stuttgart 1999, S. 37/38; **S. 224/225** Polak, Eva: Henrik macht einen Umweg. Aus: Hast du schon einmal geküsst? Geschichten zum Verliebtsein. Hrsg. v. Arnhild Kantelhardt. Gerstenberg Verlag, Hamburg 1997, S. 66; **S. 226** Je früher, desto schlimmer! Nach: Bundeszentrale für gesundheitliche Aufklärung. Auf dem Weg zur rauchfreien Schule. Ein Leitfaden für Pädagogen zum Umgang mit dem Rauchen. 2007 (unter: http://www.bzga.de/botmed_31600000.html) (22.07.2009); Krebs hab ich erst später. Aus: Saarbrücker Zeitung, 24.03.2004, S. D5 Spezial; **S. 227** Gesundheitliche Risiken. Nach: dpa/AFP: Frankfurter Rundschau vom 31.05.2001; **S. 228** Tabelle „Freizeitbeschäftigung". Unterschiede in der Beliebtheit von Freizeitbeschäftigungen bei Mädchen und Jungen 8 von je 100 Befragten: Nach: Frizsche, Yvonne: Jugendkulturen und Freizeitpräferenzen. In: Shell Jugendstudie 1997, Leske und Budrich Verlag, Opladen 1997, S. 343ff.

Bildquellennachweis

Cover Getty Images RF (Susan Wides), München; **6** Klett-Archiv (Grit Kleindienst), Stuttgart; **10** Ernst Klett Verlag GmbH (Peter Nierhoff), Stuttgart; **18.oben** Argus (Hartmut Schwarzbach), Hamburg; **18.unten** laif (Dirk Krüll), Köln; **21** Corbis (Steve Hix/Somos Images), Düsseldorf; **40** Klett-Archiv (Grit Kleindienst), Stuttgart; **42** Picture-Alliance, Frankfurt; **43** Picture-Alliance, Frankfurt; **46** Kompetenzzentrum Technik-Diversity-Chancengleichheit e.V., Bielefeld, www.girls-day.de; **54.oben links** Horst Schierhorn, Friedeburg; **54.oben rechts** Horst Schierhorn, Friedeburg; **54.unten links** Horst Schierhorn, Friedeburg; **54.unten rechts** Horst Schierhorn, Friedeburg; **64** Corbis (Michael Pole), Düsseldorf; **66** Mirjam Pressler, Bitterschokolade © 1986 Beltz & Gelberg in der Verlagsgruppe Beltz, Weinheim & Basel; **69** Christine Nöstlinger, Oh, du Hölle © 1986 Beltz & Gelberg in der Verlagsgruppe Beltz, Weinheim & Basel; **70** Corbis (Laurence Mouton/PhotoAlto), Düsseldorf; **74.oben 1** Ullstein Bild GmbH (Imagebroker.net), Berlin; **74.oben 2** Ullstein Bild GmbH (Imagebroker.net), Berlin; **74.oben 3** Ullstein Bild GmbH (fotofeeling.com), Berlin; **76** Comet Photoshopping GmbH (Ueli Meier), Weisslingen; **78** Picture-Alliance (ASA), Frankfurt; **82.rechts 1. Bild von oben** iStockphoto (Rose Hayes), Calgary, Alberta; **82.rechts 2. Bild von oben** iStockphoto (Greg Ferguson), Calgary, Alberta; **82.rechts 3. Bild von oben** shutterstock (iofoto), New York, NY; **82.rechts 4. Bild von oben** Ullstein Bild GmbH (CHROMORANGE), Berlin; **82.Sportabzeichen** Deutscher Olympischer SportBund/BURDA SPORTS GROUP, Frankfurt; **82.unten 1.Bild von links** f1 online digitale Bildagentur (MacDonald/AGE), Frankfurt; **82.unten 2. Bild von links** f1 online digitale Bildagentur (David Kennedy/AGE), Frankfurt; **82.unten 3. Bild von links** f1 online digitale Bildagentur (MacDonald/AGE), Frankfurt; **82.unten 4. Bild von links** Mauritius Images (Markus Mitterer), Mittenwald; **88.links** Imago, Berlin; **88.Mitte** Action Press GmbH (PASTIEROVIC, IGOR), Hamburg; **88.rechts** Picture-Alliance (dpa), Frankfurt; **93** Klett-Archiv (Grit Kleindienst), Stuttgart; **102** AKG, Berlin; **104** AKG, Berlin; **108** Klett-Archiv (Grit Kleindienst), Stuttgart; **116** Detlef Kersten, Gehrden; **134** Ullstein Bild GmbH (Granger Collection), Berlin; **135** culture-images (LM&A), Köln; **136.1** BAYERNPRESS (Dreier GmbH), Zirndorf; **136.2** BAYERNPRESS (Dreier GmbH), Zirndorf; **136.3** The Associated Press GmbH (Frank Boxler), Frankfurt am Main; **136.4** The Associated Press GmbH (Frank Boxler), Frankfurt am Main; **139.oben** Corbis (Hulton-Deutsch Collection), Düsseldorf; **139.unten** AKG, Berlin; **140** AKG, Berlin; **155** Cornelia Funke, Tintenherz © Verlag Friedrich Oetinger GmbH, Hamburg; **157** Vignette aus: Cornelia Funke, Tintenherz © Verlag Friedrich Oetinger GmbH, Hamburg; **158** Cover Kenneth Oppel, Silberflügel © 2000, Beltz & Gelberg in der Verlagsgruppe Beltz, Weinheim & Basel; **160** Annelies Tock, Blume im Wind. Coverillustration von Dieter Wiesmüller © der deutschen Ausgabe: Carlsen Verlag GmbH, Hamburg 2003; **162.oben** Cover: Louis Sachar, Löcher, © 1998 Beltz & Gelberg in der Verlagsgruppe Beltz, Weinheim & Basel; **166** Süddeutsche Zeitung Photo, München; **172.oben** Corbis (John Farmar, Cordaiy Photo Library Ltd.), Düsseldorf; **172. rechts** Frank Spieß (Die Schnittstelle), Bottrop; **172.unten** AKG, Berlin; **174** AKG (akg-images), Berlin; **175** Ullstein Bild GmbH (Granger Collection), Berlin; **176** Corbis (Archivo Iconografico, S.A.), Düsseldorf; **178** Corbis (Lake County Museum), Düsseldorf; **180** culture-images (Photo12.com), Köln; **192.oben** VISUM Foto GmbH (Paul Smith/panos pictures/plus 49), Hamburg; **192.unten links** Prof. Dr. Hartwig Weber, Gleisweiler; **192.unten rechts** Prof. Dr. Hartwig Weber, Gleisweiler; **194** Prof. Dr. Hartwig Weber, Gleisweiler; **196** Corbis (Peter Turnley), Düsseldorf; **200.oben** Argus (Schwarzbach), Hamburg; **200.oben links** AKG, Berlin; **200. unten** Klett-Archiv (w.w.), Stuttgart; **200.unten links** AKG, Berlin; **201–210** "Microsoft Word". Microsoft product screen shot reprinted with permission from Microsoft Corporation.; **212.oben links** Mauritius Images, Mittenwald; **212.oben rechts** Picture-Alliance (Berliner Kurier), Frankfurt; **212.Mitte links** Picture-Alliance (KPA Copyright), Frankfurt; **212.Mitte rechts** Picture-Alliance (dpa), Frankfurt; **212.unten links** Picture-Alliance (dpa/dpaweb), Frankfurt; **212.unten rechts** Picture-Alliance (ZB), Frankfurt

Grammatische Grundbegriffe

Begriff	Erklärung	Beispiel
Adjektiv, das	Eigenschaftswort, Wiewort	klein, groß, dick
Adverb, das	Umstandswort	heute, sehr, vielleicht
Adverbialbestimmung, die	Satzglied; Umstandsbestimmung z. B. des Ortes, der Zeit, der Art und Weise oder des Grundes, antwortet auf die Fragen Wo? Wohin? Wann? Wie lange? Wie? Auf welche Art und Weise? Warum?	Er kam *dahin* (Ort). Sie treffen sich um *9 Uhr* (Zeit). Es regnete *ununterbrochen* (Art und Weise).
Akkusativ, der	Kasus (Fall); Wen-Fall, 4. Fall	der Nachbar – *den Nachbarn* die Nachbarn – *die Nachbarn*
Akkusativobjekt, das	Satzglied, antwortet auf die Frage „Wen oder was?"	Sie traf *Paul*. (*Wen* oder *was* traf sie?)
Anredepronomen, das	Anredefürwort	du, ihr, Sie, Ihnen
Artikel, bestimmter	Begleiter des Substantivs/Nomens, Geschlechtswort	*die* Frau, *der* Tisch, *das* Haus
Artikel, unbestimmter	Begleiter des Substantivs/Nomens, Geschlechtswort	*ein* Haus, *ein* Stuhl, *eine* Frau
Attribut, das	Beifügung, nähere Bestimmung eines Bezugs-wortes	ein *schönes* Haus
Aufforderungssatz, der	Satz, der verwendet wird, wenn man um etwas bittet oder wenn man jemanden zu etwas auffordert; steht mit Ausrufezeichen oder Punkt am Ende	Gib den Ball ab! Lies den Text.
Aussagesatz, der	Satz, der verwendet wird, um etwas mitzuteilen	Sarah geht ins Kino.
Dativ, der	Kasus (Fall); Wem-Fall, 3. Fall	der Nachbar – *dem Nachbarn* die Nachbarn – *den Nachbarn*
Dativobjekt, das	Satzglied, antwortet auf die Frage „Wem?"	Sie gibt *ihm* etwas. (*Wem?*)
Deklinationsendungen, die	Endungen der Substantive/Nomen in einem bestimmten Kasus/Fall	der Hund (Nominativ), des Hund*es* (Genitiv), den Hund*en* (Dativ Plural)
Demonstrativpronomen, das	hinweisendes Fürwort	der, die, das, dieser, diese, dieses
direkte Rede, die	wörtliche Rede	Peter sagt: *„Ich fahre mit dem Rad zur Schule."*
Endbaustein, der	Wortteil, der bei zusammengesetzten Wörtern verwendet werden kann; steht nach dem Wortstamm	-bar, -ig, -isch, -lich, -los, -sam, -en, -eln, -ern, -er, -heit, -keit, -nis, -ung, -tum, -schaft
Fragesatz, der	Satz, der verwendet wird, wenn man etwas wissen will, vgl. Entscheidungsfrage, W-Frage	Kommst du aus Frankreich? Wie komme ich bitte zum Bahnhof?
Futur I, das	Zeitform des Verbs zum Ausdrücken der Zukunft	ich *werde singen*, du *wirst kommen*
Genitiv, der	Kasus (Fall); Wes-Fall, 2. Fall	das Buch – *des Buches* die Bücher – *der Bücher*
Hauptsatz, der	selbstständiger Satz, kann für sich allein stehen	Das Haus dort drüben ist rot.
Hilfsverb, das	Verb, das auch zur Bildung des Perfekts verwendet wird	haben, sein, werden
Infinitiv, der	Grundform des Verbs, ungebeugte Form des Verbs	gehen, schwimmen, spielen
Kasus, der	Fall	Nominativ, Genitiv, Dativ, Akkusativ
Komparativ, der	1. Vergleichsstufe (des Adjektivs); Steigerungsstufe, Mehrstufe	schön – *schöner* – am schönsten
Konjugation, die	Beugung des Verbs	ich *ging*, du *schwimmst*
Konjunktion, die	Bindewort, verbindet Satzteile oder Teilsätze	und, oder, aber, sondern, denn, als bis, weil, wenn, obwohl, dass
Konjunktionalsatz, der	Nebensatz, der durch eine Konjunktion eingeleitet wird	Ich wünsche mir, *dass Paul mich heute abholt.*
Nebensatz, der	unselbstständiger Satz, kann nicht für sich allein stehen	Ich esse die Suppe, *die ich gekocht habe.*
Nomen, das	Substantiv, Namenwort, Dingwort, Hauptwort	Lisa, Ankunft, Tisch
Nominativ, der	Kasus (Fall); Wer-Fall, 1. Fall	der Mann – *die Männer*
Objekt, das	Satzergänzung, Satzglied; vgl. Akkusativobjekt, Dativobjekt	
Perfekt, das	Zeitform des Verbs zum Ausdrücken der Vergangenheit; vollendete Gegenwart	ich *habe gesungen*, du *bist gekommen*